国家出版基金项目
NATIONAL PUBLICATION FOUNDATION

桑兵 关晓红 主编

张凯 陈静 著

近代中国国学编年史

第八卷

◎

1931—1933

北京师范大学出版集团
BEIJING NORMAL UNIVERSITY PUBLISHING GROUP
北京师范大学出版社

目　录

总序、凡例、总目、索引、参考文献
请扫二维码查看

1931年（民国二十年　辛未）

1月20日　北京大学国学门第三次月讲，黄节主讲"陆象山之学"。（《公告》，《北大日刊》，第2534期，1931年1月17日）

△　陈翕敬撰文介绍北平崇实中学国学研究会，崇实中学国文主任金受申为该会指导教师。

陈翕敬指出："吾社命名曰国学研究会，共五十余人，悉为高中同学。聘金师指导于其中，敬与林君去疾襄理社务，书记张君志诚，职兼司库。"该会之建立，"原无强意，友生之聚，出诸己心。理论研讨，俱用自酌。课余阅书，信意所究，或发宏识于楮墨，或表会心于言词。果有纷殊之见，尤备研讨之时"。（陈翕敬：《国学会述事》，《崇实季刊》，第11期，1931年1月20日）

金受申是年编辑《国故概要》，该书根据署名梁启超、章太炎的《中国学术论著集要》编成。收《庄子·天下篇》《史记·太史公自序》等49篇古文。书前有金受申《公孙龙子考》《先秦诸子裂合简表》。罗遇唐于北平崇实中学为该书撰写序言，认为："吾人居于今日而研究国故，应用科学方法整理，一方求古今文化遭进之痕迹，知古今生活之异态。一方求古代学术之真理，发古代学术之蕴藏，方为真实研究国故也。"同时介绍金著的由来：

> 北大国文教授会为教授便利起见，编辑《中国学术论著集要》，上起先秦，下讫晚清，学术论文，蒐罗较备。——近且由坊肆印行，更名《中国学术论著辑要》，署名梁启超、章太炎编辑——惟中多举例之文，而非具体的学术论文，如《桃花源记》……高中大学学生，本有阅读古书能力，此种举例，未免赘疣。去年秋金受申先生来就崇实中学国文主任，与余谈拟用此书为崇实高中部国文教科副本，惜内容材料较为冗长，乃删节举例之文，重付印行，以其全部纯为学术论文，于是更名《国故概要》。（金受申编辑：《国故概要》，北大易社，1931年，罗序，第1—2页）

1月　正风文学院校董会核准立案。

《申报》报道称胶州路一号正风文学院已经开办三年，是上海研究国学的"惟一学府"，"以阐扬国粹、启发新知为宗旨，所聘各教授，均系国学专家。近在南翔置地七亩余，不日即建筑新校舍。前由上海市教育局派员调查，认为合格，转呈教育部。现已由教育部批准校董会立案。本学期更增聘名宿、添加学科，将有极大之发展云"。（《文学院校董会核准立案》，《申报》，1931年1月28日，第10版）

　　△　唐文治撰成无锡国学专修学校校歌，请沈庆鸿编谱，并定"作新民"三字为校训，请校董华绎之书写匾额。

《无锡国学专修学校校歌》歌词："五百载，名世生，道统继续在遗经。乾坤开辟，学说何纷纭。惟我中国，教化最文明。上自黄帝迄孔孟，先知先觉觉斯民。大道行，三代英，我辈责任讵敢轻，勉哉！勉哉！俭以养德，静以养心，建功立业，博古通今。为生民立命，为万世开太平。"（刘桂秋：《无锡国专编年事辑》，中国大百科全书出版社，2011年，第114页）

△　无锡国学专修学校编辑出版《私立无锡国学专修学校丛刊》的"学生丛刊之一"，收学生论文两篇：王绍曾《目录学分类论》和周昶旦《荀子政治学说》。"学生丛刊之二"，收学生论文四篇：邹静九《韩非子法学之研究》、王树槐《李善之注为文选功臣五臣后起思夺其席谓其纰缪百出试言其作注之概略及纯驳所在》、钱锺夏《问骈文极盛于南北朝未晓南北朝文士亦有抉骈文之极弊者欤倘能备稽其说以扬榷得失欤》和施闲《王荆公之政治思想》。（刘桂秋：《无锡国专编年事辑》，第116页）

△　《国文学会丛刊》改名《师大国学丛刊》，刊发北平师范大学国文学会简章。

该会以研究文学、整理国故、联络感情及谋本系之发展为宗旨。下设（1）研究会（2）欢迎欢送会（3）全体大会（4）讲演会（5）临时会（6）职员联席会。（《北平师范大学国文学会简章》，《师大国学丛刊》，1931年第1期）

△　王韶生《国学概要》，由上海远东印书局出版。

该书分为22章，介绍我国哲学、文学史知识，涉及经学、史学、小学、目录学等，杨寿昌、刘冕群作序。王韶生自称："从前在北京师大听吴承仕教授讲国学二年，所得的只经学一部分，而且太专门了，更非平常的人所能了解。我写这部书时差不多是另起炉灶的去做，比之坊间出版的国学书籍，面目完全不同。书中内容虽然简单，但重要事实和问题，相信还没有什么遗漏，这是读者可以得到的。"刘冕群认为现在坊间出版的关于国学概论的书，"虽然不多，也有几本，可是都犯了一种毛病，不是偏见太深，就是毫无意见，只知把材料排列在一块，编制之系统不明，编者之意见何在，更无从捉摸，要叫国学根基不深的中学生读了，对于国学能得一明了之轮廓，真是难之又难"，王韶生此书其一"系统分明"，"对于中国学术的派别，说得既详且明，一无遗漏；对于探源溯流的工夫，亦极周赡，简而扼要"；其二"态度公正"，"批评一家一派的学说，无入主出奴之见"，"无论是国粹国渣，都等量齐观，如以前学者所看不起的小说、戏剧，王先生都采之人书，加以叙述，这更为现在所有国学概要的书所没有的"。岭南大学杨寿昌在序言中评价道：

> 盖近日所出国学初步之书，未有善于此者。吾信学子手此一编，于国学庶得其门而入。至国学纲领已得，其中许多问题，或因主观不同，发生种种疑难，亦可次第求得解决的标准。在普通中学毕业的人，固然得到一种国学的常识，在进而研究国学专门的人，亦可因此升堂入室，再求宗庙之美，百官之富，不至有从前望洋兴叹的毛病。有直的固有文化，以吸收横的外来文化，那么庶能成一种新文化，不同野蛮民族，纯粹同化于外族哩。（王韶生：《国学概要》，上海远东印书局，1931年，序，第2页）

2月4日　于斌博士在罗马撰写《公教学者与我国文化遗产的研究（国故传教）》，试图沟通中国传统文化与基督教的关系。

于斌认为，"文化、文明、国粹、国故等名词，我国当代学者因观查点不同，解释纷歧，令人莫名其妙"。现在没时间讨论"正名"问题，就大体而言，"文化遗产指的是我们先民宗教，哲学，艺术，科学各方面思想的结晶，有专著可考，有史册以传"。今日研究文化遗产的目标：

　　既在创造新中国的文化，应付古书的态度，当然也自有主张，审定史料及校勘，训诂，贯通，关于述学方面，只求先民的思想，条分缕析，真相出现，方法之应用，原不必与人异趣。至于批评方面，则当独具只眼，用公教学理和先民思想比较对照，遗产是处得处，加以承认；非处失处，与以改正，然而还算不得建设的批评！必取其"尽美未尽善"处加以补充——不只补苴罅漏，且继长增高——才配叫光大遗产；才可产生进步的中国新文化，胡适之先生以用效果评判学说的态度为客观；不知真理固可应用以发生有价值的效果；效果却不必是真理的准绳！胡先生崇拜美国实用派哲学的认识论，以效验判学理的真伪，原不希奇，我们批评先民思想的价值，却当是非利害，双方注意，因为只有建筑在真理基础上的文化，才可持久，才能繁荣；唯用主义的成绩，总是有限呵。……用国故对证教理，结果圣道易晓，组成中国式的教理解释，二者本一事的两面，当互助，不当分离，体与用不过方法上的变换；实际上只有教理与国故二要素的交感，特为增进或扩大效率起见，才分工努力罢了！精通圣教学理的份子，我希望他们运用中国人的心态，针对我国固有文化的背景，去讲述介绍，将来的获得，不但是引国人认识圣教，世界公教学理解释发挥的总成绩内或许也添一笔中国人的特别贡献。（于斌：《公教学者与我国文化遗产的研究（国故传教）》，《景星季刊》，第2—3期，1932年1月）

2月6日 陈琴庐发表《欧洲去研究国学，不长进的中国学术界，我们将怎样的惭愧和努力》，针砭国学研究的现状。

陈琴庐指出：

说也惭愧，一个自称历史文化最古的国家，什么都落伍，什么都不及人家，别的不谈了，连自己家藏的一点儿宝贝，还待人家来替你拓荒与收获。这并不是我好菲薄自己，自然有许多事实替我们证明的。什么敦煌石室古籍啊，什么考古学啊，都有外国人在里面绞脑汁，替我们庖代。据北京大学历史语言研究所的朋友说："我们研究国学所得的进步，不过是知道我们的研究不及日本；而日本的研究，又不及欧洲的英法，我们要研究国学还要到欧洲去。"这岂不是个奇谈！有心人怎能不闻而连打寒噤不止呢？！北大历史语言研究所的学生，差不多都是这样说，他们研究的结果，如是如是！我不知我国许多学者，闹了许多年，竟干些什么，真是痛心的狠！有一次我在某公家的筵会上，座中有法国马古烈博士及程演生先生等。马博士年纪不上三十岁，操一口北方话，很是纯熟流利。据程先生说："他研究中国旧学多年，对于历代文献，极有贡献，更连国人所不屑看的《昭明文选》，他都能成诵，里面的所有江赋海赋都经他译成法文了。"不学如我，真不禁为之咋舌，因为可怜我《文选》虽读了多篇，竟没有读过江赋海赋呢。马博士自己说，他这一次到中国系第一遭，虽则收罗了不少中国古籍回去，但因时间太促，获益甚浅，他日再来，所得当不止此云云。他们这样求学的精神，真是可敬可佩！据说他那一口北方话，纯系在法国从几个中国留学生学的。国人注意吗？现在那一个世界著名的学府，不正在埋首研究中国，而中国青年们，拾了一个人的牙慧，便嚷着要焚去一切线装书，真是一犬吠影百犬吠声，他们的盲从，也太可怜可咒可痛恨了！我的朋友刘安常，有一次和他的老师某某著名学者谈话，刘说："中国古书不可读，叫我们要找中国自己的东西很不好办，顶好集合中国的国学者，确定了适当的解释，再把它译成今文，则困难可以悉除。"当时那位学者的回答很妙，他说："你不用着急，还须等一等，现在还谈不上。"刘君的主张对不对，是另一问题，可是这位著名的学者，真足以代表中国的国民性了。中国的国民性，是患在弛缓，所以一切不成，他所谓的等一等，我想必定是要等一等外国人替我们整理好了再不用着急了！唉！这些所谓大学者们，究竟在干些什么？我想大家的脑筋里，都也未能免俗在那儿做升官发财的梦吧！只要一有机会，便要将所谓学者的清高生涯丢去不干了，试看现在有多少人不是这样吗？这几天福开森博士，在北平大谈其中国古代碑碣和书法，听的人只有赞叹，他又在故宫博物院，如数家珍的为游人大讲故宫历史，听的人又只有惊异不止。唉！关于科学方面，我们要靠外人，还有可说，连自己的祖传秘诀也失了，转要请外人来传授我们，这真不应羞死也应气死了；其次再说到文学罢：日本帝国大学的教授说："中国人现在都不研究他们的旧诗了，将来他们还得来跟我们学习哩。"这可不是吹牛，也许最近的将来就要这么办。请看别的学术不都是这样吗，从前他们到支那留学，现在我们要到日本留学了！一个国家，别的东西不及人家还不要紧，只有文化一堕落，便是最危险可怕的啊！自来灭人国者，先要湮没其固有之文化，便是这个道理。又据北大东方文学系教授徐祖正先生说："日本的新文学，很可以做中国文学发展前途的暗示，日本最初由写生而渐至自然主义，写生是文学的基础，必经过这个阶段，然而才能谈到各种主义，中国现在的文学，不过是乱来而已，还谈不上什么新文学！"好了！旧也旧不成功，新也新不成功，然而普通一班人还傲然自说："我国是世界文化最早的古国，我们是世界最优秀的民族。"哼哼，不惭愧么？我们现在贡献了什么给世界？这并不是我好菲薄自己，自然有许多事实替我们证明的。（陈琴庐：《欧洲去研究国学，不长进的中国学术界，我们将怎样的惭愧和努力》，《民国日报》，1931年2月6日，第3张第2版）

2月16日　李时发表《研究工程者对于国学应具之常识和技能》，针对实科师生，从读书、属文两方面提出学习国学的途径。

李时认为，"读书以蓄常识，属文而养技能；常识也，技能也，皆渐积而有获，非一蹴而就也"。文中"甲段·读书方面"，认为韩愈、柳宗元、曾国藩、张之洞推荐书目与读书法"皆博观约取之法，有辙可寻，从之颇易；然犹嫌其笼统，而欠具体计划也"：

近岁科学勃兴，学者竞为之，研究国学之力日蹙，治理科工科者，国学饥荒问题，应时而起；披故籍而茫然，对翰墨以长叹；于是环顾奔走，请教于宿学之前。胡适因之撰《最低限度的国学书目》，梁启超因之撰《国学入门书目及其读法》，李笠因之撰《三订国学用书撰要》，吴虞因之撰《青年研究中国文学宜选读之书》。其他若陈钟凡等，皆撰有国学书目，兹不备举。是丹非素，各有所偏，彼亦一是非，此亦一是非，今参酌诸家之作，揆之研究工程之情，应读之书，分为三类。

抒情之书包括:《诗经》《楚辞》《曹子建集》《陶渊明集》《李太白集》《杜工部集》《白香山集》《苏东坡诗》《元遗山集》。记叙之书包括:《春秋左传》《史记》《汉书》《资治通鉴》。论理之书包括:《论语》《孟子》《荀子》《庄子》《韩非子》。作者认为上述三类书可适当伸缩:

以上三类，为书凡十八种：若能熟诵一半，余半数作为披览之用，足为工程界之通人，若以此数为隘，而求益于外，韩、柳、欧、曾之集，亦可涉猎之；他如昭明太子之《文选》，姚鼐之《古文辞类纂》，曾国藩之《十八家诗钞》，陆宣公、康有为之奏议，梁启超、胡适、章士钊之文章，皆有可采之处，取百家之美，以成一人之奇，是在学者。至若对于以上三类之书，以为浩博难读，吾有最简便之一法；但精读两书，即可成为通人，即可为用不穷。两书者何？曰：司马氏之《史记》，姚氏之《古文辞类纂》是已。（李时：《研究工程者对于国学应具之

常识和技能》，《交大唐院周刊》，第18期，1931年2月16日）

同年4月，李时著《国学常识与技能》由北平君中书社出版，为学工程等非文学专业的学生讲授国学知识，分读书、属文两方面，举出应读的基本书籍，讲授各种文章的体例和作法。（李时：《国学常识与技能》，北平君中书社，1931年）

2月19日 上海交通大学中国文学系系务会议，议决国文作文评分标准，即：思想性占50%，文法占30%，书法占20%。（刘小云：《陈柱生平及其学术思想研究》，中国社会科学出版社，2015年，第241页）另一说2月23日。（上海交通大学校史编纂委员会编：《上海交通大学纪事（1896—2005）》上卷，上海交通大学出版社，2006年，第221页）

2月20日 北大国学门下午七时举行第四次月讲，由马衡讲演"从实验上窥见汉石经之一班"。（《公告》，《北大日刊》，第2561期，1931年2月18日）

2月28日 张访樵在万德门纪念室撰写《国故中的上帝观》，批评近来"国学书"中上帝观的谬误。

张访樵提出：

> 基督教被人称为洋教，基督徒被人称为洋奴，我们知道，基督教徒所崇奉的是上帝，这样说来，好像上帝也是洋上帝了，这是多么滑稽一回事啊！近几月来，我读了几部不三不四的国学书，看见其中论到上帝的地方很多，不特只是论到上帝的一个名词，即对于上帝的品格，也很有认识，兹录之于下，一洗洋教，洋奴，洋上帝，诸多不合法的名词……基督教到中

国，已经有数百年的历史，崇奉的人，何止千千万万，占在外邦人的地位，不去研究，一味的瞎说，他是邪教，他是麻醉，他是侵略，因此酿成许多的纠纷，这是社会上一个重大的问题。

我以为基督教并不是什么洋不洋，试一读中国书，看见里面论到上帝的详情，与基督教所谈的上帝，也相伯仲，不过我们埋藏在地里，没有掘发罢了。经基督教的介绍，我们正宜将固有的上帝观，与介绍过来的上帝观相接触，俾东西宗教观，冶为一炉，我以为那才是当今之急务呢。（张访樵：《国故中的上帝观》，《希望月刊》，第 8 卷第 5 期，1931 年 5 月）

2 月　郭受天发表《余之发扬国粹观》，辨析新旧，认为今日的新文化，在今后或被视作旧文化。今日所讲的旧文化，他日或许被当作新文化。自强中医学会努力的目标是"发皇古义，融会新知"。

客有问余曰：方今环海交通，全球丸走，理境日新，民智日奋，非有以抵制之，餍服之。欲保人之不鱼肉我，而鞭棰我，乌乎得。夫众人皆智，而我独愚，则愚者之不能敌智，与智者之不肯让愚，亦岂待两言决哉。溯自欧亚交通以来，吾国固有之学说，无不受其影响。盖彼挟其物质之文明，潮流所及，全球弥满，而余波撼荡，即医林中亦被其侵袭。查西洋医药学说之流入我国也，始于道咸间，有上元管同者，与英人合信氏，译著西医五种，初刊于羊城，再版于上海。其后继之者虽众，仍限于通商口岸，及二三最著名之都会，推行仍不广。自甲午以后，世尚维新，优秀之士，多游学于东邻，年来学成归国者日众。故医药界中，风气又为之一变。及共和告成后，执政者又力为之提倡，所以西医药之膨胀力，日益强大，几乎有夺我长沙一席取而代之之势。良以西医药学，实事求是，一病有一病真确之病原，均皆考证确切，且假显微镜之力，发见各种病原虫及细菌，而病之真因愈明，故临病投剂，皆奏奇效。不似古医学，立论全凭理想，断病悉由臆见，如脏腑之部位不明，生理组织之不学。犹强假五行生克之旧学，以讹传讹，又焉得而不败。而吾子犹津津乐道曰：发扬国粹发扬国粹。何见之谬也。

余答曰：否否。我国立国之古，寰球罕有其比。文化学术，胚胎于四千余年之前，几经嬗递，下逮今兹，固不可以草昧未开之邦目之也。他不具论，姑以医学为证。自神农氏尝草制药，开医药之先声。厥后《素问》《灵枢》，著于黄帝。降及周代，医学大盛，并设医官，以掌医职。春秋战国间，又有名医和缓扁鹊等，遨游列国，施其方术，救济群生。汉张仲景作《伤寒金匮》，为方剂之准绳。唐孙思邈作《千金要方》，王焘作《外台秘要》，各本其理想实验，发为议论，蔚然称大观矣。自兹以降，若金元四大家，若明之薛立斋、张介宾等，均为一代之宗。洎乎前清，著作尤夥，在医学史上，亦未可谓为阒寂无闻也。至于解剖学上，虽间有错误，嘉道间王氏清任，早有纠正之语，固无待乎西学说流入吾国后而始云然。缘吾国习惯，素重尸体，延至今日，犹存此风。解剖学之不进步，亦时势为之也。其他如石膏一药，在十余年前，西医极端反对之，视为无用之品，只堪造器，毫无医疗之价值。而近年来加尔叟谟疗法，复大流行于东西医界，反视为新发明之药品。殊不知我国医家，在数千年前，早已实用于医疗界矣。此外如脏器疗法，亦莫不如是。且最近当归、麻黄、阿胶等品，大风行于欧美，凡此皆他人前目为陈腐之药，现一变而又成为新奇之品。可见今日之谓新，焉知他日之不为旧。今日之谓旧，他日又焉知不以之为新。是在后世之为医者，研究精进耳。

总之我国数千年来，名医辈出，伟著如林。降及今日，欧亚交通，于是乎有门户之见，中西之分。余以为医药不论乎今古，更无分于中西，但求其确能疗人之病耳。我国之古医药，未必全无功效。西人之医药，亦非尽属灵验。当此学术竞争时代，我国医学，势亦不得不稍为之变通，而亟亟从事于整理。如古医药有效者，则保守之。确系错误者，则删去之，另求有效者以承其乏。所谓取其长而去其短，其学说有过于属诸理想者，则采取实验新说以损益之。学说相同者，则比较证明之。其他古医学中有精义名言，或突过于西医学者，则复从而表彰之。如血液循环说，古医学在数千年前，已有所发明，而西人至明末时，始明其义之类。爰是以求，则吾华数千年前之国粹，不但为历史上之荣光，或可驾乎欧美医学之上，而为中华新医学，亦未可知。此余所谓发扬国粹之说也。至若坚守其五行生克司天在泉等虚玄之旧学，以为牢不可破，或故步自封，不加考察，遽谓西人医学中一切方术，皆为霸道之法，毫无可取。因循坐误，则不待他人之攻击，久之，自然归于天演淘汰之公例矣。发扬云乎哉，国粹云乎哉。客闻言，哑然而退。我们努力的目标是发皇古义，融会新知。（郭受天：《余之发扬国粹

观》，《自强医药月刊》，第14号，1931年2月）

△ 在哈佛燕京学社的资助下，燕京大学国学研究所出版国学书籍。

国学研究所出版的书籍有：《古籀余论》（孙诒让），《尚书骈枝》（孙诒让），《张氏吉金贞石录》（张塤），《马哥孛罗游记》（张星烺），《宝蕴楼彝器图录》（容庚），《历代石经考》（张国淦），《王荆公年谱考略》（蔡上翔），《王文公年谱考略推论》（杨希闵），《熙丰知遇录》（杨希闵）。（《燕京大学国学研究所出版书籍》，天津《大公报》，1931年2月23日，第10版；《燕京大学中文出版品目录》，《燕京大学校刊》，1932年第4卷21期）

3月1日 陈钟凡为无锡国学专修学校学生作《求学与读书》的学术演讲。

陈钟凡指出：“我们生在二十世纪的今日，应当用二十世纪的方法去读古书，应当用二十世纪的眼光去观察已往的社会；不可据那刻板底死文学确定过去的事实。”求学不只是读书，读书不过是求学的门径而已。要得到高深的学问，先要具备下列三种求学的要素：一要有适应时代进化的观念，二要能鉴别材料的价值，三要有研究学问的工具。“备具这三种要素的学者方能研究过去的学问，方能贡献给现代社会的需要；那方是二十世纪的学者。”（陈钟凡演讲，张敦品笔记：《求学与读书》，《读书月刊》，第2卷第1期，1931年4月）

3月25日 行政院院长蒋中正批示内政部关于发扬中国文化重心以奠国基呈与国民政府。

　　为呈请事：案据内政部呈称：窃维欲正风化，必定人心，必循道德。吾国树东方文明先进之帜，数千年来，所以维持不堕者厥端在此。先总理推崇中国固有道德，反复申言，可资模楷。挽近人心浮动……。当全国内政会议时，湖南省政府委员曹伯闻，请确定忠孝仁爱、信义和平为训民要则，以正风俗案。河北省政府请提倡中国固有道德，以维风化案，经大会合并讨论，决议由内政部会同关系各机关办理纪录在案。本部复查该案所称各节，切中时弊，办法尤中肯綮，惟兹事体大，若仅由本部会同办理，恐不足以正观听，而昭郑重。理合抄录原案，呈请钧院鉴核，转呈国府确定要则，明令公布，庶大义昭重，庞言自熄，人心一定，醇俗可期，是否有当，伏候指令祗遵等情。计抄呈原案二件到院。查所呈办法，关系社会风化，人心趋向，似属可行。除指令准予转呈外，理合检同原案二件，转呈钧府鉴核办理，指令祗遵。（中国第二历史档案馆编：《中华民国史档案资料汇编·第五辑·第一编·文化（一）》，江苏古籍出版社，1994年，第7—8页）

3月27日　怜蕊发表《研究国学的方法》，指出国学书籍浩如烟海，漫无统系，研究方法，不外乎精读与博览。

　　文中认为"国学为一国精髓之所寄，命脉之所托，乃学子必需研究者"。研究的方法首先是所读之书，不可念多，"若四书，《春秋》，《史记》，以及名人遗文，当全读或选读，读时须缓，以舒畅其气，成诵之后，必加以深思，至探知其意义而□已。若徒朝诵千言，夕读万卷，词熟而理不明，亦无益也。读书之初，其觉难解难熟，可不必遽期尽解难熟，但宜常有温习之功耳"。其次是阅书，"所阅之书，务宜渊博，若《纲鉴易知录》，先正格言，以及近代杂志，阅时当速，以节省时间。及逢一书精要之处，宜录出为之贯穿而条理之，但须还其本来面目，不可以私意参加而乱之也。而后每一月或一年，再为结束，久之则可成卷册，能免其本书繁重，无从翻阅之难。或借阅书籍，事后遗忘之苦"。（怜蕊：《研究国学的方法》，《春柳周刊》，第2期，1931年3月27日）

3月30日 丁迪豪撰《读"三十年来之国学概平"》，驳斥徐英对近三十年来国学研究的评述，提出要用求知的态度来研究国学。

丁迪豪自称读完徐英《三十年来之国学概平》一文后，无限感触："在这样奇怪的国度里，总不断的有这种妖魔来出现；在这样老病萎倦的民族里，又每每说出这没出息的话"；作为中国人，自己深感惭愧地站在乌烟瘴气的学术界里，"的确忍不住了，只得来说几句想沉默而不能沉默的话"，"我不是要替什么人做辩护士，我也不是投入到某一学术环境当中而胸有成见；我是秉着自己底理性裁判来说话的"：

> 中国学术在这三十年来，却是做了一个大扫除的运动，这个运动，是中国民族的新生命底运动，也是中国文化的再造运动，这运动虽自康长素先生的《新学伪经考》和《孔子改制考》两部书开端，一椎把数千年的所认为坚固不拔的学术正统的伪观念，打得粉碎，一直到现在，继续这个廓清运动的人，自然还是在不断的努力，赓续底向这伪观念中的伪学问来破坏，向这为伪观念浸染既深的民族心理来袭击，但无奈这民族

是中毒已深，旧的力量，已是有着悠久的历史，非一朝一夕的功夫所能转移，更非一两智识阶级的人所能胜任这偷天换日的大事实。故这短短的三十年中的成绩，只能说克奏肤功，不是已能肃清残敌的。民族是这样底顽固恋旧，死灰复燃的丑剧，又不时在演着，努力于这个运动的人，应该要怎样的加倍努力，同情于这个运动的人，更要扩大这个运动的宣传，使尊古"信古"的民族根性，失掉他的依据，使那般为伪观念所迷惑的人，无隙可乘，要从摧残的旧系统中，建立我们基础极强固底新系统，要从工作成绩不甚满意中，做到比较能满人意，则这个运动或者可以勉强的庶底于成。不然是徒贻人以反攻的口实啦。

所以我对于三十年来起死回生的文化运动，只是满怀着同情之心。而我认为一般人对这种运动的态度，也只有感激和同情的去帮助，不应该冷嘲热骂的去诋毁。

徐英先生这篇文章，名为《三十年来的国学概平》，其实是"三十年来的国学概骂"，他痛骂六经皆孔子伪造的康长素，他痛骂做大同论的谭嗣同，徐先生这种不求是非真伪的迎头痛骂的本领，我真佩服。他又痛骂首倡白话文的胡适，他又骂疑禹为天神的顾颉刚，其余大凡在信而好古的徐先生看来认为谬误的，便一齐骂到。"康梁起其端，胡适承其流，薄古爱今，好奇尚浅，流风所荡，一世靡然。"这便是处死刑的判决书。

我不懂"薄古爱今"是怎样一个大逆不道的事，大概依徐先生的意思，古是应该要爱的，今是应该要薄的，若是要反乎这个常道，"是今而非古"，或"薄古而爱今"，便是离经叛道的罪人，便是罪死不赦的，这种开倒车的话，也居然能说出口，我真佩服徐先生的勇气。

依时间论，古是过去，今是现在，依空间论，过去现在未来是继续的。人类也就依着这时间的轨道而进化，而永久的延续这不间断的生存。过去的生活观念，用着文字的记载，传留到现在，便是文籍。古代的社会，和现在不是一样，古代的生活观念，自然和现在也不是一样，古代的社会不能移到现在，古代的生活观念，自不能行于今日。若是徐先生有着回天转日的大力，把自然运行的进化的人类，用一条铁索能锁住不动，使他永久的停滞着；那便没有今是昔非的比较，那便可实现黄金时代——尧天舜日的美梦。可是这事实偏偏做不到，时代又刻刻的变着，我真为徐先生苦恼。

平实的以历史的眼光观察，总逃不了今是昔非的感觉。何况过去的中国的学者底记载生活观念的文籍，是谬妄到无有更甚的谬妄，糟糕到无以复加的糟糕，他们把那些平实的东西，都要神秘化，伦理化，把他说怎样高深得了不得。他们更为拥护自己的学说起见，就托古和伪造，以罔己而欺人，总括说真是一个自欺欺人的妄者。他们的态度是：

用着迷信宗教的态度，来干卫道传经的事业。

守着家法真传的观念，来抹杀事实本身的是非。

他们是会用拉拢冒牌，来成就他的伪观念下的伪系统。

他们是会用傅会欺诈，来促成他们道出百家而稳坐正统。

这完全是三十年前的中国学术的谬观念，时代给我们证明了他们的错误，时代指我们研究学问一条新路。学问是要求他是与不是，不管他是有价值与无价值，学问是要根据实证来判别真伪，不应守什么家法的老例，新的证据，叫我们要推翻陈案，真正的真理，叫我们不能再信仰那伪的真理，徐先生你觉得不甘心吗？你要做挽狂澜于既倒的伟人吗？你便要从工作得来的证据中，打倒他的新论证。决不是打空的胡骂，和这种满纸"是夫""者也"的老古文就算了事的。

"信古""复古"是要持之有故，言之成理的，从来没有人"信古""复古"而不说自己所以然之故。而只会说人家不对，试问怎样是不对？他不对的证据在那里？他并不说，只得同那乡下人谩骂一样，说："庸钝薄劣（原文系骂胡适）并无以自立，矜考证以炫时，止于红楼一梦，夸谊理以骇俗，误于庄子七篇"。我且问"庸钝薄劣"是他资质上的缺陷，与徐君何关？与他所治的学问有何关？这真是闭着眼睛的胡说。"止于红楼一梦"不是胡先生的错处，"误于庄子七篇"是怎样误的呢？又是一个只说其然不说其所以然的话。顽固的人，一定是执着他的理由，不肯变动的才能说是顽固，现在徐君这种无证据的乱骂，只可说信古而愚的妄人了！

徐先生又说："晚近百学废弃，……胡氏逐臭应声，窥时俯仰，承风相属，欲变国俗。"这样辞严义正，救世心切，而发出来的辟杨墨的呼声，其功真不在禹下了！我们要知道：批评态度，是严正的，公平的，依据事实的立场而说话，依据逻辑的方法来证实，从没有诋及个身人格，也根本不能以一人的人格来推及一人的表现的事实，事实与人格是两样，不可连贯起来的。今徐氏平三十年来的国学，与被平者的人格有何关系？一则曰"逐臭应声"，再则曰："窥时俯仰"，简直诋及个人人格，而离开评论学术的立场。不知批评之精神与态度，而愚昧好乱骂，吾于徐君得见之。

最后我所希望于徐先生的：

要用求知的态度来研究国学，不要"愚古""奴古"，而发出这种开倒车的谬论。

要搜求反证，依据事实，来说人家的不是，不要空空洞洞来说人家的错误。

要严守批评的精神与态度，不要离开事实的立场来妄肆诋及个人的人格。（丁迪豪：《读"三十年来之国学概平"》，《大公报》，1931年4月6、7日，第3张第11版）

是年春 徐炯作《国学解》，指出中国今日非无科学之患，实无国学之患。

徐氏认为：

即使科学果缺，求之德，求之美，求之英法，求之日本，蔑不济矣。若夫国学将于何求之哉？孔孟既没，国学中微，杨墨一厄也，申商一厄也，释老一厄也。破碎之考据、纤艳之词章，又一厄也。时至今日，不入于老，即入于释，不溺于词章，即蔽于考据，其他纵横术数，一切不经之学，又从而间之一。老师倡于前，千百辈无识和于后，相习成风，牢不可破，天下人才有几岂堪如此败坏耶？是真国运为之乎？吾不能不惕然惧矣。夫吾国立于大地数千年，其所以绵绵延延不至于渐灭净尽者，岂不以学哉？有时乱臣贼子，夷狄妇寺，更仆迭起，势若燎原，不可救药，而旋喑旋明，卒能渐次戡定，亦恃一二人之有学耳！是学也，蕴蓄于内则为道德，彪炳于外则为事功，传之永久则为著述。是故诸葛之《出师表》，陆宣公之《奉天改元诏》，此国学之施于政治者也。周元公之《太极图说》，张横渠之《西铭》，朱子之《大学中庸章句序》（即《大学章句序》《中庸章句序》），此国学之见于教育者也。范文正之先忧后乐，李忠定之济颠扶危，文信国之成仁取义，真西山之著《大学衍义》、陶彭泽之赋《归去来辞》，或出或处，或默或语，或常或变。有是学以立其基，无论为名臣，为钜儒，以忠烈称，以隐逸显，皆能植天纲、扶人纪、拨乱世而反之正，学之益于国者，何如哉！今则六经废，国本摇，妄庸者流复鼓其邪焰而为牛羊之牧哀哉！耗矣！学亡而国亦与之俱亡矣。盖尝论之，有有用之学，有无用之学，有无用而又有害之学，独有用之学乃为国学，学者盖不可不早辨矣。是故董江都之正谊明道，国学也。扬子云之剧秦美新，非国学也。苏令绰之体国经野，国学也。王介甫之损下益上，非国学也。紫阳之先博后约，国学也。象山之冥坐悟入，非国学也。韩昌黎之崇正黜邪，国学也。苏子瞻之出入老佛，非国学也。顾亭林之旁搜远绍，国学也。纪小岚之嗜博记丑，非国学也。张扬园之轨步绳趋，国学也。颜习斋之急功近利，非国学也。金仁山之啸咏云月，国学也。吴草庐之腼颜事仇，非国学也。李二曲之十反不受，国学也。王龙溪之辞受不明，非国学也。陶长沙之精勤果毅，国学也。王夷甫之清虚诞纵，非国学也。李固杜乔之直方，国学也。胡广冯道之中庸，非国学也。其是其非，其邪其正，其纯其驳，无不以国学为断。下此则淫辟贪冒，变诈反覆，时能立一说、创一解，迎合浇俗，博取世资，此正如优人啼笑，有不敢不然者耳。何足道哉？何足道哉？大抵我国之所重者伦常，立国之根本在此，讲学之精神亦在此。倘有不孝不弟、不忠不信、不仁不义之徒，绝不足以言国学，盖国学者粗之在洒扫应对之间，精之在天人性命之际，始之在视听言动之细，终之在参赞位育之宏。非居敬不能入其门，非穷理不能探其奥，非成己成物，不能满其量。岂区区资口耳弋华腴之所敢望哉？世不乏好学深思之士，其以斯言为何如也。（徐炳：《国学解》，《大成会丛录》，第33期，1931年春）

4月2日　中山大学中国语言文学系召开1930年度下学期第一次系教授会议，潘尊行、闻宥、徐信符、段凌辰、罗膺中出席，会议讨论中山大学本年度第十二次教务会议议决案，毕业学生国学考试办法由该系拟复，应如何拟定案。

会议议决："国学一目，界说不明，各科平日，向未修习，考试办法，殊难悬拟，仍请学校自行斟酌办理。"次日，中国语言文学系主任罗庸致函教务处主任："本系授课范围，限于中国语言文学，凡关于中国语言文学范围内之考试办法，自可照拟"，"查学生毕业三种考试，党义及体育两项，平日均有专攻，且有党义教师及体育部负责指导；独国学一科，无所系属，事关全校，似以仍由学校自行斟酌办理为宜"。（《中文系第一次系教授会议纪事》，《国立中山大学日报》，1931年4月4日，第3版）4月4日，中山大学第五届毕业筹备会召开，张学尧提议，"呈请学校免除国学、体育毕业考试"，议决由文书部从速办理。（《本校第五届毕业筹备会二次会议》，《国立中山大学日报》，1931年4月10日，第2版）后由黄昌祚等呈请校长查核，"恳准通融办理"。（《各科四年级生陈请免考国学体育》，《国立中山大学日报》，1931年4月13日，第2版）

4月8日　福建协和大学添辟国学讲座，第一次聘定者为上海国立暨南大学文学院院长陈钟凡。（《国学讲座》，《民国日报》，1931年4月8日，第11版）

4月24日　钱穆致信胡适，总结《国学概论》的要点，大意不赞成廖平关于经今古文派分的说法。

早在1925年4、5月间，胡适请钱玄同开具"晚清今文学书单"。1930年前后，胡适在中国上古史学转变的趋势中，开始由"疑古"走进傅斯年所提倡的"重建"。钱穆此时撰写《刘向歆父子年谱》，力图解决晚近经今古文之争。钱穆与顾颉刚往复论辩，钱玄同称顾颉刚"颇有意于再兴末次之今古文论战。刘节必加入，适之将成敌党"。（杨天石主编：《钱玄同日记（整理本）》中，北京大学出版社，2014年，第806页）钱穆《刘向歆父子年谱》成为胡适放弃"刘歆遍伪群经"说法的重要环节，进而批评顾颉刚仍旧墨守康有为与崔适之说。胡适与钱穆论辩今古时，提出"廖季平的《今古学考》的态度还可算是平允，但康有为的《伪经考》便走上了偏激的成见一路，崔觯甫的《史记探源》更偏激了"，现在应该"回到廖季平的原来主张，看看他'创为今古学之分，以复西汉之旧'是否可以成立。不先决此大问题，便是日日讨论枝叶而忘却本根了"。（胡适：《致钱穆函》，杜春和等编：《胡适论学往来书信选》下册，河北人民出版社，1998年，第1105页）钱穆函称：

> 西京学术真相，当从六国先秦源头上窥。晚清今文学承苏州惠氏家法之说而来，后又屡变，实未得汉人之真。即以廖氏《古今学考》论，其书貌为谨严，实亦诞奇，与六译馆他书相差不远。彼论今古学源于孔子，初年晚年学说不同。穆详究孔子一生及其门弟子先后辈行，知其说全无根据。又以《王制》《周礼》判分古今。其实西汉经学中心，其先为董氏公羊，其后争点亦以左氏为烈，廖氏以礼制一端划今古鸿沟，早已是拔赵帜立汉帜，非古人之真。

随后，钱穆称在1926年编纂《国学概论》时，便注意该问题，见解如下：

> 1.庄子《天下篇》述当时学术分野有三宗：（1）旧法世传之史。（2）诗书六艺邹鲁缙绅之士所传。（3）百家书。及秦廷焚书，所分仍此三项：（1）诸侯史记。（2）诗书。（3）百家语。秦廷为政争而烧书，所烧以诸侯史记为甚，诗书次之，百家语似少波及。东汉以下至唐，言秦烧书不及诸子者不止一见。诸侯史记乃现代官书及从前一切档案之类；诗书乃旧官书之几种，经邹鲁儒生传播（并伪造）；而百家则民间书，故称"家"，家即是民间私书之意。
>
> 2.汉《艺文志·六艺》与儒家分列。儒亦百家之一，与

《六艺》别。孔子之学流而为六国之儒家，六艺学至汉而兴，不得归之孔子。纵使有几部书与孔子有关系，而孔子时还无所谓六经，何论今古学。

3.汉初尚百家言，及后古学渐兴，辕固生讥《老子》为"家人言"，即是民间小书耳。而文帝后即斥辕生何从得"司空城旦书"。辕生治《诗》，在秦廷焚书时列入禁令，故谓何处得此犯罪的书，因令下圈刺豕，其实那时早已除焚书之律，窦后冤枉了辕生，故景帝与以利刃。

4.博士自秦到汉，并不是专掌六经（今文学谓博士掌六经，秦不焚博士书均误）。直到董仲舒得意始立五经博士，博士始专治六艺了。而儒家的孟子，博士也罢斥。

窃谓从汉初到董仲舒是真的"今古文之争"，今文是百家言，终于失败，而古文书得意。自此以下，古文书陆续发现，其实是汉人上了六国人的当，那些书何尝是古文，有转不如他们轻视的"家人书"，转而古些。从此利禄之途，大启觊觎，已立官的博士和未立官的"古文书学者"争，这是"古文书内部的分裂"，而现在则得了"今古文相争"的名目。

5.若从学术真相讲，董仲舒虽读了些古书，而说法则全是新的。最著者即董学之来自淮南是也。因其时学统中绝，讲学的只有这几种。所以汉人讲《易》讲《诗》讲《春秋》，乃至于讲《尚书》，虽则在他们手里传到的是古书，而在他们并世所听到的一切学问界的说法，只是那一套，即是六国末乃至秦的所谓阴阳五行、黄老家言、方士神仙、封禅、明堂，稍进则为申韩法家，此等秦均未禁，故流行益盛。刘向还是如此。以后古书确是出得多了，稽古之风渐盛，才从讲学说变而至于讲历史。

6.司马迁在此上早有卓识，他早说不识古文不能懂古史。《史记》里所谓古文，全是相当于六国前旧书之意。司马迁颇推尊董仲舒，他所谓"古文"，正是董仲舒一派所提倡的六艺，那时古文的对面，便是司马迁所谓"其文不雅驯"的百家言，即辕固所讥"家人言"也。崔鮿甫凡把《史记》所称古文全定为刘歆伪羼，汉人学术真相，为之大晦。

7.刘歆、王莽在稽古渐盛的风气里，敢于作为而不幸是失败了。

以上见解，除第七条详拙稿《莽歆年谱》，已蒙鉴及外，上六点均详《国学概论》。六年来见解未有所变。该稿送商务已逾两年，尚未印成。俟出书，当再请正。俟得暇，还拟于晚周学派及秦焚书两端详细发挥，庶或有当于先生"根本"之论乎？

《周官》鄙见仍认是先秦书，尚在吕不韦《春秋》、邹衍《五德终始》前（非衍自著，近新成《邹子著书考》一篇，拟增入系年），中间并论及井田。（杜春和等编：《胡适论学往来书信选》下册，第1098—1101页）

4月 无锡国专举行国文全体竞赛，核计平均分数最高的班级，给以锦标、奖旗，并定以后每学期举行一次。

无锡国专国文竞赛继承南洋大学"国文大会"传统，由唐文治亲自参与作文命题与评审。钱基博汇集为《无锡国专作文会考程文

叙目》，《南通报·文艺附刊》于1931年11月连续刊载国文竞赛的
优秀文章，如："俞振楣和张逸仙的《审势》，许实的《审敌》，孙
伯寅、郭则澐、缪文遆、郭则清、吴毓麟的《章学诚于清学之关系
论》，向长庚的《记事者必提其要纂言者必钩其玄近代作家孰能得
其枢要论》"，文后均有钱基博和唐文治的评语。（刘桂秋：《无锡国专
编年事辑》，第118—120页）

　　△　曹功济编《国学用书举要》，由杭州浙江省立图书馆出版，
该书1932年5月再版。

　　曹功济将国学书目分为工具及方法用书、参考用书、史学、哲
学思想、思想史及学术史、制度史、技术、文学、文字学九类。该
书凡例：

　　　　一、国学图书浩繁，初学难窥门径，不知别择，易陷歧
　　途。并时大师，举例甚多，又足令人兴望洋之叹，本书目的，
　　在供一般学者欲研求本国学术者之参考，非对专门研究者而为
　　言，故列举之书，深浅并列，而过于高深专精者，则皆置不
　　录。二、列举之书，首书名，次著者译者或注释者，再次出版
　　或印刷者。凡数书虽其内容相似，而全为著录，非不去其繁
　　复，乃所以备学者之自由采择。又每书同时注明数种刻本，非
　　为版本之研究，乃所以便学者之检寻与购求。三、国学书目，
　　分类最为不易，兹姑据其性质，略参以阅读顺序，区为九类：
　　一工具及方法用书，二参考用书，三史学，四哲学思想，五思
　　想史及学术史，六制度史，七技术，八文学，九文字学。往哲
　　遗籍，体大思精，即近人著述，亦多可分别旁通。如此分类，

不免割裂或混淆之弊。只为检查之取便，非谓可明限以畛域
也。1.事欲其善，必先利其器；艺欲其工，必先明法度，故以
工具及方法用书冠于篇首，如字典辞典以及指示门径等类之书
入之。2.治国学固重精校精注本，然后代学者之杂著笔记等，
对于前人之说，或加考核，或抒心得，发明晓畅，功非浅鲜，
而所论述非专及一书一家，无以名之，姑称为参考用书，列为
一类。3.思想或制度之产生与消灭，必有其时代或地域之背景。
史部书籍，不可考征其背景。故次列史学书。凡非专记一种事
物而统说当时情况者入之，以与下列思想史及学术史、制度史
相区别。4.我国学术发达最早，而哲学思想为尤盛，凡立说自
成一家或摭取前人篇章融贯成书者，皆入哲学思想类。5.哲理
既明，进而讨究其源；故次之以思想史及学术史，或传记或
断代或述本末者均入之。6.义理既昌，典制斯兴，故次及制度
史，凡专记历代典章制度者入之。7.技术之书，我国士林素不
重视，然国学二字，包涵实广，吾国古昔文化，多方并进，研
讨阐述，温故知新，正足为促进科学之佐证，故自列一类，凡
农工医学以逮美术类书均入之。8.吾国往儒，致力于文学者尤
多，故文学之书，不胜尽举。兹编多列总集；鲜举别集，惟其
内容，则包涵诗文词曲小说乃至笔记等类。9.前列字典及工具
用书，虽亦释字音字义，而仅取便检查，非比独立研究。故于
别列文字学类，凡训诂音韵字源之类入之。（曹功济编：《国学用
书举要》，浙江省立图书馆，1931年，凡例，第1—2页）

工具及方法用书类：清康熙官修《康熙字典》，陆尔奎等编

《新字典》，欧阳溥存、徐元诰等编《中华大字典》，赵元任定音、赵璧编辑《国语正音字典》，陆尔奎等编《辞源》，《新式学生辞林》，庄适等编《国文成语辞典》，李康复等编《国音白话注学生词典》，郭后觉编《国语成语大全》，郭后觉、马俊如编《国语普通词典》，《注音新辞林》，杨喆编《作文类典》，方毅等编《中国名人大辞典》，汪辉祖《史姓韵编》，李兆洛《历代纪元编》，李兆洛《历代地理志韵编今释》，刘长华辑《谥法汇考》，清纪昀等编《四库全书简明目录》，周中孚《郑堂读书记》，杨立诚《四库目略》，杨立诚《文澜阁目索引》，沈乾一《丛书书目汇编》，张之洞《书目问答》，吕思勉《经子解题》，姚际恒《古今伪书考》，李笠《三订国学用书撰要》，周永年《先正读书诀》，赵祖升、储皖峰编《国学研究法》，洪北平《国学研究法》，陈柱尊《研究国学之门径》，丁惠康《读书针南》，陈莘《读书法》，潘文安《青年读书指导》，陈钟凡《古书读校法》，周予同《经今古文学》，梁启超《中国历史研究法》。

　　参考用书类：王应麟《困学纪闻》，薛瑄《读书录》，顾炎武《日知录》，全祖望《经史问答》，章学诚《文史通义》，何焯《义门读书记》，洪亮吉《晓读书斋杂录》，卢文弨《群书拾补》，钱大昕《十驾斋养新录》，桂馥《札朴》，王念孙《读书杂志》，姚范《援鹑堂笔记》，王引之《经义述闻》，梁章钜《退庵随笔》，宋翔凤《过庭录》，洪颐煊《读书丛录》，孙志祖《读书脞录》，陈澧《东塾读书记》，徐灏《读书杂释》，俞正燮《癸巳类稿》，俞正燮《癸巳存稿》，曾国藩《求阙斋读书录》，张文虎《舒艺室随笔》，朱亦栋《群书札记》，俞樾《群经平议》，俞樾《诸子平议》，孙诒让《札迳》，皮锡瑞《经学通论》，章炳麟《国故论衡》。

史学类：孔安国《尚书孔传》，江声《尚书集注音疏》，孙星衍《尚书今古文注疏》，伏胜《尚书大传》，杜预《春秋左传集解》，顾炎武《春秋杜解补正》，洪亮吉《春秋左传诂》，何休《春秋公羊解诂》，陈立《公羊义疏》，范宁《榖梁传集解》，钟文烝《榖梁补注》，顾栋高《春秋大事表》，《国语》，《战国策》，司马迁《史记》，班固《汉书》，王先谦《汉书补注》，范晔《后汉书》，惠栋《后汉书补注》，陈寿《三国志》，房玄龄《晋书》，欧阳修《新五代史》，《史记精华录》，庄适《三国志摭华》，《二十四史辑要》，吕祖谦《十七史详节》，司马光《资治通鉴》，毕沅《续资治通鉴》，清乾隆官修《御批通鉴辑览》，《袁王通鉴合编》，《纲鉴易知录》，马骕《绎史》，高士奇《左传纪事本末》，袁枢《通鉴纪事本末》，陈邦瞻《宋史纪事本末》，李有棠《辽史纪事本末》，李有棠《金史纪事本末》，张鉴《西夏纪事本末》，陈邦瞻《元史纪事本末》，谷应泰《明史纪事本末》，杨陆荣《三藩纪事本末》，李元度《国朝先正事略》，吴曾祺《清史纲要》，但焘《清朝全史》，萧一山《清代通史》，左舜生《中国近百年史资料》，浦起龙《史通通释》，戴震《戴校水经注》，乐史《太平寰宇记》，顾祖禹《读史方舆纪要》，洪亮吉《乾隆府厅州县志》。

哲学思想类：王弼、韩康伯《周易古注》，程颐《周易传》，惠栋《周易述》，焦循《雕菰楼易学三书》，姚配中《周易姚氏学》，陈柱《周易论略》，郑玄《礼记古注》，郑玄注、孔颖达疏《礼记注疏》，孙希旦《礼记集解》，唐玄宗《孝经古注》，朱熹《论语集注》，刘宝楠《论语正义》，焦循《论语通释》，钱穆《论语要略》，朱熹《孟子集注》，焦循《孟子正义》，王弼《老子注》，魏源《老子本义》，顾欢《道德真经疏》，马叙伦《老子核诂》，郭象《庄子注》，郭庆藩《庄子集释》，王先谦《庄子集解》，马叙伦《庄子义证》，张湛《列子注》，杜道坚《文子缵义》，孙诒让《墨子间诂》，梁启超《墨经校释》，杨倞《荀子注》，王先谦《荀子集解》，陈登元《荀子哲学》，房玄龄《管子注》，戴望《管子校正》，章炳麟《管子余义》，严万里校《商君书》，严可均校《慎子》，钱熙祚校《尹文子》，谢希深注《公孙龙子》，金受申《公孙龙子释》，孙星衍校《孙子十家注》，《吴子》，《司马法》，《韩非子》，王先慎《韩非子集解》，《孔丛子》，张之象《盐铁论注》，王符《潜夫论》，王充《论衡》，胡越《王充哲学》，陆贾《新语》，贾谊《新书》，荀悦《申鉴》，扬雄《扬子法言》，董仲舒《春秋繁露》，苏舆《春秋繁露注》，班固《白虎通德论》，陈立《白虎通疏证》，杨泉《物理论》，葛洪《抱朴子》，颜之推《颜氏家训》，阮逸注《文中子》，毕沅校《吕氏春秋》，许慎注《淮南子》，刘文典《淮南鸿烈集解》，刘禹锡《因论》，张载《张子全书》，周敦颐《周子通书》，程颢、程颐《二程全书》，朱熹《近思录》，陆九渊《象山集》，陈亮《陈龙川集》，叶适《叶水心集》，陈埴《木钟集》，刘基《郁离子》，王守仁《传习录》，黄宗羲《明夷待访录》，王夫之《思问录》，颜元、李塨《颜李遗书》，戴震《戴氏三种》，戴震《东原集》，焦循《雕菰楼集》，清康熙官修《性理精义》。

思想史及学术史类：黄宗羲《宋元学案》，黄宗羲《明儒学案》，唐鉴《国朝学案小识》，江藩《汉学师承记》，江藩《宋学渊源记》，贾丰臻《宋学》，孙奇逢《理学宗传》，万斯同《儒林宗派》，支伟成《清代朴学大师列传》，谢无量《朱子学派》，谢蒙《阳明学派》，胡适《中国哲学史大纲》，陆懋德《周秦哲学史》，胡适《中国古代哲学史》，谢无量《中国哲学史》，刘侃元译《中国哲学史概论》，冯友兰《中国哲学史》，熊寝《晚周诸子思想》，张崇玖《中国文学思想史》，陈叔时《中国社会思想史》，王一鸿《中国古代教育思潮》，谢无量《中国古代政治思想史》，梁启超《先秦政治思想史》，王振先《中国古代法理学》，甘乃光《先秦经济思想史》，李权时《中国经济思想小史》，梁漱溟《东西文化及其哲学》，梁启超《中国学术思想变迁史》，陈文涛《先秦自然学概论》，周群玉《先秦诸子述略》，王治心《中国学术源流》，梁启超《清代学术概论》，刘楚贤《中国近代学术史》，章炳麟《国学概论》、《古学厄言》，陈柱尊《中国学术讨论集》，王正颜《国学原理考》，张文治《国学治要》，李继煌《儒道两家关系论》，陈彬龢《道教概论》，林科棠《宋儒与佛教》。

制度史类：郑玄《仪礼古注》，胡培翚《仪礼正义》，郑玄《周礼古注》，孙诒让《周礼正义》，孙诒让《周礼政要》，杜佑《通典》，郑樵《通志》，马端临《文献通考》，郑渔仲《通志二十略》，严虞惇《文献通考详节》，汤寿潜《三通考辑要》，汪钟霖《九通分类总纂》，徐天麟《西汉会要》，徐天麟《东汉会要》，杨晨《三国会要》，王溥《唐会要》，李攸《五代会要》，清乾隆官修《清会典》，吕祖谦《历代制度详说》，王应麟《汉制考》、《汉官六种》，唐元宗《唐六典》，程俱《麟台故事》，吴荣光《吾学录》，清乾隆官修《历代职官表》，高一涵《中国内阁制度的沿革》，高一涵《中国御史制度的沿革》，邱濬《钱法纂要》，倪元璐《国赋纪略》，曹溶《明漕运志》，彭宁求《历代关市征税记》，冯梦祯《历代贡举志》，邱濬《盐法考略》，周庆云《盐法通志》，内务部《清盐法志》，常乃惪《中国财政制度史》，赵修鼎、陶汇曾《中国井田制之研究》，黎世衡《中国古代公产制度考》，陈傅良《历代兵制》，房玄龄《唐律疏义》，刘筠《刑法叙略》，谭瑄《续刑法叙略》，程树德《九朝律考》，徐朝阳《中国亲属法溯源》，徐朝阳《中国诉讼法溯源》，徐朝阳《中国刑法溯源》，徐朝阳《中国国际法溯源》，陈顾达《中国古代婚姻史》。

技术类：贾思勰《齐民要术》，元至正官撰《农桑辑要》，徐光启《农政全书》，俞森《荒政丛书》，陈芳生《捕蝗考》，褚华《木棉谱》，陈鉴《茶经补注》，张谦德《茶经》，金步瀛《古今合纂殖桑法》，刘灏《广群芳谱》，李明仲《营造法式》，朱琰《陶说》，蓝浦《景德镇陶录》，丁佩《绣谱》，朱翼中《北山酒经》，王灼《糖霜谱》，玉冰注《内经素问》，张志聪《素问集注》，张志聪《灵枢经集注》，汪切庵《广注素问灵枢类纂》，王九思《难经集注》，张世贤《图注八十一难经辨真》，张机《伤寒论》，张机《金匮要略》，皇甫谧《甲乙经》，李时珍《本草纲目》，张子和《儒门事亲》，江瓘《名医类案》，汪切庵《本草备要医方集解》，清御医院《外科金鉴》，杨影庐《中医学鉴要》，戴震《戴校算经十书》，钱大昕《三统术衍》，张彦远《法书要录》，冯武《书法正传》，朱履贞《书学捷要》，朱和羹《临池心解》，白德馨《书法金针》，王概《芥子园画传初二三集》，巢勋《芥子园画传四集》，秦祖永《画学心印》，张祥河《四铜鼓斋论画集刻》，余绍宋《画法要录》，沈继孙《墨法集要》，梁同书《笔史》，唐积《歙州砚谱》，李兆洛《端溪砚坑记》，陈克恕《篆刻针度》，叶尔宽《摹印传灯》，汪镐京《紫泥法》，周嘉胄《装潢志》。

文学类：朱熹《诗经集传》，陈奂《毛诗传疏》，姚际恒《诗经通论》，谢无量《诗经研究》，胡朴安《诗经学》，丁福保《汉魏六朝名家集》，丁福保《全三国晋南北朝诗》，李善《文选注》，陈徐陵《玉台新咏》，章樵《古文苑注》，孙星衍《续古文苑》，郭茂倩《乐府诗集》，姚铉《唐文粹》，郭麐《唐文粹补遗》，清康熙官修《全唐诗》，王安石《唐百家诗选》，李调元《全五代诗》，吕祖谦《宋文鉴》，庄仲方《南宋文范》，吕留良、吴之振《宋诗钞》，管庭芬《宋诗钞补》，张金吾《金文最》，顾奎光《金诗选》，苏天爵《元文类》，顾嗣立《元诗选》，薛熙《明文在》，朱彝尊《明诗综》，姚椿《清朝文录》，李兆洛《骈体文抄》，吴光之《赋汇录要笺略》，姚鼐《古文辞类纂》，黎庶昌《续古文辞类纂》，钱谦益《列朝诗集》，曾国藩《十八家诗钞》，吴曾祺《涵芬楼古今文钞》，吴曾祺《涵芬楼古今文钞简编》，张相《古今文综》，王逸《楚辞注》，朱熹《楚辞集注》，戴震《屈原赋注》，蔡邕《蔡中郎集》，曹植《曹子建集》，丁晏《曹集诠评》，李公焕《笺注陶渊明集》，曹耀湘《陶集集注》，谢朓《谢宣城集》，王琦《李白集注》，仇兆鳌《杜诗详注》，赵殿成《右丞集注》，孟浩然《孟襄阳集》，韦应物《韦苏州集》，陆贽《陆宣公集》，韩愈《韩昌黎集》，柳宗元《柳河东集》，李贺《李贺歌诗编》，朱鹤龄《李义山诗集笺注》，徐树谷笺、徐炯注《李义山文集笺注》，白居易《白香山集》，曾巩《元丰类稿》，欧阳修《欧阳文忠集》，苏洵《嘉祐集》，王安石《王临川集》，李壁《王荆公诗注》，苏轼《东坡集》，王文治《苏诗编注集成》，苏辙《栾城集》，任渊《山谷诗注》，任渊《后山诗注》，陆游《剑南诗钞》，施国祁《遗山诗注》，金檀《青邱诗注》，靳荣蕃《吴诗集览》，惠栋《渔洋精华录训纂》，汪中《述学》，刘勰《文心雕龙》，任昉《文章缘起》，何文焕《历代诗话》，丁福保《历代诗话续编》，赵崇祚《花间集》，黄昇《中兴以来绝妙词选》，周密《绝妙好词笺》，毛晋《宋六十家词》，朱彝尊《词综》，王昶《明词综》，王昶《清朝词综》，张惠言《词选》，万树《词律》，舒梦兰辑、谢朝徵笺《白香词谱笺》，臧晋叔《元曲选》，钱沛思《缀白裘》，沈泰《盛明杂剧》，刘世珩《暖红室汇刻传奇》，蒋士铨《红雪楼九种传奇》，李渔《笠翁十种曲》，清康熙官修《钦定曲谱》，《重订曲苑》，《西京杂记》，刘义庆《世说新语》，郑处海《明皇杂录》，段成式《酉阳杂俎》，王谠《唐语林》，苏轼《东坡志林》，欧阳修《归田录》，司马光《涑水记闻》，周密《齐东野语》，孔平仲《续世说》，陆游《老学庵笔记》，《宣和遗事》，陶宗仪《辍耕录》，祝允明《九朝野记》，王士禛《池北偶谈》，蒲松龄《聊斋志异》，纪昀《阅微草堂笔记》，俞樾《春在堂随笔》，薛福成《庸盦笔记》，张贵胜《遣愁集》，顾元庆《顾氏文房小说》，《水浒传》，《西游说》，《三国志》，《红楼梦》，《镜花缘》，顾实《中国文学史大纲》，谢无量《中国大文学史》，陈钟凡《中国文学批评史》，李笠《中国文学述评》，陈彬龢《中国文学要略》，刘麟生《中国文学》。

文字学类：郭璞《尔雅注》，郝懿行《尔雅义疏》，许慎《说文解字》，段玉裁《说文解字注》，朱骏声《说文通训定声》，王筠《说文释例》，钮树玉《段氏〈说文注〉订》，江声《六书说》，叶德辉《六书古微》，张揖《广雅》，王念孙《广雅疏证》，顾野王《玉篇》，《广韵》，丁度《集韵》，顾炎武《音论》，段玉裁《六书音韵表》，郭璞《方言注》，章炳麟《新方言》，王引之《经传释词》，阮元《经籍纂诂》，俞樾《古书疑义举例》，马建忠《马氏文通》，顾实《中国文字学》，张凤《中国文字学》，邵祖平《文字学概论》，胡朴安《文字学》，李煜瀛《中国文字学之特长》，吕思勉《中国文字变迁考》，陈彬龢《中国文字与书法》，吕思勉《字例略说》，吕思勉《章句论》，刘儒《国音新浅说》，高元《国音学》，易作霖《国音学讲义》，方毅《国音沿革》。

陈训慈撰《国学用书举要后记》，认为张之洞《书目答问》，"胪举四部书二千余种，五十余年以来，承学之士奉为津梁"。近人梁启超、胡适、李笠诸家，纷纷撰写国学书目，学者多视作准则。曹功济编纂《国学用书举要》，"旨在供一般学者研索中国经学史学哲学文学者之取求，非为专门研究者说法；故所举书四百余种，未尝穷蒐博采，而坊间通行本以逮节本，则并有著录，纵不无体例不纯之嫌，要自有便于初学者之采择，盖仿梁胡之意，而异其趣者"。该书虽有小疵，"然大较言之，原目于各类所举之书，自基本名著以逮近人门径之作，俾学者或量力以求，或循序进修，详而不繁，疏而少漏，要足供一般治国学者参稽之助"：

> 国学之名，于古无征，于义太泛。学术大公，似不能以畛域自封。然吾国历史渊远，哲理名物，凡先民之所造诣，有待于后人之阐发者何限。即如科学研究，亦未易数典忘祖。故各国往往树中国学之名以研求中国文化之特质，国人亦多穷寻旧

籍，而以新方法董理之，不惟阐扬我固有之文化，亦且由先哲数象之考索，以与近世科学相发明。惟时人所编之国学书目，论者或病其"穷极高深，乃为旧日师儒穷老尽气露钞雪纂所不能毕业者，致令中等学生望洋而叹"。专家务博，固有此弊。然目录之作，原资寻检之需；本编所举，尤为浅深并列。学者苟能循序以求书，量才以取准，或仅由此以略窥国学之基本书名，则本书已不无小补矣。原著者当时拟编书目数种，称为民众用书举要，而以是书为国学篇。患其书名之未允，故为改易今名，而仍其原稿，未遑重为审订也。（曹功济编：《国学用书举要》，浙江省立图书馆，1932年再版，后记，第1—2页）

5月1日　徐旭生与钱玄同商谈国文系课程。

钱玄同记载徐旭生前来商谈下半年国文系课程事宜，提出："（一）不分国文系、英文系等，统称为'文学院学生'；（二）每系之功课，一星期全体应为六十点钟，公共10，本系50；（三）教授薪水提高（不能少于北大），钟点多少可商量，但至多止能兼六小时（照部章）且必得本校之许可；（四）教授须常在学校以备学生之指导。我干国文主任，劭干研究所副所长，允以考虑。"（杨天石主编：《钱玄同日记（整理本）》中，第800页）

△　北平中国大学吴承仕主编《国学丛刊》第一期发行。后因与北平师范大学《国学丛刊》重名，自第二期更名为《国学丛编》。

《国学丛刊》编辑部撰《国学丛刊序例》，提出：

　　　　正名国学，自以华夏学术为依。然内外之辨，区画甚难。

有如佛氏三藏，来自梵方。而六朝以还，学问文章，无不深染佛说。至如法华贤首之宗，密传心要之法，反为彼土所无有。盖已聊合为一，又发挥而光大之。则虽外来之学，亦与华夏固有者同。若韩愈之不明所谓而妄肆诋排，宋儒之窃其绪余而自名道统，皆刘子骏所谓挟恐见破之私意，而无从善服义之公心者也。是故学问之事，内外若一，新故相持。合同而化，则外者自内矣。习与性成，则新者亦故矣。斯学术变迁演进之通例也。此中所录，以考订国故之文为多，有实事求是之诚，无专己守残之意。鸠合同好，各撰所闻，以就正于邦人君子，而新旧内外之见不与焉。

本编所录，略开为学术文章二门。学术一名，所包至广，上自经史百家之大义微言，下讫名物训诂之细微琐屑。苟能持之有故，言之成理，无剿说，无盈辞，文理密察，不违于朴学方术者，皆所网罗。不烦简别，唯就著述体裁，别为三部：一曰单篇，二曰专著，三曰笔语。而昔人撰著，初未刊行，或刊行而流布未广者亦附焉。文章部居，则约为有韵无韵二类，要以因物造篇发抒性情者为断，《诗传》所谓九能者是也。其辨章流别疏证故实之作，仍摄入学术门中。（《国学丛刊序例》,《国学丛刊》, 1931年第1期）

5月15日　《辽东诗坛》介绍张文治编《国学治要》，该书将国学分为经学、史学、诸子、理学、古文、诗词、书目七大类。

第一编"经学治要"，探讨《易》《诗》《书》《三礼》《左传》《公羊》《穀梁》《孝经》的要点。第二编"史学治要"，探讨《国语》《国策》《史记》《汉书》《通鉴》《通志》序、《文献通考》序、《史通》《文史通义》的大要。第三编"诸子治要"，探讨《荀子》《春秋繁露》《法言》《中说》《老子》《列子》《庄子》《商子》《韩非子》《公孙龙子》《墨子》《鬼谷子》《吕子春秋》《淮南子》《论衡》《孙子》等名著的要领。第四编"理学治要"，探讨周敦颐、张载、程颢、程颐、朱熹、陆九渊、王守仁的学说大要。第五编"古文治要"，探讨屈原、贾谊、司马相如、刘向、扬雄、韩愈、柳宗元、欧阳修、苏洵、曾巩、王安石、苏轼、虞集、宋濂、归有光、姚鼐、曾国藩等历代名文、小说、名著。第六编"诗词治要"，探讨曹植以下十六人的乐府古辞、温庭筠以下八人、女士一人各著的梗概。第七编"书目治要"，探讨《汉书·艺文志》《隋书·经籍志》《四库全书序目》。（松崎柔甫：《著述介绍》，《辽东诗坛》，第67期，1931年5月）

5月中旬　中华国学研究会拟再设立国学函授学院，分本科、预科及选科。

中华国学研究会开办国学通信研究社以来，报名入社人数已经超过定额。"闻该会业经教育部备案上海市教育局立案矣，凡有志入会者，附邮四分函索会章、国学创刊号，及《国学研究指导大纲》一册，会址设在上海小西门凝和路一九七号。"（《中华国学研究会设函授》，《申报》，1931年5月16日，第12版）

5月20日　北大国学门下午七时举行第七次月讲，请许守白演讲"研究宋词的我见"。（《公告》，《北大日刊》，第2631期，1931年5月19日）

5月　向映富、徐复、高小夫倡议恢复金陵大学国学研究会，更名中国文学会，延请名儒演讲，砥砺学行。

中国文学会会员有尚笏、周荫棠、高文、高小夫、徐复、武酉山、陆恩涌、程会昌、曾昭懿、黄念田（黄侃之子）等六十余人，顾问有黄侃、胡小石、吴梅、胡翔冬、刘继宣。金陵大学中国文学研究会编辑出版《金声》。黄侃题词：

> 近顷从事于国学者亦多途矣，总之不离舍旧谋新者近是。以言乎小学，则六书之例，三百之韵，不足以穷文字声音之变，而古器物文之学代兴焉。以言乎经史，则《易》非性道之书，《书》《春秋》非征信之史，而《山经》《穆传》，视若秘典焉。以言乎文辞，则杨、马不足扶毂，韩、柳不足骖乘，而野语童谣反若有真宰之存焉。予谓所为恶夫旧者，恶其执一而不变也。汉一乎经，晋、魏、梁、隋一乎玄，唐一乎正义，宋一乎道学，明一乎制举文，清一乎考证。其一也，其盛也；其盛也，其衰也。新之一，果愈于旧之一乎？是未可知也。（黄侃：《题辞》，《金声》，1931年第1期）

△　李详病逝于江苏兴化原籍。

张尔田得其讣告，感慨其人其文，兼评近代文风：

> 得李审言讣，海日楼残客，又弱一个矣。审言骈文，绰萧选楼风味，然拟之容甫，殊非其沦。容甫道文澹藻，寓骈于散，无意摩放，而动合天然；审言则捶字必双，散行阗单寡力。乃自谓之汪学，抑亦乡曲之私耶？要之，审言青出于小谟

觞馆，益莘肩随于正芝堂，皆俪文能手，正不必高谈魏晋也。晚季喜学魏晋，语其成者，亦无几人。王湘绮隽永有余，时病浅俗；刘申叔偏工盗袭，譬之剪彩之花，虽极形似，终无生意；奥不得已，太炎差近之耳。（刘小云编著：《陈柱往来书信辑注》，广西师范大学出版社，2015年，第86页）

△　吴毓麟编辑《无锡国专年刊》，由无锡国学专修学校学生自治会出版。

该刊设有"论文""文录""诗词""附录"等栏目，"论文"八篇，"文录"五篇，"诗词"十一家三十二首，附录演讲稿一篇，"均为无锡国专学生作品"。（刘桂秋：《无锡国专编年事辑》，第120—121页）其中，高君仁撰《研究国学者所负之使命》，认同钱基博所言国学为国性之自觉，振兴国学关键在于激发国性的自觉，"俾吾人以毋自暴也"。研究国学的使命在恢复中华民族创造文化的能力与精神，进而加以发扬光大，以促进世界之大同。高君仁提出：

中山先生之三民主义，虽以世界大同为终极，而必以恢复民族主义为前提也。盖无民族主义，则吾族不能立足于世界，更何有促进世界大同之余力。故欲尽吾辈研究国学者，"恢复吾族创造文化的能力，而加以发扬光大，以促进世界大同"之使命，必先从事改进吾中华民族之文明，而后进而融合世界之文化，使其构合调剂，而成一新文化焉。然欲达此目的，其进行之方略，可无待他求，中山先生之三民主义固能当之而无愧。

钱师子泉谓三民主义为世界一切主义之合理化。又谓中国文化史上有五伟人焉：曰黄帝，曰大禹，整理空间文明者也。曰周公，曰孔子，整理时间文明者也。继孔子而起者为中山先生，不惟将吾国五千年之文明，加以系统整理，而对于世界所有一切主义，亦尽取其长而弃其短，定为纲领条目焉。可谓空间文明，时间文明之集大成者矣。故吾辈倘能本救国热诚，实行三民主义，则不惟中华文明有改进之机，而世界大同，亦兆成立之象矣。研究国学者，可不努力进行，以尽吾辈之使命乎？

高君仁制作简表如下：

其最终目标："实现三民主义，促进世界大同。"（高君仁：《研究国学所负之使命》，《无锡国专年刊》，1931年上册，1931年5月）

△　钱基博的《国学文选类纂》，由上海商务印书馆出版。

钱基博撰《国学文选类纂·总叙》，揭示其旨趣，分析"人文主义"与"古典主义"两种国学研究路径，认为古典主义是国学的歧途，人文主义是国学的正轨，不能以一时的盛衰得失衡量国学，提倡国学者应当以人文主义为正途。首先，钱基博以"国学二字顾名思义"而言：

　　"学"之为言"觉"，"国学"之为言"国性自觉"，吾则既言之矣！然惟"人文主义"之国学，斯足以发国性之自觉，而纳人生于正轨；理之自然，必至之符也。"人文主义"之一名词，在欧土与"物质主义"为对；在吾儒与"古典主义"为对。"古典主义"，昔人之所轻。"物质主义"，今世之所患。何以言其然？"人文主义"之所寓，昔人谓之"义"。"古典主义"之所陈，昔人谓之"数"。《礼记·礼运》曰："礼也者，义之实也；协诸义而协，则礼虽先王未之有，可以义起也。"此持"人文主义"者也。荀子《荣辱篇》曰："循法则、度量、刑辟、图籍，不知其义，谨守其数，慎不敢损益也，父子相传以持王公；是故三代虽亡，治法犹存；是官人百吏之所以取禄秩。"此守"古典主义"者也。然"数"有可陈，而其"义"难知；"数"有可革，而其"义"不变。《礼记·郊特牲》曰："礼之所尊，尊其义也。失其义，陈其数，祝史之事也。故其数可陈也，其义难知也。知其义而敬守之，天子之所以治天下也。"则是"数"有可陈，而其"义"难知也。《礼记·大传》曰："立权度量，考文章，改正朔，易服色，殊徽号，异器械，别衣服，此其所得与民变革者也。其不可得变革者则有矣！亲亲也，尊尊也，长长也，男女有别，此其不可得与民变革者也。"则是"数"有可革，而其"义"不变也。皮之不存，毛将焉附！"义"之未协，"数"徒具文！则是"义"尊而"数"卑，"义"先而"数"后也。故曰"古典主义，昔人之所轻"也。抑吾闻之也：美国哈佛大学教授白璧德氏（Irving Babbitt）者，尝倡人文教育以申儆一世；其大指以为："西洋近世物质之学大昌，而人生之道遂昧！科学工商日益盛，而人之所以为人之道愈失！于是熙熙攘攘，惟利是崇。而又激于感情，中于诡辩，群情激扰，人奋其私；是非善恶，无所准绳！而国与国、人与人之间，则常以互相残杀为事！科学发达，人心益以不静，而为神明之桎梏！哀哉！此其受病之根，在人之昧于所以为人之道。盖物质与人生，截然两途，各有其律。科学家发明物质之律，非不精能也！然以物质之律，施之人生；则心为形役，玩物丧志！私欲横流，人将相食！盖人生自有其律。今当研究人生之律以治人生。人文教育者，即教人所以为人之道。"（见《学衡》第三期胡先骕译白璧德《中西人文教育谈》）有慨乎其言之也！呜呼！《记》不云乎，"人生而静，天之性也。感于物而动，性之欲也。物至知知，然后好恶形焉！好恶无迹于内，知诱于外，不能反躬，天理灭矣！夫物之感人无穷，而人之好恶无迹；则是物至而人化物也！人化物也者，灭天理而穷人欲者也！于是有悖逆诈伪之心，有淫佚作乱之事，是故强者胁弱，众者暴寡，知者诈愚，勇者苦怯，疾病不养，老幼孤独不得其所，此大乱之道也！"（见《礼记·乐记》）而今适其会也！数十年来，海内士夫，貌袭于欧化；利用厚生，制驭物质之一切科学教学，未能逮欧人百一；而日纵亡等之欲，物质享乐，骎骎逮欧土而肩随之！物屈于欲！欲穷乎物！生人道苦，乱日方长！故曰"物质主义，今日之所患"也。然则验之当今，惟"人文主义"足以救"物质主义"之穷！稽之于古，惟"人文主义"足以制"古典主义"之宜。国学者，"人文主义"之教学也；舍"人文主义"之教学，更何所谓"国学"者！盖惟"人文主义"，为足以发吾人之自觉；亦惟"国学"，为能备"人文主义"之至德要道。舍"人文主义"而言国学，则是遗其精华而拾其糟粕，祛其神明而袭其貌焉也！国性之不自觉，神明不属，譬之则行尸走肉耳！其何以国于大地！南山可动，吾言不易矣！

其次，钱基博从国学的缘起而言：

国学之所由起，所以说明一国之"人文"。"古典"者，"人文"之遗蜕也。春秋以前，我国有政无学，有君卿大夫士而无师儒，周辙既东，官坠其职；于是百官之守，一变而为百家之学；《汉书·艺文志》曰"某家者流，盖出于某官"是也。"百家之学"，所为异于"百官之守"者；"百官之守"者，谨守其"数"，"百家之学"者，宣究其"义"；此国学之所为起也。余读《汉书·艺文志》，著录十家；其中农家者流，特明术而不为学；盖术者致于用；而学者究其义也。小说家者流，又稗说而不为学；盖说者听诸途；而学者得于心也。此固卑之无甚高论。即杂家者流，"兼儒墨，合名法"；家而曰杂，则非专门名家矣！其间可得而名家者，曰儒，曰道，曰阴阳，曰法，曰名，曰墨，曰纵横七者而已。独儒、道二者，囊括群流，为一切学术之所自出。其间阴阳、名、墨三者，各守礼官之一事（《汉书·艺文志》明言："名家者流，盖出于礼官。"

至云"阴阳家者流，盖出于羲和之官"，疑即《周礼·大宗伯》礼官之属，所属所称"占梦：掌其岁时，观天地之会，辨阴阳之气，以日月星辰占六梦之吉凶"；"视祲：掌十辉之法，以观妖祥、辨吉凶"者也。"墨家流，盖出于清庙之守。"疑即《周礼·大宗伯》礼官之属所称"大祝""小祝"者是也）；而纵横一家，则出诗教之三百（见章学诚《文史通义·诗教上》）；则是阴阳、名、墨者，儒家之支与流裔也。"申子卑卑，施之名实；韩子引绳墨，切事情，明是非；其极惨礉少恩，皆原于道德之意。"（见《史记·老庄申韩列传》）则是法家者，道家之支与流裔也。然则七家之中，独儒、道二者囊括群流，为一切学术之所自出；而管学术之枢者，舍儒、道二者，其奚属焉！然儒与道不同学，而同归于人文主义。"儒家者流，盖出于司徒之官，助人君，明教化，游文于六经之中，留意于仁义之际"；其为"人文主义"，固不待言。至"道家者流，盖出史官，历记成败、存亡、祸福、古今之道，然后知秉要执本，清虚以自守，卑弱以自持，此君人南面之术也；合于尧之克攘，《易》之嗛嗛，一谦而四益"；则是以"古典主义"为途径，而亦以"人文主义"为归宿者也。独是道家法自然；于社会一切人为之仁义道德文为制度，胥以为有违于自然，无补于人文，而放绝之，摈弃之；故曰："大道废，有仁义。慧知出，有大伪。六亲不和，有孝子。国家昏乱，有忠臣。""绝圣弃知，民利百倍！绝仁弃义，民复孝慈！绝巧弃利，盗贼亡有！此三者以为文，不足；故令有所属，见素抱朴，少私寡欲。"（引老子书）又曰："礼者忠信之薄，而乱之首。"（引老子书）又曰："法令滋章，盗贼多有！"（引老子书）至儒者重人为；凡社会一切相承之文为制度，苟有当于助长人文，罔不因势利导之，牖之轨物，而资以为经世之用；于是文王演《易》，周公制礼作乐，孔子删《诗》《书》，订礼乐，欲董理一切相承之社会文为制度，以存其适者，汰其不适者，俾后世有所监观，如《六经》所载，亦必有所承，匪尽凭虚臆测，托古改制，如今文家云尔也！此其异也。然儒与道不同学，而同归于"人文主义"。"古典主义"者，特国学歧出之途，而迫于时势之不容已耳！汉儒之言"古典主义"也，特以秦皇一炬，《诗》《书》百家语烧，非搜遗考订，不能重光于劫余，赓亘古垂绝之人文教育也；时势则然也。清儒之重赓"古典主义"也，特以清廷禁罔密；而言陆、王者多明遗老；士大夫惧世祸，又苦聪明材力无所用，故恣意于名物考订以自娱嬉，而免时网也；时势则然也。夫岂得已哉！论者乃以国学之正统目之，颠矣！

钱基博由此强调该书所辑录者：特国学之涉于"古典主义"者，"清儒重赓之汉学耳！数也，非义也。倘以自溺而不反焉？是则所谓'不知"义"与"数"之别'者也！"（钱基博：《国学文选类纂》，上海商务印书馆，1931年，第1—27页）

《申报·介绍新书》推荐此书："编者教授南北各大学，撰辑名著，析为六类：曰小学之部；曰经学之部；曰子学之部；曰史学之部；曰文学之部；曰校雠目录之部。每部冠以总序，考镜源流，而一篇既竟，意有折中。又复撰为考证，将以阐阐国学，辨章学术，通斯文之条贯，诏学者以知方，庶几国学之管枢、文章之林囿。全

书二册，先出上册，凡小学、经学、子学三部。"（《介绍新书》，《申报》，1931年8月16日，第4版）

　　△　钱穆撰《国学概论》（上下册），由上海商务印书馆1931年出版（1938年长沙出版，1943年4月渝版2册）。

　　该书论述从孔子直到1912年两千年中国古今学术流转之大势，其中以"阶级之觉醒"论先秦诸子，以"个人之发现"论魏晋玄学，以"大我之寻证"论宋明六百年之理学。钱穆撰写《弁言》，邀请钱基博写序。钱穆指出：

　　　　学术本无国界。"国学"一名，前既无承，将来亦恐不立。特为一时代的名词。其范围所及，何者应列国学，何者则否，实难判别。本书特应学校教科讲义之需，不得已姑采梁氏《清代学术概论》大意，分期叙述。于每一时代学术思想主要潮流所在，略加阐发。其用意在使学者得识二千年来本国学术思想界流转变迁之大势，以培养其适应启新的机运之能力。时贤或主以经、史、子、集编论国学，如章氏国学概论讲演之例，亦难赅备，并与本书旨趣不合。窃所不取。

　　在1931年版《弁言》中，钱穆称："本书于编纂第三、第四章秦廷焚书及两汉经学时，友人施君之勉，通函讨论，前后往返十余通，开悟良多。书成，吕师诚之为之介绍付印。又承子泉宗老作序，加以针砭。均此志谢。"（钱穆：《国学概论》，上海商务印书馆，1931年，弁言，第1页）1956年版则改为："讲学之乐，积久不忘。至今回忆，犹有余甘。特此附书，志永好焉。"（钱穆：《国学概论》，第4页）

钱基博在《序言》中称：

宾四此书，属稿三数年前。每一章就，辄以油印本相寄，要余先睹之。予病懒，不自收拾，书缺有间，惟九章"清代考证学"、十章"最近期之学术思想"以邮致最后得存，余八章余皆亡之矣。虽然，其自出手眼，于古人貌异心同之故，用思直到圣处，则读九、十两章，而全书固可以三隅反者也。第十章所论，皆并世学人，有钳我市朝之惧，未敢置喙。第九章竟体精审，然称说黄梨洲、顾亭林、王船山、颜习斋，而不及毛奇龄，是叙清学之始，未为周匝也。殿以黄元同、俞荫甫、孙仲容而不及陈澧，是述清学之终，未为具尽也。西河生产浙中，姚江之学，故为乡献，其全书屡推良知为入圣阶梯。所作《折客辨学文》，以为"知行合一"，亦发于朱子《中庸注》，特朱子不能践而王践之，几乎晚年定论之说。则其与朱子相水火，宁挟私好胜而已哉？无亦日素所蓄积然也。然毛氏虽奉著意精微之学，雅不欲拾前人余唾，以支离榛塞斥朱子。乃务为弘览博物，针朱膏肓，起朱废疾，以见即朱子之于传注，亦非真能留心。此则承数百年朱陆异同之辨，而入徽国之室操矛以伐徽国者也。学问镆镆，与古为新，岂得举亭林、梨洲诸君子而概以掩之乎？焦理堂作《西河集序》，仅以开始之功归之（《掔经室集》"西河全集序"，实雕菰手笔。见《鄦斋丛书》理堂先生佚文中），固云皮相，即洪良品驳正全谢山论西河诸文（见洪《致袁忠节书》，在《于湖题襟集》中，洪文惜未之见），恐亦考订名物而已，于毛氏精神命脉所在，未之或见也。

毛氏既以朱子之学反害朱子，递嬗三百年，考证之言满天下。学者穷而思变，通经学古如焦理堂，亦谓时人折宋申汉，其弊足贼人心而害经学（见《与阮芸台论易书》，录《且朴斋题跋》中，亦雕菰轶文，而《揅斋丛书》所未及收者）。重以遭时多难，世奋于武，言经世者失学而遁于朱子。其恣肆如孙芝房、姚石甫之流，皆以汉学为诟厉。高心空腹，朱子固且以斥陈同甫者斥之耳。然世人遂知宋学于讲章语录而外，别有挟策横议之学。后来永嘉之由晦而显盖滥觞于是矣。东塾骏作粤中，不以时人托朱子以自重者尊朱子，而以西河之所以斥朱子者归功于朱子，以为凡考证之讥朱子，皆数典而忘其祖也。援汉入宋，犹夫亭林经学即理学之意，而识力胜于方氏之作商兑矣。岂以二人者尚不足宾四所耶！乃无一字及之，不已略乎！宾四论学与余合者固多，而大端违异。其勇于献疑发难，耳后生风，鼻头出火，直是伯才。岂敢援憨山信不信以为说！要归于不相菲薄不相师已。今则譬之无米而炊，不得不就此一章毛举细故。宾四将笑吾为窘耶？又此章于梁氏《概论》，称引颇繁。其非经学即理学一语，亦自梁书来。然梁氏忍俊不禁，流为臆断。李详所驳，虽其细已甚，足征梁书于名物之末，疏漏亦弥复可惊。宾四佳人，乃亦耽此耶？略忆此书前八章亦专言经子，不及文史，控名责实，岂屏之不得与于国学，亦张皇补苴，而有所未备耶？顾此所云云，特初稿如是，今定本当已有增改耶？宾四日进无疆，而余执不全之本、未是之稿以定宾四之所新得，于是乎不足以尽宾四矣。虽然，苟征之鄙说而不期以合，则予与宾四冥契于无言之表。方且诵杜陵"吾宗老孙

子"之语，而相视以笑，莫逆于心也。宗人基博谨序，十九年七月。（钱穆：《国学概论》，第1—3页）

1931年版有钱基博该序言，钱穆得知此序言为钱锺书代笔后，此后各版本均无此序。钱穆《国学概论》备受学界关注，《申报》介绍该书：

> 用历史的眼光将中国过去之学术思想分期叙述，于每一期中提挈其一时期之特点，即其时代学术思想上之主要潮流，原原本本，掬出其真相，评核其价值，并说明其承先启后之所以然，使读者对国学的背景得一明晰的了解。于各时期各家派异同得失，全用客观的评述，绝不有门户之见。于从来国学上几个问题尤能博综群言，独标新解，绝不肯蹈袭前人，却语语有来历，有根柢，实为最近国学界上一部有力量有见解的书籍。（《介绍新书》，《申报》，1931年8月16日，第4版）

钱玄同从辨伪的立场，指出："《国学概论》中关于汉之今古文一篇，真是胡说，其论康有为亦甚多偏见，然我谓其对于五经之见大致不错，其考证他事尤为精当。"（杨天石主编：《钱玄同日记（整理本）》，第1323页）王开节评价道：

> 浏览国学概论之类似著述约有数种，论其源流清顺秩序分明使人一览而对国学可获基本概念者无逾此书。盖有用经史子集为目以分论国学者，其弊在不能尽量发挥吾国学术之包蕴，

与其变化消长之因迹。有就朝代为目以分论国学者，其弊在牵涉政治之因素入学术，而不能使学术廓然卓立于政治之外。此书就吾国二千年来本国学术思想界流转变迁之大势，分为几个不同之主要思想潮流，使读者历览前史，了如指掌，实为初治国学者之最理想读物。（王开节：《书评：国学概论（钱穆著）》，《新经济》，第11卷第10期，1945年5月）

陶姜评价钱穆这本书是"中国学术思想概论"，但他所说的"学术思想"，只有经学和哲学：

试问整个的中国学术思想，是不是"经学"可以统摄完了！譬如关于历史的思想，是不是也要给他相当的地位？这似乎是钱先生的疏陋。但钱先生自己是主张"孔子"为中国学术史上人格最高之标准，"六经"为中国学术史，著述最高之标准，则他之偏重于此，自有他的理由，我们也无所可评了！

到了这点，我们不能不作如是想，这是一部以儒学为中国思想史上的中心学术的一种论略的书，他自有他的主张，他的系统，我们只能把著作这一点来批评他，才不于误诋。

这部书有个彻头彻尾不曾顾到的事，即是太偏于许多故事——人的故事，书的故事，时代的故事——的探讨，而反把学术思想的正面文章，说得太少。譬如说"六经"的地方，"六经"精义之所在，反不如"六经的历史"与"六经的评论"说得详，所以我们读了后，只有一肚皮的"六经""故事"，而很少得"六经"的"大义"。又如说经今古文之争，今古文大义之差之所在的话，反不如如何如何的争立博士？某书到什么时候才立博士？来得详细，所以这种情形，又似乎不是学术思想的述论，好像是文献的叙录一样。但是又不是纯粹的史的辩论与叙述，每一章他总有几个中轴的要点，所以在全体的组织上来说，似欠鲜明一点。

还有一点是钱先生想努力做，并且也是很好的办法，只可惜不曾完全做到的是：钱先生总想在一个时代，寻出一个或两个划时代的代表人为这一时代的主潮，或者是一种划时代的代表思潮，为这时代的主潮。

这本来是再重要不过的办法，也是再好不过的办法，但往往因有了这样一个思想在心目中，于是一切东西，都要"用命者入吾网"，其"不用命"者，不免便要强以"入网"了！

因组织上有了这两点"成见"，便不免时时有此错误的地方，阅者只要把著这一点，以通观全书，便能知其好坏的所在！（陶姜：《"白开水谈座"上的两部国学概论》，谭天编辑：《现代书报批判集》第 1 辑，书报合作社，1933 年，第 27—28 页）

△　施章著《国学论丛》（第 1 集），列入国立中央大学艺林社丛书，由南京艺林社出版。

该书收录《庄子评传》《庄子人生之分析》《庄子文学之研究》《庄子哲学》《〈史记〉文学之研究》《〈史记〉史学之研究》《六朝文学之概观》《六朝文学形态之分析》八篇文章。戴传贤作序提出研究国学应当以科学方法发扬国民历史精神：

自来治国学者，常有两种缺陷：一曰疑古，一曰信古。前者之弊，于学则失之纷，于事则失之乱。后者之弊，于学则失之蒙，于事则失之昧。盖疑者多贪，而信者多迷也。近代欧化盛行，国民生活受绝大刺激，在思想上、学问上处处时时起绝大变动。疑古信古各趋极端，而民智民德两蒙其惑。余深愿治国学之青年学者，洞察此弊，研学虽必用科学方法，而著作则须顾及国民历史之精神。夫然后为学与救国同功而科学与人生同体。民国基础庶乎立矣。施章君著《史记新论》与《庄子新探》。敬读一过颇见其治学之精勤。惟余于学问荒疏既久，无能细为研讨。因书平昔所见，以寄施君，且以祝其前途无量之进步云耳。（施章：《国学论丛》第 1 集，南京艺林社，1931 年，序）

△　无锡国学专修学校编的《无锡国学专修学校辛未级毕业刊》，由无锡国学专修学校出版。

魏建猷在《编辑后语》称该刊宗旨在于联络感情，非专为发表学术，"在物质（文字思想）方面，或有缺陷，而在精神（情感）方面，则实为圆满"。（无锡国学专修学校编：《无锡国学专修学校辛未级毕业刊》，无锡国学专修学校，1931 年，第 138 页）该刊有通论、专著、文录、通信录等。《发刊词》称："人类历史，决难重演。即使将来同聚有缘，而时移世异，不无今昔之感。故过去三年，实为吾辈生命史上光荣之一页！纪念此日之光荣，维系将来之情感，斯乃本刊之二重使命！"

唐文治撰《辛未级毕业刊序》，申明国学为治国之本与救国之方：

民国二十年夏，吾校辛未级诸同学将毕业矣。裒集所刊诗文成绩，来请序于余。余不获辞，乃进诸同学而昭之曰：国学者，治国之本，而救国之方也。古者政与道合，而天下治。后世政与道分，而天下乱。诸生殷殷求学，三年以来，亦既闻政与道之大概矣。然若歧而二之，则仍昧于本原，无裨于民生之憔悴也。余尝教诸生以读《易》矣，泰也，否也，损也，益也。既济也，未济也，皆政治之纲也。而其要在于保合太和，然后首出庶物，而万国咸宁也。又尝教诸生以《洪范》矣，五行也，五事也，八政也，五纪也，食货也，宾师也，皆政治之纲也。而其要在于彝伦攸叙，会其有极也。又尝教诸生以《大学》矣，孝也，弟也，慈也，仁也，让也，以义为利也，皆政治之纲也。而其要在识意以端好恶，而后民之所好好之，民之所恶恶之也。又尝教诸生以《中庸》矣，达道也，达德也，修身也，尊贤也，子庶民也，来百工也，皆政治之纲也。而其要在致中和，然后能弭天地之缺憾，而赞天地之化育也。若夫《孟子》一书，尤为近世善国新国之良药。其首篇论大同之治，首在爱民，故揭出无算数民字，且大声疾呼曰，乐民之乐者，民亦乐其乐。忧民之忧者，民亦忧其忧。其次出处进退之经，其次辟邪崇正之旨，其次禅让大公之义，其次穷理尽性立命之根荄。要归于以不忍人之心，行不忍人之政，而仁覆天下矣。读经之橐籥在于斯，推斯以读史部，而废兴存亡之故可知也。以读子部，而九流百家之菁可知也。以读集部，而三才万汇彝伦之纲纪可知也。其体则莫非道也，其用则莫非政也。诸生平日沐诸先生之教泽，孜孜讲议，固已探义理而不杂于腐，通考据而不流于碎。猎词章而不袭于浮，然而先河者后海，酌古者斟今。不登昆仑之巅，无以知天下之高也。不曜日月之采，无以揽天下之华也。诸生务宜握其枢机，致其广大，秉道揆，明法守，维世道，正人心。举今世之农家、工家、兵家、商家、天文家、地学家、法律家、制造家。轧茁缤纷，龛收其精英，而一归之于圣道，庶几乎佐大同之盛，而奠平治之基矣。宋张子有言：为天地立心，为生民立命。又曰：天下之罢癃残疾，皆吾兄弟之颠连无告者也。盖惟古之圣人，能以天下为一家，中国为一人。诸生其毋昧本原哉，其毋昧本原哉。佥曰唯唯，爰次其说，以叙简端。（无锡国学专修学校编：《无锡国学专修学校辛未级毕业刊》，第2页）

下为《无锡国学专修学校辛未级毕业刊·级友通讯录》（见表1、表2）

表1　教职员通讯录

姓名	字	籍贯	职务	通讯处
唐文治	蔚芝	江苏太仓	校长兼经学、理学教授	无锡西溪
钱基博	子泉	江苏无锡	教务主任兼史学教授	无锡七尺场
冯振	振心	广西北流	校务主任兼小学、子学教授	广西北流振文书局转
朱文熊	叔子	江苏太仓	文学、子学教授	南京革命军遗族学校

续表

姓名	字	籍贯	职务	通讯处
陆修祐	景周	江苏太仓	经学教授	太仓城内小月池
叶长青	长卿	福建闽侯	史学、批评文学教授	福州铺前顶程厝衕七号
陈邦怀	保之	江苏丹徒	目录学、金石学教授	东台城内中堂巷
徐景铨	管略	江苏常熟	文学概论教授	无锡七尺场钱宅
甘豫源	导伯	江苏上海	教育学讲师	无锡社桥省立教育学院
陈钟凡	斠玄	江苏盐城	学术史讲师	上海真如国立暨南大学
刘元弼	松之	江苏南通	史学教授	南通西亭市
刘觉民		四川	党义讲师	南京中央政治学校
邱有珍		江苏淮安	党义讲师	无锡省立教育学院
陈柱	柱尊	广西北流	特约讲师	上海交通大学
蔡莘耕	味畬	江苏吴县	军事教官	无锡学前嵇宅
侯鸿钧	敬典	江苏无锡	国术教师	无锡城中四郎君巷三号
沈炳焘	健生	湖南长沙	职员	上海高昌庙半淞园路建设委员会电机制造厂
高文海	涵叔	江苏无锡	职员	无锡欢喜桥
孙家复	飓香	江苏无锡	职员	无锡迎溪桥
丁儒侯	素堂	江苏泰兴	职员	泰兴北门小桥下周用行转
何葆恩	芸孙	江苏常熟	职员	常熟草荡八号

表2　级友通讯录

姓名	字	年龄	籍贯	通讯处
丁肇轩	述东	二十四	江苏盐城	盐城冈门张宏大号
白谦九	益斋	二十八	江苏武进	武进万塔镇
江鸿涛	梦璞	二十五	江苏常熟	①无锡杨舍福兴镇扁担圩 ②南通常阴沙十二圩港南兴镇
向长庚	梦白	二十五	原籍鄂梅	宜兴胡汶镇
李元楼	善夫	二十三	江苏盐城	盐城冈门养生斋转周家伙
祝廷枢	星北	十九	江苏无锡	无锡大河上十三号
姚榜元	永阳	十九	江苏武进	武进郑陆桥
俞月秋	子怀	二十三	江苏无锡	无锡陆区桥
耿惟贤	睎颜	二十六	江苏泰兴	泰兴北门万资生药号
陈茂林	荫人	二十四	江苏高淳	溧阳下壩镇胡一美号转许家梗
陈祖德		二十四	江苏武进	武进东青镇
陈廷宪		二十四	江苏盐城	盐城农民协会转
陈学东	啸青	二十三	江苏盐城	盐城东门亭子巷东口八号
陈学斌	季襄	二十三	江苏江阴	江阴文昌巷十二号
郭则清	筱苏	二十	福建闽侯	苏州盘门师古桥四号
郭则瀛	晴湖	二十三	同上	青岛宝山路八号印花税局
张良淇		二十一	安徽桐城	无锡北塘承裕私巷
张联芬	敦品	二十五	江苏南通	南通刘桥市
冯拔	乙起	二十一	广西北流	北流振文书局转
程鹏抟	图南	二十五	江苏泰县	泰县大泗庄高大成烟庄转曹于庄
虞健	建人	二十四	江苏金坛	金坛丹阳门街五十六号
赵大观	百进	二十二	江苏镇江	镇江大港

续表

姓名	字	年龄	籍贯	通讯处
蒋立之		二十二	江苏武进	武进东青镇
刘子厚		二十五	安徽全椒	全椒复兴集
郑广华		十九	浙江海宁	浙江碛石保昌庄转
戴锡昌		二十四	江苏武进	奔牛汤庄桥
陆理诚	宗实	二十三	同上	常州东下塘五九号
魏守谟	建猷	二十四	安徽巢县	巢县槐林镇盛广泰号

（无锡国学专修学校编：《无锡国学专修学校辛未级毕业刊》，第135—138页）

△　唐文治、徐绍桢、曹元弼、王清穆、俞复、丁福保、钱基博、秦毓鎏、朱叔子、陆仲周等二十二人具呈国民政府，请拨款修复曲阜孔庙、孔林，"旋得复，不过一纸空文，遂致搁置"。（唐文治：《茹经先生自订年谱》，邓国光辑释：《唐文治文集》第六册，上海古籍出版社，2018年，第3729页）

曹元弼、张一麐、费树蔚、唐文治请拨款修复曲阜林庙呈：

呈云：窃以阎锡山、冯玉祥割据秦晋，侵略齐豫，怙兵作逆，残民以逞，喁喁失望，无所归命。幸赖我主席威灵，戡乱经武，拯之水火，登于衽席。然逆兵所至，千里为墟。而山东为中国文化发祥之地，孔林孔庙以及周公、颜子、先圣先师祠墓所在，徒以逆兵顽强负固，炮火横被，而祸乱所钟，遂多毁伤，折栋崩榱，钟鼓勿考。幸国家神武赫然，旋歼群丑；而负生含识，奔走故墟，咨嗟涕洟，荐盟无所。伏念国于天地，必有与立，先总理揭橥民治，焕然大号，肫肫其仁，渊渊其渊，蕲于导扬中国固有道德之粹美，尤极称《大学》一书，欲以格物致知，诚意正心修身，奠天下治平之基。而天下为公，撷《礼运》之要；知难行易，发《中庸》之奥。新民必先明德，平治基之诚正修诸身。征诸庶民，行而世为天下法，言而世为天下则。纲纪人伦，推本孔子，遗书具在，昭然若揭。我主席武能锄奸，文以绥民，凯旋之日，重申大诰，发聋振聩，断断诚正，心心相传，一秉于孔子之道，历劫弥新，欲正人心，端必由此。而林木毁伤，庙宇倾圮，道路雪涕，莫为之所，其何以树之风声，与民更始？荀卿有言：“兼并非难，坚凝之难。”方今大难初平，群听回皇。诛伐之功，我主席既身亲之矣，而安民和众，必有所以系人心于不拔、奠民治之丕基者。在昔女真蒙古，非类异文，盗有诸夏，而敕修曲阜圣庙，累著记载，亦以靖民绥国，舍是未由。而在今日，环海交通，欧美硕彦来观化者，莫不过仲尼庙堂，瞻其车服礼器，低回留之，发其忾慕，从知懿德之好无间种，人心同理，四海皆准。况我主席，生民仰赖，薄海归命，为此开陈曲阜孔子以下贤圣庙墓损失情形，恳请拨帑三十万，从速估工兴修，作新观听，慰此群望，明孔子之道，即以宏总理之教；瞻圣人之居，斯以系亿兆之心，国家幸甚，生民幸甚。不胜迫切待命之至。（《历代尊孔记（续）》,《山东民政公报》，第235期，1935年，转引自刘桂秋编著：《唐文治年谱长编》，上海交通大学出版社，2020年，第824—825页）

△　姜亮夫发表《研究国故应有的基本知识与应备的工具书》，

提出我们今后研究国学应当走的路是从学术进化的立场来分析它，替代宋儒而起的是训诂考据之学，此后替代训诂考据之学而起的是"科学方法"。

　　因为李小峰邀约姜亮夫开出研究国学应有的工具书，姜亮夫认为，空开几十本书目不会令人了解所谓"国故"是真正的事实，所以加了一个"基本知识"，提出研究国学应有的态度。姜亮夫首先申明，研究的是国故，而不是国学。因为"既当不得饭吃，也不是'安邦定国'的灵丹。既免穿'国故党'的臭皮囊，也不至再有人骂你们是遗少，更可以免了人家摇旗呐喊痛哭流涕的'打倒国故'"。我们要寻出路，先要问我们以怎样的态度来寻求出路，"我总觉得世界上不论什么地方的什么事什么理什么物，他的生成，决不单是为那个地方那个事那个理而有；通通都是为全人类而成立。历史总是为全人类而留的血痕，决不是为汉、魏、隋、唐、中国、印度、英、德、法、俄而单有的"。一切事物、万有倘若不能"放之万世皆准"，"施之四方皆得"，则它决无成立的理由。"印刷火药虽发明于东土，决不是不能行于西欧。似乎非印度不能产生释迦，非山东的曲阜不能产生孔丘，但这乃是我们'后定'的话，至少限度释迦、孔丘的话，可以昭示以地球上一切人类的心。——这并不是反对'文化社会学'家所规定的地理、民族、国民性等与文化的区别。——所以不论来讲明任何一个地方的'所有'，都不过是讲明整个人类文化的某一角，我们生在这一角，则这个责任，我们应当担负。"明白了这种态度，则不必拼死地去"打倒国故"，更不用"保存国粹"。

　　姜亮夫提出应先读"一社会进化论，二文化社会学，三民俗学，四经济学，五社会学"，再为进一步普遍地了解中国，应当读：一是中国文化史，"文化史实在是一切历史的组织中最好的组织！我们研究一种学问，要得正确的了解，要先了解它的来路，去路，前因，后果，以及给它以影响的东西，它所给以影响的东西"；二是中国民族史，"大致的民族分配，民族历史，我们得先有个概念，倘若我们没有个概念，有许多差异的问题，冲突的问题，必无法解决"；三是中国风俗史，"虽然因为交通的便利，民俗也要跟著变了。但这是将来的问题。而既往的事实，我们无法否认，则中国民俗史，不能不先知个大概"；四是中国地文史，"这是建设中国文化社会必要的知识"。

研究国故第一步是"识字"，文字学研究的初步著作有：（一）《殷虚文字类篇》，商承祚编；（二）《金文编》，容庚；（三）许氏《说文段注》，许慎撰，段玉裁注，经韵楼本、蜀尊经阁本、普通石印小字本、袖珍本；（四）《文字学音篇》，钱玄同，北京大学讲义，北京大学出版；（五）《中国声韵学讲述》，姜亮夫，持志大夏讲义，大东出版；（六）《经籍纂诂》，阮元；（七）《尔雅义疏》，郝懿行，湖北官书局本、石印本、袖珍本；（八）《说文通训定声》，朱骏声，江南官书局本。

关于国学书目，可以参考：（一）《八史经籍志》，光绪癸未镇海张氏刻本；（二）《四库全书总目提要》，纪昀等，武英殿大字本、覆刻本、浙江湖州刻小字本、广州刻小字本，最近大东书局石印本，附检目最便；（三）《书目举要》，周贞亮、李之鼎同编；（四）《汇刻书目》，顾修原刻本、仁和朱氏增补本、活字十卷续二卷本、通行本、《昌平丛书》本；（五）《续汇刻书目》，罗振玉，延平范氏双鱼堂近刻本；（六）《续汇刻书目闰编》，罗振玉，自刻本；
（七）《汇刻书目外集》，日本松泽老泉，日印本；（八）《经义考》，
朱彝尊，雅两堂本、浙江局刻本；（九）《子略》，高似孙，《百川
学海》本、《学律讨源》本；（十）《金石书目》，黄立猷，活字本；
（十一）《曲录》，王国维《农风阁丛书》本、单行活字本、《曲苑》
本；（十二）《曲海总目》，陈乃乾，大东书局本；（十三）《校雠
略》，郑樵；（十四）《四部正讹》，胡应麟，《少室山房笔谈》，近北
平单印本；（十五）《古今伪书考》，姚际恒，《知不足斋丛书》，长
沙刊单行本、近北平单印本；（十六）《诸子辨》，宋濂，北平单印
本。关于时间的工具书，有：（一）《历代纪元编》，以罗振玉氏校
增本最善；（二）《廿二史闰朔表》，陈垣；（三）《历代帝王表》，齐
召南，仁和叶氏重刻本；（四）《历代史表》，万斯大，原刻本，不
易得。关于空间的工具书，有：（一）《中国历史地图》，苏甲荣；
（二）《中国历代疆域战争合图》，武昌新亚地学社制；（三）《李氏
五种》，李兆洛，江宁官本、粤雅堂本，内分《历代地理志韵编今
释》《皇朝舆地韵编》《历代地理沿革图》《皇朝一统舆图》《历代
纪元编》。关于人事的工具书，有：（一）《中国人名大辞典》，商务
印书馆版；（二）《疑年录汇编》，张维骧。

姜亮夫总结称：

（一）我们有了正当的态度，则不至被一"方所"的话所
蔽，而自己也不至另自去寻到一个"方所"而不知。自然决
不去"打倒国故"也不去"保存国粹"了！——这算有了中心
思想。（二）有了这几种基本知识，可以算是有评衡批判的标

准，而所谓"国故"变成了一切活的材料，第一步是给旧的材料与新的诂定，第二步是给杂乱的事象与一个"真相"，可以看出它是人类文化这个大洋里的怎样一支暗流。把我们引到人类群里去，不至于是个被挤出人类的"殇子"。（三）有了普通的工具书，一方面才能寻到出路，一方面才能得到正确的观念，而所得结论，才不至大背真像。（姜亮夫：《研究国故应有的基本知识与应备的工具书》，《青年界》，第1卷第3期，1931年5月）

6月1日　朱自清在《清华周刊》第11、第12期合刊"向导专号"中，介绍清华大学中国文学系创造新文学的使命与其他大学国学系的区别。

朱自清指出自从1928年杨振声主持清华中文系以来，就提出"创造我们这个时代的新文学"这一新的目的：

> 中国各大学的国学系，国文学系，或中国文学系的课程，范围往往很广；除纯文学外，更涉及哲学，史学，考古学等。他们所要造成的是国学的人才，而不一定是中国文学的人才。对于中国文学，他们所要学生做的是旧文学研究考证的工夫，而不及新文学的创进。我们并不看轻旧文学研究考证的工夫，但在这个时代，这个青黄不接的时代，觉得还有更重大的使命：这就是创造我们的新文学。我们采取这个新的目的，便是想试去分担这种使命的。自然人的才分不同，趋向各异；本系的同学也可以有不能或不愿从事新文学，却喜爱研究旧文学的人，我们当让他们自由地发展，但希望大部分都向着我们目

的走近便的……我们还注意一件事，便是参考外国文学。理由
也见杨先生文中。现在必修科中有西洋文学概要及西洋文学专
集研究两科，便是为此。但研究外国文学，语言是最重要的工
具？我们只定英文为必修，似乎不够用。下年度想增设第二外
国语，让同学将来更多一番新境界。（《中国文学系概况》，《清华周
刊》，1931年6月1日第11、第12期合刊，"向导专号"）

6月2日 《申报》报道中华国学研究会执行委员会开第四次常
会讨论扩大国学运动，提倡通信研究，以谋增进国际学术地位，续
招国学通信研究员，普遍灌输国学智识。（《中华国学研究会会议》，《申
报》，1931年6月2日，第10版）

6月3日 国立中央图书馆馆长暨中央大学教师柳诒徵在无锡
国专大礼堂作《治史事之管见》的演讲；次日继续作《治史学之方
法》的演讲。《治史事之管见》演讲大旨为：一、历史之不尽可信。
二、历史不尽最进化。三、历史不尽有因果。（《柳翼谋先生在国专演
讲》，《新无锡》，1931年6月5日，第3版）

6月16日 《美亚期刊》刊登短评《国学沦亡》，评述近年国学
与国文教育的窘境。

评论称：

　　近来能教英文的人，比臭虫还多，国文教师，都像觅宝
那么觅着，一班有根基的老先生，都已去世，年轻的，只要受
过一点国学教育的人，都被学校里请去了。还有近来新出的国
学书籍，从日本书里译来的已很多。这几年，小学校中，认不

得之乎者也的人，渐渐多了，连中学生，对于之乎者也，也不会用了，将来当然合用白话，即使中国没有人会教国文，也不打紧。白话文总有人会教的，那些白话的教科书，出得也很光怪陆离，竟不是白话文教科书，乃是白字教科书，书中别字连篇。春米的春字，是竟用了一个木旁，变成椿字，景致写作景緻。可是有一件事情，我很替他们担忧，现在衙门里的告示公文，完全不用白话文，将来一朝那些之乎者也的先生们，死完了，请什么人来办文牍，难道到日本去请他们的汉学家来么？（《国学沦亡》，《美亚期刊》，第98期，1931年6月16日）

6月21日　无锡国学专修学校举办毕业典礼。

《申报》报道称："无锡国学专修学校，自开办迄今，已逾十载，主教者皆海内硕儒。经教部立案以来，校务一日千里，毕业学生，多服务社会，声誉颇盛。昨日举行第七届毕业典礼，下午并表演游艺。"（《各校行毕业礼·国学专修学校》，《申报》，1931年6月22日，第4张第13版）

6月29日　国立北京大学研究所国学门召开全体同学茶话会，商讨恢复《国学周刊》，组织同学会，推任维焜、商鸿逵、许觉僧为筹备委员，负责起草简章，定于下周在该所开成立大会，并拟在中山公园来今雨轩，宴请蔡元培，邀所长、导师作陪。（《北大国学研究所拟欢宴蔡孑民》，《华北日报》，1931年6月30日，第6版）

6月　私立无锡国学专修学校校友会编辑《国专校友会集刊》第一集，私立无锡国学专修学校出版。

该刊由"述学""文苑""杂俎""特载"等栏目构成，收录无锡国专师生和校友的作品。唐文治撰写序言：

　　曩岁吾校同学会成立，发行《国学年刊》，余既序诸简端
矣。去春，同学会改组校友会，规模益宏，又有集刊之举，复
请余序。余以校友会与吾校忧乐与共，息息相关，兹届集刊告
成，又乌可以无言。夫天下万事，林林总总，所以能维系于不
散者，其道果何由哉？亦曰性情而已矣，性情之为用大矣哉！
吾校创设于钱塘施君省之，无锡孙君鹤卿继之。五六年间，大
江南北，学者踵至，一时称盛。厥后，时局变迁，有徐某者
出，而与吾校为难，风雨飘摇，几且不免。事定，毕业同学诸
君奔走呼号，竟获恢复。惟摧残之后，千疮百孔，补苴綦难。
举凡进行规划，幸赖诸校董设法维护，呈部立案，逐渐扩充，
于是而成立经济董事会，于是而创设图书馆。自是厥后，四方
之士闻风来学者，更较曩昔为盛矣。嗟乎，吾校自创办以来，
瞬经十载。此十载中，险阻艰难备尝之矣。而所以能维系迄今
者，实由校友之始终爱护，百折不回，而其精神所在，岂非性
情之功用使然哉？性情之道，放之则弥六合，卷之则退藏于
密，同声相应，同气相求。而揆厥所原，盖非诚不为功，至诚
而不动者，未之有也。吾校友能笃信守道，至诚相感，则其性
情之发，宜其有固结而不解者。《易传》曰："圣人感人心而天
下和平。"人心之感，性情之发也。又曰："观乎人文，以化成
天下。"文章之蕴，亦性情之发也。今观吾《校友会集刊》，著
述如林，文采斐然。即其文而知其人，即其人而知其性情。然
则道统之赖以不坠，而世运之赖以挽回者，其在斯乎？其在斯

乎？（唐文治：《序言》，私立无锡国学专修学校校友会编：《国专校友会集刊》，第1期，私立无锡国学专修学校，1931年6月，第8—9页）

△　大夏大学公布1931—1932学年度文学院课程。

该校有国学教员陈柱、孙德谦、陈钟凡。同年度师范专修课程中国文学系必修学程开设有国学概论，讲述国学源流、变迁、派别等，使学者知国学之概略，为研究国文系其他学程做准备。国学系颁布本学年学程纲要，并于次年有所调整，孙德谦一一评述，两者对比如下：

（一）普通学程

基本国文：选授古今实用之文，并略及文学著作，目的在使各科学生均能作应用文字，并略有文学之兴趣，每月至少练习作文一次。孙德谦认为大夏大学基本国文所选授古今实用之文，及使各科学生能作应用文字，"名实似不相符"，"初拟基本二字，可改其称谓，题之曰经世有用国文，斯则得矣"。

文学概论："分绪论、外论、本论。绪论分界说起源、功能、特质等，外论分思意、性情、人生、时代等，本论分体裁、流派、法度、内外、相象等。"孙德谦认为此课绪论，"不知何指，颇觉费解，若谓中国与外国，其文学有相象者，说亦不甚明显，倘并无深意，不如删去之为得"。

文字学通论："分形、声、义三篇。形篇分字体之流变及六书释例，声篇分声类、韵部、四声、反切数章，义篇分周秦训诂释例、汉书训诂释例、宋儒训诂释例数章。"

中国学术概论："简称为国学概论，授以经、史、子、集之大纲，目的在使各学生对于中国学术具有普通常识。"孙德谦认为：

授学者以经史子集大纲，复于周秦以降，直至清代，凡各种学术，皆为考镜源流，辨章得失，便各学生对于中国学术，具有博通智识。在校学生，果能于四部纲要，及古今学术，均可详晰其源流得失，则非普通之常识矣。故易之为博通智识，学生既有博通智识，则于本校毕业后，不入仕途，亦不营商业，倘为学校教员，自能本其平日钻研所得，以传之学子，则根柢宏深，庶不致自误误人矣。惟中国所有学术，门类众多，尝悉数之，有经学焉，而小学、音韵学属之。有史学焉，而地理、掌故、谱系、簿录、金石诸学属之。有子学焉，而儒、道、名、法、墨、农、杂、阴阳、纵横、小说，《汉书·艺文志》别为十家。其后《隋书·经籍志》则以兵书、术数、方技三家，尽归子部。其间晋有元学，宋有理学，以及艺术释道，咸为子部之学。有文学焉，文为骈、散二体之学，诗则以唐为极盛。宋长于词，元工于曲，各能成为一种学问。故言乎中国学术，约有三十余种，可谓广博矣。特是吾国学者，于此三十余种，兼营并治，殊难其人。尝见章太炎《国学概论》一书，于史学独阙，盖彼于史学非所专长也，则此学程范围甚大，将来当延聘数人，分任教务，不得于一人求备矣。至周秦迄清代，入此数语，将研究学程末条清代学术讨论一科，可归并于其中，所以归并之故，后有详言。

中国思想史："分上古、中古、近古、近代四期讲述，自殷周讫秦为上古期，汉魏迄隋唐为中古期，宋元讫明为近古期，清迄民国为近代期，历叙各派思想之渊源主旨及其影响，并推论其与时代地域之关系。"

民众文艺："凡关系民众化之文艺，如民众自作之歌谣有文艺之价值者，或文士之作品有关于民众者，如诗文、歌曲、小说等，均选授之。其目的在使学生能学习浅易而真挚之文艺，使文艺民众化、民众文艺化。"孙德谦认为民众文艺课程"虽在盛平时，亦虑玩物丧志"，"故艺术非人所急，万不能如有学术者，出而用世，本其素所蓄积，足以裨益于人民，何愦愦者转在彼而不在此。吾又不解中国学者，群趋文艺，竟不识学问为何事，是可慨也。窃愿此一学程，暂且删除，凡学问须求有用，吾于文艺，非敢废弃，期于学校之中以振兴学术为先务"。

各体文选：

专家文选："自周秦诸子至汉唐大家每学期选读二三家，其目的在使本系学生能略知历代大家之优点，将来随其性之所近进而为专门之研究。"

专家诗选："自汉魏以后各大家每学期选讲三四家，其目的在使本系学生能略知历代文学之优点将来随其性之所近进而为专门之学习。"

历代诗选："选授历代诗家名作每人一二首，并略授以作诗之法。"

历代词选："选授历代词家名作每人一二首，并略授以填词之法。"

爱国诗人诗选："本学程选吾国古来爱国诗人之作品，如三百篇、离骚、陶渊明、刘越石、杜甫、李太白、文天祥等集之有热烈爱国之感情者讲授之。"孙德谦认为该课程"亦拟删除"，"既称为国学系，当重在学术，不应偏尚诗文，今已有各体诗选，历代诗选，专家诗选，而此又别之以爱国诗人诗选，则取诗太多"，"爱国亦自成一类，如此则与他诗选不重复，而命义亦显然矣。况诗家名著，其足传于后者，未有不本于忠爱，又何必纷立名目乎"。

群经通论："分上下两篇，分论各经之起源义例精蕴传授，下篇综论经之为教经之为用、经之兴衰、经之流派、治经之法。"

周秦诸子学案："首论诸子勃兴之原因，次论诸子流派之杂出，次分述诸子之思想及学说，末论诸子之影响于当时与后世。"孙德谦认为该课程"学案二字，当易以通论，似较稳妥"：

> 若用学案为言，则必如黄黎洲之明儒学案，专重统系，方合体裁。今观首论云云，故以改为通论为宜，其中次论流派之杂出，语亦可商。盖诸子为专家之学，每一家中，确有流派，但并非杂出。如庄子称邓陵子之属，俱诵墨经，相谓别墨，以坚白异同之言相訾，若成为名家之术，然仍谓之别墨者，则是言墨家之别派，而非以为墨家之流派，有杂出于名家者。故此句拟改为次论墨学之派别，不必斥其杂出也。

中国文艺评论："分上下两篇，上篇论历代各派文学之源流得失循叙讲述，下篇就各种体制分别讨论，详考来源及其变迁，并估量其价值。"

诗学批评："本学程为欲学诗及欲知古代诗家之大略者而设，暂授以钟嵘《诗品》，即以《诗品》中所叙述诗家一百二十余人为纲，而选择古来批评家之言论归纳之，以便研究。"

（二）研究学程

《周易》研究："分《易》之源流经传之体例传授，及《周易》之史学、文学、哲学等。"孙德谦建议该课程可以删除：

> 《易》之为书，广大精微。天地人三才之道，无乎不备。自孔子修订六经，而于《易》则作赞辞，后之学者，在汉有京房等。惟言灾异，为《易》学之别传，晋王弼作注，则好剖析元妙。近于清谈，亦非得《易》之本义。当时识者，已谓其罪浮桀纣，至宋道士陈抟，杂以道流之图书，托伏羲文王之说，加之孔子之上，而《易》教大乱矣。故此经研究为难，当可删除，不必设科。但此是鄙见所及，校中教师，果有深于此学者，则仍授读学生可也。

《尚书》研究："分起源考，传授考，古今文考及《尚书》之教育考，政治考，风俗考等。"

《诗经》研究："上编分诗之起源论，孔子删诗论，六诗论，二南论，瑶诗辨，诗体论，诗韵说等，中编分《诗经》之风俗观，《诗经》之伦理观，《诗经》之政治观，《诗经》之文艺等，下编分周秦诸子诗说考，汉大家诗说考，毛序朱传异同考，逸诗考等。"

公羊家哲学研究："分革命说、统一说、弭兵说、崇让说、攘夷说、疾亡说、尚耻说、进化说、正名说、伦理说、仁义说、善恶说、经传说、灾异说、传述考十五篇，其目的在使本系学生明了儒家哲学之大概。"孙德谦认为将诸子称为哲学"直是明知其不当，而姑为之辞耳"，张君劢也曾"从旁证成之"：

> 余因此知诸子学术，外国以哲学名之者，由于无字可译，以致于此。乃今人于经之《周易》，子部中儒家如孟荀，道家如老庄，法家如申韩。墨子且目为哲学之正宗，以及宋明之理学，莫不统归之哲学，不知儒道法墨，各有其家数宗旨，谓为哲学，面目全非，一出于牵合附会，真郢书而燕说矣。况如颜博士言，明明无其字，可译为外国文，吾国人徒知袭其名不求其实，无论诸子与否，必施以哲学之称，方谓不背时趋。如是则中国尚复有学术乎哉。

老子研究："分老子考及老子哲学，庄子之老学，韩非之老学，庄韩老学之比较等篇。"

墨学研究："分墨学之大略，墨子之六艺学，墨经之体例，墨子之教育学，墨子之政治学，墨子之文学，诸子与墨子之异同，诸子论墨述评，历代墨学述评等篇。"

孟子研究："分孟子传略，孟子政治学说，孟子教育学说，孟子性善学说，历代孟子述评等篇。"

荀子研究："分荀子传略，荀子传经考，荀子之经学，荀子之文学，荀子之政治学，荀子之教育学，荀子之礼学，荀子之名学，荀子之性恶说，荀子与孟子之比较，荀子与法学之关系，荀子之诸子论述评等篇。"

庄子研究："分庄子传略，庄子真伪，庄子内篇总说，庄子之无政府主义说，庄子对于知识阶级之批评，庄子之由反古而复古说，庄子之宇宙观，庄子之生物由来说，庄子对于诸子学说之批评等篇。"

韩非子研究："分韩非子传略，韩非子学术之渊源，韩非子之清治学说，韩非子之反古学说，韩非子的政府万能主义与庄子的无政府主义之比较，韩非子之生存竞争说，韩非与商鞅申子李斯之比较，历代学者对于韩非之批详等篇。"

《文心雕龙》研究："即就《文心雕龙》各篇详为讨论。"

《史通》研究："即就文史通义各篇讨论其得失。"孙德谦认为中国为学之难，关键在于缺乏门径书，《文心雕龙》是文学的门径书，《史通》是史学的门径书，"学者当终身诵之，如日用饮食之不可或离。今使考入本校者，即令从事于此，则文史学问。苟得门径，将来本立道生，自能深造有得，愚意此两学程，应改列在前，入普通中。非以此二书为普通之籍，无须专心研究。盖欲学生早日研究，有所疑难，可请教师与之解释也。但此本为研究学程于名目下，仍用研究二字，倘嫌杂厕，或竟删去之，或易以授读何如"。

《文史通义》研究，"即就《文史通义》各篇讨论其得失"。

古哲之民众问题："本学程取周秦诸子关于民众问题之学说加以整理研究，分民众生活问题、民众教育问题、民众参政问题、民众运动问题等，详为批评，以明其得失。"孙德谦认为"此一科目，似可归并他种学程中。入彼而删此，鄙意名为国学系，但当注重国学，而使纯粹成此一系，盖吾国一切学术，失在无统系，故乱杂而少伦序"，"然今既是国学系，则以国学为主，学生在校，乃是求学时候，可先从读书言，将此学程归之别科，于此则删除，庶完全成为国学统系，岂不善乎？"

清代学术讨论："有清一代学术关系于吾国近势最巨，本学程于清代大儒，如朴学家兼哲学家之文学洪北江等，今文家兼政治家康有为等，考古家王国维等，每学期择一二人详为讨论，以明其学术之得失及与现势之关系。"孙德谦认为"观所言有清一代学术，关系于吾国近势，则立此学程，意在近来时势，颇有关系，立论未尝无见"，"清代学术，门类广大，洪非哲学家，正如老子所云强为之名。康之今文政治，王之考古，徒以关系近势，遂取讨论，使有清一代，用此三人囊括之，其他一切学术，与近势无涉，皆在不论不议之伦乎？"

次年，大夏大学增加中国目录学、《论语》研究、《左传》研究、《史记》研究、名家研究、纵横家学研究与孙子兵书研究。中国目录学："目录之学，最要者，为《汉书·艺文志》《隋书·经籍志》，此二志，可称为中国学术史"，"凡一切学术，于其源流得失，自能了然心目"，"其获益更匪浅鲜"，"目录之与小学，获益为大者，小学仅能解学义。苟读古书，见其文字有难晓者，明乎小学，或可释其字义。至通目录之学，则中国所有学术，自能洞然于源流得失，提挈纲要，非小学可同日语也"。

《论语》研究："本学程系就《论语》各章详为讨论，俾学者明了孔子为学即学为人之道。"孙德谦认为，"孔子之教，道在为人，论语开宗明义，为学而时习，宋儒以不言所学何事，谓是无头柄话"，"孔子只教人为人，而鬼神生死，则不愿以此为务。所以孔子之教，即在人伦日用之间，而论语乃其明教之书也。学生读论语，可用古注，而参之以朱子集注"。

《左传》研究："本学程系研究《左传》阐明就事做传，口诛笔伐之旨。"孙德谦认为，"左传本非伪书，乃考其真伪者，反为外国人，中国学者，使不加研究，岂不至愧。余今竭力辨驳，欲望公等知增此学程，极有关系，且使学者以鄙言为信而速从研究耳"。

《史记》研究："本学程系就《史记》各篇为讨论，俾学者明马迁作史之意。"孙德谦认为，"太史公上下古今，驰骛千载，绍春秋之学，而创为记传之史体"，"本校却另有史学系，但既是国学，则此系之中，似不可无史学，故置此《史记》一学程，苟通乎《史记》之学，则他史导源于此，研究亦较易矣"。

名家研究："本学程系研究□辨名正物文学，使学者对于古今学术得其综核名实之意。"孙德谦认为，"名家之学，要在辨名正物，愚之为学，日人曾谓其学派近西洋智识分类学。余自问各种学术，每能分辨清析，不但古人学问，自有异同，且于一家之中，并有同中之异，可以区别者，即得力于名家"，"学问之道，亦有是非得失，苟知其是矣，必知其非。苟知其得矣，必知其失。从对待者而分言之，则于古今学术，不复模糊影响，而能原原本本，殚见洽闻矣。然非研究名家，得其综核名实之道，曷克臻此，故增此学程，愿学者悉心研究焉"。

纵横家学研究："本学成系就《战国策》《鬼谷子》等书详加研究，俾学者明辨纵横一流之说。"孙德谦认为，"纵横一流，据隋志谓出周之掌交，则即今所谓外交家也"，"夫外交贵有学问，吾向以为必设专校，庶不致事事乘制于人。今既无此专校，亦当立一学程，本校盍首开此科，用《国策》《鬼谷》二书，先从授读，俾学生潜心研究，参之以各国外交史乎？"

孙子兵书研究："本学成系就《孙子》各篇详加论述，以授学者。"孙德谦认为，"今日学校，皆注重军事训练"，"倘增立学程，使本校学生，不徒为一人之地敌，而成为将才，不亦可乎！"（大夏大学：《私立大夏大学一览》，大夏大学出版，1931年，第8—12页；孙德谦：《修改本校国学系学程管见》，《大夏年刊》，1933年，第234—245页）

7月14日　北京大学国学研究所同学会成立。

该会推举商鸿逵为主席，通过简章，并选出执行委员会委员9人：商鸿逵、任维焜、金受申（文书）、方国瑜、德玉珍、傅振伦（事务）、吴世拱、许觉僧、韩培厚（交际）。该所研究生拟于8月2日举行师生联欢会。（《北大国学研究所同学会昨成立》，《京报》，1931年7月15日，第7版）

7月24日　四川国学会借大成学校，邀请吴佩孚演讲易学。吴质诚报告开会，官梦兰致学会欢迎词，吴佩孚演讲大义为"以天德王道圣功为提纲，中论伏羲文王先后天卦序，归结于以礼教救国"，四川省军政学界要人等千余人参加。（《吴子玉讲易，群众环立而听》，《国民公报》，1931年7月26日，第9版）

7月28日　曹公奇撰文《云南国学图书馆之过去现在及将来》，详述云南国学图书馆的创办历程与宗旨。

曹公奇认为现在的学校是贵族性的，学生没有钱，无法有效获得图书与知识。"恐怕就拿着钱，一时间也买不到书，这种不幸的现象：在素称山国交通不便的云南，随时可以看得到。"图书馆的发展正好可以解决这一困难，"图书馆是一个无阶级、无性别、无老幼、公开的学校"。云南图书馆已有二十多年历史，"以保存国粹，输入文明为宗旨"，最近便改称为"国学图书馆"。云南国学图书馆属于"普通图书馆"的一种，名虽国学，实际上所藏的书籍，各科学都有。看书者不收费；本馆的组织是"馆长制"，馆长以下，有主任一人，内分"图书""编辑""印售""经理"四部，每部馆员一人或二人。图书部有"藏书楼""阅书室""阅报室""妇女阅览室""儿童阅览"等室，每室司事一人，唯"妇女阅览"则由"阅报室"司事兼之。云南国学图书馆为适应学术的世界化和便利阅书起见，所有新旧书目，完全用科学的最新的方法分类编目，以杜威十大类为标准，并参酌国内各图书馆学专家之分类法，取长弃短，务求尽善。云南国学图书馆希望实现整个图书馆的近代化，有五种计划，"图书馆人才的培养""购书专款的增加""房舍的改修""书馆的添置""器具的制作"，其中"图书馆人才的培养"："图书馆学是一种科学，非专门研究，不能措置适宜，美国图书馆发达，即得力于设置专校，养成人才，我国土地广漠，仅武昌有一图书馆拟派馆员一二人赴彼留学，毕业后，回馆服务，改良一切。"

（曹公奇：《云南国学图书馆之过去现在及将来》，《云南半月刊》，1931年第9期）

7月 北平图书馆编纂部索引组编《国学论文索引续编》，由北平中华图书馆协会出版。

该书是北平图书馆编目科编《国学论文索引》的续补，收录1928年至1930年10月杂志上发表的论文，共三千余篇。分总论、群经、语言文字学、考古学、史学、地学、诸子、文学、科学、政治法律、经济学（附货币）、社会学（附民俗学）、教育学、宗教学、音乐、艺术、图书目录学十七类。徐绪昌在后记中称："本编编辑方法大体就前编之规模而赓续之，而亦间有更改，如语言文字类中之《说文》《切韵》《广韵》均不另立专目，悉包括于专著之下，金石类中因材料关系，特辟印章一门。"（北平图书馆编纂部索引

组编：《国学论文索引续编》，中华图书馆协会，1931年，第197页）

△ 汪辟疆撰《〈国粹学报〉汇编序》，认为《国粹学报》撰文诸子，均为当时硕彦，时下应当阐扬《国粹学报》的国学理念，维持民族种姓，通古今之变，综百家之长以通经致用，会通虚理实事。

文谓：

《国粹学报》创始光绪三十一年乙巳，辍刊宣统三年辛亥，为年有七，为册八十有二。撰文诸子，并当时硕彦，而以瑞安孙诒让、余杭章炳麟、仪征刘师培、海宁王国维、兴化李详、上虞罗振玉所论次，尤为精粹，恢恢乎质有其文矣！余如况周仪、黄节、邓实、马叙伦、田北湖、薛蛰龙、黄质、陈去病、沈维钟诸子，虽所见有浅深，要能各引一端，崇其所善，言国学者，莫之或先也。挽近以还，宗风益邑，甫业操觚，侈谭国故；或腾诸口说，或播诸篇章，才高者肆其连犿，空疏者饰其曼衍，得失之故，可得而言。夫末师异说，世论所崇，往古传记，先民是尚；本各尊所闻之谊，存扶微继绝之心，此昔论之可遵者也。及诞者为之，立论必反诸古人，陈义必归于获创，以尧舜为依托，谓孔子无是非；方谓汲流于今文，扬灰于李贽。其蔽也失之妄。远古载记，多出传闻，周秦专家，原有附益，守缙绅难言之义，怀多闻阙疑之思，此前言之可信者也。及警者为之，考史必穷于三古，订伪遂遍及九流，断禹鲧为虫鱼，指三间为蒙缺，方谓过智古人，要亦勇于自用，其蔽也失之诬。古今名称，已自县隔，东西学术，尤难附丽，守先圣后圣之说，存本初面目之真，此成说之可溯者也。及浅者为之，趋时必缪托古人，校理必比勘西籍，宪法蚤见《周官》，物理备存《名》《墨》。方诩志在淹通，不知等于射策，其蔽也失之凿。学贵自得，宁事外求，业尚专精，讵因人重，具研精覃思之功，守陈言务去之戒，此旧轨之可循者也。及黠者为之，采获旁及于扶桑，扯捔复及于皙族，谓六十四卦为字书，指庄周杨朱为声误，自附愈野之义，适忘蹈袭之讥，其蔽也失之剽。若夫媚俗之学，惟外是崇，贸利之书，《急就》斯尚，饬思想自繇之谈，作弋誉梯荣之助，庸妄发其端，浅薄循其辙，遂致艺苑之圃，荒葛明涂，著作之林，荆榛满目。士不悦学，天下皆原伯鲁之子矣。然而周鼎殷盘，不以尘土而翳，莫邪干将，岂妨蕴椟而藏；金石之怀，历久而靡变；姜桂之性，至老而逾辛，廿载以前，荒江之上。固尝有撼怀旧之蓄念，发思古之幽情，朝布一编，夕传万口。折鹿岳岳，大义炳若日星；说经铿铿，歌声出乎金石，国学不隳，其在兹乎。今籀绎要旨，厥有数善。夫国于天地，必有与立，所立维何，是曰种性。自仓沮以还，书契乃作，周孔而后，经典斯崇；《礼经》三千，定尊卑之分，《春秋》十二，严夷夏之防，《风》《雅》不亡，民俗斯得，《离骚》有作，忠爱可规。党论激发于东京，名节恢宏于闽洛，涵濡既久，功效斯呈。故作南《心史》之编，入井而不濡，文山《正气》之歌，阅世而弥壮。兹编当沧海之横流，媲前修而独立，总《麟经》之大义，籀《虎观》之秘文，发此幽光，取为洪干。此其一也。神州奥区，学术渊海，自《周官》失守，而九流分涂；嬴灰甫寒，而古今异学。遗经独抱，著学官者一十六家，国史有书，删《录》《略》者万三千卷。六朝论学，演南北之宗。天水崇儒，启朱陆之辨。逮于明清，说理则别朱王，语学则分汉宋，入主出奴，是丹非素，道衰学弊，治丝益棼。兹编通古今之变，综百家之长，通经致用，西京之轨辙可循，党同妒真，太常之私意足戒，学以观通，允宜取则，此其二也。学术至博，纂言者必举其纲；涂径多歧，牖世者必循其序。孔门设教，首立四科，《周礼》宾兴，乃隆三物。兰台《六略》，推政教之源，郑默《中经》，美朱紫之别。至于本末有序，《大学》为入德之门，始终无亏，邮书乃识字之键；盖道以多歧而亡羊，祭必先河而后海，伦类既判，采获不难，程序攸分，识别自易。兹编际百家簧鼓之会，六经束阁之余。筚路椎轮，涂径别辟，琨瑶竹箭，媲类并存，虚理实事，分类主兼融，通识专门，立说有先后，条贯备具，轨辙昭然。此其三也。综此三长，祛兹四蔽，故立论不尚偏鞫，而切于实用，考古不务穿凿，而洽于人情，蘍除荒秽，志永矢而弗谖，折衷群淆，事无征而不信；值风雨之如晦，与日月兮争光。向使韦编未绝，窥大道之原，广陵尚存，传人间之曲，则衣被必远及穷陬，沾溉定流于后祀，当可操券，宁待著龟耶。今者，时异境迁，文垂旨远。虽《太玄》拟经，刘歆致讥医瓿，而《论衡》辨妄，蔡邕方秘枕函。岂惟字只三缣，是宜书之万本云尔。（汪辟疆：《〈国粹学报〉汇编序》，《制言》，第7期，1935年12月16日）

8月7—8日　香港青年会认为提倡国粹，促进美育，实属社会

上当前急务的一种，举办不容少缓，遂举办潮州音乐大会。（《潮乐大会消息》，《香港青年》，1931 年 8 月 5 日）

8月10日 河南省孔教支会曹锡侯为保存国粹，呈请政府为孔教支会总会备案。

呈文称：

> 案据河南省孔教支会发起人曹锡侯等呈称：为公推代表李锡兰组织河南省孔教支会筹备处，以便进行程序，而冀保存国粹，久志孔子，德配天地，道冠古今之纪念，并恪遵党国破除迷信，删除设立上帝牌位及三跪九叩之俗套，虽经曲阜总会认可，理合由发起人联署公推代表申请高级党部允准发给许可证，再行呈报主管政府备案。为此，公推代表李锡兰，恳请钧部照准，发给许可证，以便进行，俾得支会玉成，实为公德两便等情。据此，窃孔教总会是否已准备案，及各省支会应否成立，本会均未奉明令，无所遵循。兹据前情，理合抄同该孔教总会章程一份，备文呈请钧会鉴核指示，以资遵循，实为公便。（《国民党河南省党部检送孔教总会申请备案呈》，中国第二历史档案馆编：《中华民国史档案资料汇编·第五辑·第一编·文化（二）》，第556页）

8月11日 "友川"撰文《从国学考试联想到中学生的国学程度》，谈及近年来中学国学教育的潮流。

文中称：

> 现在的中学毕业生，要想到社会上去谋一个出路，都逃不

了一个考试的难关。就是要升学到大学去的，以前还可以有种种免试的办法，现在自从教育部的命令一下，没有一个学校可以仍旧遵行免试的办法了。这真可以说是现在中学毕业生触了一个霉头！不过，同时，做学生的，也不是个寿头；只恐一个学校考不取，所以往往向五六个学校报了名，去应试，那个录取，便顺了他自己的意见进了去。

友川在这个暑期的当儿，也已经投考过五六处地方（有几个是学校，有几个是机关）。可是友川在各处考试最怕的一样东西，便是"国学"；问问别的朋友们，也是有同样的意思，因为现在各处的中学校，对于国学一门功课，都不大注重。学生们对于国学一课，也不肯努力的用功。

现在把友川所考试过的几个机关，或是学校的国学题目，写一点出来！

这次东吴大学，燕京大学，税务专门学校、清寒教育基金委员会等处，国学考试的题目，差不多都是什么"六书，六经，六官，建安七子，竹林七贤，四子，……"等等的意义。至于讲到作文的题目，这次邮局考试邮务员的时候，也出了两个论说题，随选一个：这两个题目，一个是"解民愠阜民财论"，一个是"经济恐慌影响于国际贸易说"。据友川调查所得，做第一个题目的人，只有二十分之一！就是友川自己，老实说，也不懂这题目的出典。后来去问了老先生们，才知这句话是在《家语》"南风歌"里的！这次清寒教育基金委员会国文考试，也有两个作文题目，任选其一。一个是"有教无类说"，一个是"拟清寒教育基金募捐启"。据友川个人调查听得，这次做第一个题目的人，也仅十分之一而已！

从这两方面看起来，现在的中学校对于国学一门，的确没有像其他各科同样的注重了！我的朋友赵君，上学期从圣芳济学校毕业，连一封中文信都写不连牵，也可说是笑话奇谈了！

现在的潮流，似乎又在提倡国学了。我想再隔几年以后，高中的毕业生，对于国学一门，一定是很有研究的了。（友川：《从国学考试联想到中学生的国学程度》，《民国日报》，1931年8月11日，第3版）

8月12日　船山学社社员雷铸寰、张炯、石广权等呈请改组船山学社，何键批复准予改组。

船山学社社员雷铸寰、张炯、石广权、彭兆璜、周逸、张定、余鲲、胡子清、刘伯远、萧度、赵恒、张湘炱、鲁兆庆、唐正恒、黄赞元、刘辅宣、黄贞元、王家鼎、谢鸿熙等向湖南省政府主席何键提交"呈湖南省政府改组湖南船山学社文"：

呈请察核准予令行教育厅严令改组船山学社，整理讲学机关，以崇先贤而重文化事。吾湘明末先贤衡阳王船山先生，为今代党国所奉民族主义之先河，著书等身，精义不磨。自清季新化邓湘皋先生始刊遗书，湘乡曾涤生相国嗣之，湘阴郭筠仙侍郎倡建船山祠于小吴门正街，并组织思贤讲舍，全省人士风化景从。清政不纲，湘人士革命维新，异材蜂起，由戊戌、庚子以迄辛亥，若谭嗣同、唐才常、黄兴、蔡锷、宋教仁等类，皆为国牺牲，为民族拼命流血，有翕来由。民国初元，讲舍辍讲，浏阳刘畏庐先生人熙，倡办船山学社，以应时宜，而永遗绪。湖北夏寿康、刘心源，江苏庄蕴宽，直隶王芝祥，福建郑孝胥，湖南熊希龄等，全国赞同。当经北京政府准由国务院分令内政、教育两部立案令行。湖南省政府明令保护，刻期成立学社。每星期延儒会讲，并搜辑补刊船山遗书，发行《船山学报》，且一面筹设图书馆，重修专祠，刊列社章，每岁由省府于国税项下拨给津贴洋肆千元，借资开办。不幸湘政屡经变迁，自汤芗铭后，被张敬尧武夫横逆摧残于前，又赵恒惕政见颟顸停闭于后。社友星散，讲艺中衰。民国十五年，社员石广权、刘岳峙、周逸等呈准恢复。未久……，社舍顿为省农会所占有。社员明哲，靡从建言，乃有萧仁锋与之交易，始则迁社于小东街前省农会内。……初则以彭清藜尸名社长，专办一小学校，敷衍从事，已失设社初旨。款本无多，复闻有添设中学之说，经济状况如何，旨趣如何，旧有社员无与闻者。最可尽伤，则去秋船山先师诞祭亦竟付阙如。同人等曾以质问彭社长，据称年力久衰，实于社务进行无能为役。号称学社，社于何有，循名责实，良可慨然。同人等以为……谬说炽遍青年，省会为士林风气之源，多一营业学校，于教育文化无何毫发之增，少一讲学机关，于世道人心有陵夷之感。教育当局对于现船山学社办理是否合法，社务校务如何分别，定有权衡。拟请明令责成教育厅派员整理，召集在省全体社员，遵照民二以来刘蔚庐先生设社立案原章，切实改组，以重贤绪，而正学风。是否有当，公恳察核，令准施行。无任引领待命之至！

　　湖南省政府批："呈件均悉。据称船山学社办理不善，准予令行教厅依法改组，仰即知照。此批。主席何键。二十年八月二十二日。"（《省令改组船山学社》，《湖南国民日报》，1931年8月21、22日，第7版）

　　湖南船山学社社员胡子清、萧度、彭兆璜、任福黎、石广权、傅绍岩、周逸、郭尺岩、谢鼎庸、黄士衡、刘岳峙、王代懿、陶思曾、郭人作、雷铸寰、张湘泰、李开运、黄赞元、张定、方克刚等致信赵启霖："本社坛席久虚，益切景行之望。昔船山先师年逾七十，而著述益勤，吟诵不辍，尝自谓吾生有事，非严光魏野之时。同人等忧患饱经，对于先生非徒问字心勤，咸以为文献足征，人师在望，为先儒绵其道统，为后学树之楷模，当为先生所心许也。"赵启霖复信推辞："启霖衰朽余生，犬马之齿，七十有四，比来精神异常惫乏，起居动止，恒苦委靡不支，徒怀向往之心，不克追随从事。私衷耿耿，疚歉实深。惟祝诸君子发皇学派，砥柱狂澜，俾三湘群彦咸知以薑斋为准绳，吾道之光，世道之幸。"赵启霖推荐陶思曾出任社长，"陶叔惠观察贯通新旧，根柢槃深，且近在省垣，可以随时主持一切，即请任正社长一席，最为适宜"。陶思曾复信称：

　　　　此番船山学社改组，公举世叔主持坛坫，足见众望所归，群情景仰。昨奉函示，未蒙允诺，猥承举侄以自代，此非末学谫陋如侄者所敢任也。今天下荒经蔑古甚矣，欲由在下者挽回而移转之，舍倡明正学其道莫由。然非有风节彪炳声望孚洽之名贤，树之风声，为其模楷，则应求不广。世叔道德学问，气节文章，海内所钦，夫岂湘省！伏恳仔肩道统，匡济时流，慨任斯席，则莘莘学子，实利赖之。至社内琐屑诸务，侄当与诸先生共体意旨，议而行之，不敢以烦渎长老之胸臆也。今值秋季，天高气爽，同人仰慕丰采，深冀安车来省一行，俾遂瞻依之愿。谨托周董事仲元代达，尚祈惠然命驾，不胜祷企。

因赵启霖一再推脱，何键遂致信：

兹以船山学社同人念世道之多艰，幸文献之未坠，公举先生屈任社长一席。人师在望，瞻仰弥殷。窃念衡阳绝学，允与濂溪周子同承洙泗之心传。砥世教而树人伦，实为当务之急。曩者，邓湘皋、郭筠仙诸老，皆以高年硕望，秉铎湘垣，建舍刊书，抗怀先哲。今重拾坠绪，端赖高贤，佥仰先生文章气节，炳耀人寰，万乞惠然辱临，为多士式。键末学罔似，问字有所，厚幸奚如！除由本社公推周董事仲元代表欢迎外，专此肃函，祗候道安。

赵启霖复信再度推辞，称："启霖学行无似，近益衰颓。船山学社诸公，谬采虚声，猥推出任社长。循涯揣分，悚愧莫名。屡经恳辞，未邀原谅，顷复敦促就道，重辱赐示谆谆。浣诵再三，益滋颜汗。自念孱羸已甚，深恐致负肫怀，拟本月杪赴省一行，瞻仰霁光，即日遄返。对于社长名义，万不敢承。"（赵启霖著，施明、刘志盛整理：《赵瀞园集》，湖南出版社，1992年，第351—362页）

8月12日　北京大学国学研究所聘刘复为主任，该所同学代表方国瑜、商鸿逵晋谒校长蒋梦麟商谈改革。

舆论称国立北京大学研究所国学门是"用科学方法研究中国学

术的创始所在"，"整理国故"的发祥地，"国内治中国学术有成绩者，泰半出身该所"。蒋梦麟长校之后，积极图谋整顿，现拟聘刘复为主任。该所同学派代表方国瑜、商鸿逵晋谒蒋梦麟，对于刘氏担任主任，"极表欢迎，并恳于最短期间实现"，蒋梦麟当即应允，"且希望同学充分贡献关于所务整顿意见"。国学门拟于下学年迁入新购的嵩公府内，"以接近图书馆便于研究工作"。（《北大国学研究所聘刘复为主任》，《华北日报》，1931年8月12日，第6版）

8月22日　青岛市政府要求日方解散国粹会。

国粹会为浪人之暴烈团体，迭次逞凶实为青岛之一大害。8月18日，国粹会鼓动暴行，聚众殴打青岛市民，政府要求解散国粹会。青岛二十二日下午一时时闻社电：

青岛日人国粹会，携带刀棍，伤害华人一案，业详前电。兹悉是晚误会后，日人又全体出发，在辽宁路一带示威游行，遇见华人，故意现出侮辱状态，希冀挑起华人恶感，扩大风潮。幸民众窥破奸计，避道而行，政府方面，除派便衣侦缉队到处巡逻，暗中监视外，所有巡警，亦皆特别注意，幸未肇生事端。现市府仍恐市民或有激于义愤，发生报复情事，益复加意防范，分途劝导，以免堕彼彀中。据市府方面发表之意见，谓日方应负本案责任，显有三点：（一）此次肇事，由日人志磨用武激成众怒，固不待论，当华人围观时，志磨理当报告中日官署莅场弹压，乃不此务，竟邀集以暴力著名之国粹会浪人，致演成此次凶剧，其应负肇事之责任者一。（二）国粹会为一暴烈团体，迭次逞凶有案，风闻该会会员，事先曾在日人所设面包房痛饮大醉，其有意肇事，显而明见，且出发时，身带刀棍，实为有组织有计划，华人则手无寸铁，受伤各人，其年龄，籍贯，住址，各不相同，可见既无组织，复无计划。日人应负此次肇事之责者二。（三）据德医卫士英所验两方伤痕之报告，谓华人方面，受伤者十人内，轻伤三人，重伤七人，其致伤处，均系被刀砍所致，且创口多在背胁，确因躲避不及，至遭伤害者。日人方面，受伤者十余人，大多数仅皮肤擦破，为极轻微等语。可见华人受伤，皆因躲避不及，而日人携刀带棍，追击华人情形亦属不可掩饰，此日方应负此次肇事之责任者三。故市府现正要求日领解散该会，至损害情形，俟查明再议云云。（《我方要求解散国粹会》，《华北日报》，1931 年 8 月 23 日，第 3 版）

中日双方数次交涉，23 日，青岛市政府秘书长胡家风与日方代总领事会晤，双方承诺各自严密侦查严办肇事者，协商处理此事件。关于惩办与解散"国粹会"的要求，日方未予答复。（青岛市史志办公室编：《青岛市志·外事志/侨务志》，新华出版社，1995 年，第 160 页）此后，"国粹会"又屡生事端。

8 月 25 日 华阳县提倡经学、史学、子学等正学，以学术为立国、为人之本，进而化民成俗。

文中称：

世变侜张，由于人心陷溺，虽曰权利旁骛有以启之，实由学术不明，晦盲否塞，心无所主，遂尔横溢溃决。忧时君子咸曰：欧浸稽天，而不知其来有自。天下古今能左右人心安定世界者厥惟学理。吾国号称古国，圣贤著作，名哲阐扬，讲求淑身莫邦者，不知凡几。其书汗牛充栋，而今人概束高阁，欲兴学明道，其术何由。县署前奉总司令训令饬属邑按季课试诸生，业经遵行在案。兹查课试文艺固无以易，而风檐寸略，系短较长，或不脱科举场屋固习。专门考察，又有学校之教育在。今遵用成法，略加变通，按季课试，兼取札记方式，以二题完卷，必于题内名理事实。元元本本，切实考究，讨论精详，或博稽旧说，或自撰伟论。每作一题须阅若干书籍，每树一义旁通曲证，勿空疏固陋，勿入主出奴。务求原本经义，折衷至当，以有益斯世人心治术为归宿。如是讲求不期行文之工，而文以载道之旨，自然轩露，渐渍既久，庶几坐言起行，打成一片，知言明治，不待他求。本知事学治有年，所说以提倡正学为盲。华阳古之名邦，莅官一日，凡百举措，不敢稍存苟且，迹涉粉饰。况学术为立国作人之本，今将课试，略以经子史三门，敦切恺谕，告以研究之法，而后发题命试，责其成功，期在读书致用，不徒润色考文。夫治国如烹小鲜，伯阳至论，割鸡焉用牛刀，朱泗戏言，邦人君子，勿忽是义。父兄之教宜先，子弟之率宜谨。化民成俗，有厚望焉。（《劝华阳学界研究国学并研究门径》，《涪陵县政周刊》，第14期，1931年8月25日）

8月　东方纯一英文晨校特聘光华大学文学士陈声和、金涤岑为教务主任，拟附设中文夜校，专以提倡国学为宗旨，特聘文学家张邻秋为国文教授。（《纯一英文晨校扩充讯》，《申报》，1931年8月20日，

第 5 张第 17 版）

是年暑期　陈柱邀请孙德谦任大夏大学国学系主任，孙德谦婉言回绝。

孙德谦致信称：

> 昨晚奉手教，猥以国学系主任属为代理，弟自问精力衰颓，恐不克胜任。弟自暑假后，有十余日，心痛旧症，居然暂停，颇觉欣快，以为静养有效，果能痊善，亦一乐事。岂知此二旬中病犹复作，每于夜间，则必增剧。在痛甚时，直是难受，往往达旦不能成眠，尚能多事耶？下学期每星期减去三时，此皆由愧安、省三、泽霖诸先生眷顾之隆，无任忻感。而先生乃欲以主任见委，似非爱我者也。先生谓"系中各事，并不繁剧"。既不繁剧，以先生强盛之年，兼综并营，绰有余裕，请弗遽萌退志为幸。且主任之职，必博通如先生，方优为之。弟担任四科，已觉竭蹶，何能他顾？使接手后，公虽有"仍当襄助"之说，然事事复劳渎清神，弟则陨越贻羞，先生则办事一仍其旧，非计之善者。（刘小云编著：《陈柱往来书信辑注》，第 86—87 页）

9月3日　陶希圣作《国学与国文》，讥讽国学教育。

文中称：

> 满清开科取士，是用诗和文做课题。所谓诗，是五言八句而最后两句总归到"颂圣"，即颂扬皇帝的。所谓文乃是八

股文。后来，策论代替八股，正当此时，科举废而学校兴，学校里教的是策论，外加经义。做策论，大家模仿吕东莱的《博议》，即"今夫天下之且夫"式的文章，一起，一承，一转，一合的式样。

所谓文人、才士，就是能做这类文章的人。能做这类文章的人才是文人才士。读书是为了做文章的。归震川、方望溪的文章固然供文人才士以文章的肩架和格调，《庄子》《史记》也供他们以练字锻句的模型。于是读《易经》，读《老子》，读《汉书》，读《资治通鉴》，读一切，都是为做文章找格式找材料的。

中国过去知识分子如此只是能做文章的人。而文章就是八股或策论。这"今夫天下之且夫"才是国文，才是国学，才是国粹。中国只有这模一套知识，无论叫做国文，或国学，或国粹都好，只此一物。《古文观止》和《唐诗三百首》是国学、国文、国粹家至少要读几十遍的基本书籍。

这中间有一番大道。大道便是做官，做官就可以发财。不然就再读经、史、子，集，把其中的僻典古字用起来，一般文士看了不懂，则其人虽不做官，却做了学者了。

时代是向前一幕一幕走的。五四过去了，五卅又过去了。一九二五年的革命过去了。中国人的记忆力究竟很强，尤其是残余士大夫。他们又把国学即国文提高到满清时代一样的地位。不会做两句国文，你既不能考入国立大学，又不能考上高等文官考试。国文使你做大学生，国文使你做高等文官。

于是中学校加重了国学的功课。

于是大学里又听得哼汉魏文和杜诗的蝇样的声音。

大学里的课程和参考书，由《或古仑鱼》（是《国故论衡》的古字）而上，乃有《文史通义》；由《文史通义》而上，乃有《史通》；由《史通》而上，乃有《文心雕龙》。

就是这部《文心雕龙》呀，绞了多少大学生的脑汁。文学概论的课程也是教它。中国文学批评史的课程也是教它。中国文学史的课程也是以它作教本。

原来"六朝以后无文，李杜而下无诗"。所以六朝直后的一部《文心雕龙》便成了中国文豪的宝贝，要永远永远传家。

这就是国学，而也就是国文，使你做大学生，使你做高等文官。哼罢！哼罢！哼倒了帝国主义！原来这就是国粹，也就是民族精神呀！（陶希圣：《国学与国文》，《社会与教育》，第2卷第18期，1931年9月12日）

9月12日　曹聚仁撰《谢"国故"》，回应"云冰"的批评，辨析国学研究的历程，主张作别"国故"。

曹聚仁指出现代的新文艺小姐往往是躲在深闺过着娇贵的生活，"不理圈子外的事，或是脱了罗绮走出象牙宫和旧的广大群众相接近，应该决定一下了"。（曹聚仁：《告新文艺小姐：从〈春明外史〉说到〈啼笑姻缘〉》，《社会与教育》，第2卷第14期，1931年8月15日）""云冰"撰《学校商店大放盘：暑期学校的作用》，提出阅读曹聚仁《告新文艺小姐》一文后，"觉得非说几句话不可"，但又没有闲工夫打没有价值的笔墨官司，况且"很明白对头脑不甚清楚的人讲道理往往是徒费唇舌"。（《学校商店大放盘：暑期学校的作用》，《社会与教

育》，第 2 卷第 18 期，1931 年 9 月 12 日）曹聚仁本不想回应，但是有必要
谈谈"国故"问题：

> 云冰先生那句"即使有好的意见，也未必能折服现在还不
> 算十分过时的'国故先生'"的话，恕我不能不声辩几句。我
> 不是研究"国故"的，也不曾提倡过"国故"。替章太炎先生
> 记录《国学概论》，并非是做国故的宣传；当时江苏省教育会
> 派的巨子沈恩孚有意借重章太炎来提倡复古，我们要从事反
> 对，由《民国日报》派我去记录（我是私人记录，和省教育会
> 指定的记录大员不同）。每逢他的讲演有复古的倾向，我们便
> 做一篇反驳的文章，事实具在，恕我不多说。其后，因为肚子
> 饿……（《史通》《老子集注》等）做过一卷半属方法论半属文
> 学史的《国故学大纲》，似乎罪孽还不十分深重。最近五年，
> 我绝口不谈国故，也不曾写过关于国故的文字，决不敢僭称
> "国故先生"。三年前我想走"生物科学"的路，以体弱中止，
> 从前年起决志研究"社会科学"，准备以二十年长期整理中国社
> 会史，（请看拙作《中国社会史的前页》一文）国故的"过时不
> 过时"，和我有什么关系？"国故"是件梅毒病害者穿过的大衣，
> 提倡"国故"，即是传播梅毒，我虽"头脑不清楚"，决不愿做
> 社会进化的绊脚石。书此以"谢"，与"国故"长别矣！（曹聚
> 仁：《谈"国故"》，《社会与教育》，第 2 卷第 20 期，1931 年 9 月 26 日）

9 月 20 日　何键与曹伯闻等商谈筹办长沙国学学院。（高原、陈
永芳：《何键王东原日记》，中国文史出版社，1993 年，第 104 页）

9月28日　萧堉作《研究国学的我见——写给幼年的同学》，称应以洁白的心灵去领会"白话""文言"的书籍。

萧堉在文中提出：

现在提到我国"国学"，不禁使我纤弱的心灵，有所创痛！有所碎裂！

"白话派"总可以说是获完全的优胜了？有的人说："虽然，将死板板地所谓'八股文章'，摧残得体无完肤！但是，你——指我——要知道啊，现在的官署公牍，来往书信，社会的需要，……与你的将来前途，生命，总要有些关系吧！"

还有的人说："你看，'白话'那魔鬼般的东西，说了几句话儿，就得写个六七张八行，时间，金钱岂不可惜？""……""……"

如此的谈论，早已充满了我的耳鼓。

这样的冬烘老者的脑筋，究竟在社会上是占绝大势力的呵！居然，使如此偌大的北方，埋没得没有一丝生气！

也许是我国的幸运，有很多"呆头呆脑"的学者，他用尽了他自己一生的精神，去照顾那我国的国学，这岂不被那冬烘老者，笑煞么！

沙漠般的天津，受了不少的滋润，使活泼泼的青年，居然可以得些新的思想，新的知识，他的功绩，怎能不归功那不合人心的国学？

我也非常自信，我们的环境是恶劣的，黑暗的，枯寂的，委实没有优良，光明，润泽的路途可走，因此埋没了不少的活泼青年，使他不得发展，以致终生感到苦闷！

有志的青年啊，杀开一条血路吧！

我也不是"白话派"的信徒，更不是"八股文章"的反动者，我只凭我自信的洁白心灵，去采撷，找寻。

《史记》的《项羽本纪》何尝描写得坏？司马迁岂是用那"嚼文咀字"的笔所书出的？诚然，写得项羽，英勇横生！

这也就是那冬烘头脑的老先生，目为神圣不可侵犯的，终日讽诵的《史记》，此外左邱明的《左传》，也很有几篇可读，便是那桐城、鄱阳等派等人的文章，亦何尝不能选出几页来读？

现代用"白话"描写的文学中心——小说——也有很多可以披阅，如巴金的《灭亡》、《激流》、《爱的摧残》（短篇），茅盾的《虹》《蚀》……的确不胜枚举，他们所写都是普罗，他们所喊都是革命文学，足引起青年的热血澎湃！

就是白话所写的白话诗，委实自由多了，可厌的平仄铁锁，为之打破，思想也因之新颖，岂在唐杜甫李白以下？不过现在国人不去继续努力，衰落罢了！

我确认，自信我自己没有研究国学的能力，但是我对于"白话""文言"的书籍，我自觉好的多谈些，那辛酸味道的八股，恕我没有工夫去领略。（萧埉：《研究国学的我见——写给幼年的同学》，《铃铛》，第1期，1932年6月30日）

9月　徐畏潜编《国学纂要》，由南京书店出版。

在《编述大意》中，徐氏称此书为高中学生准备各大学的入学试验而作，"于各大学历届之国学试题，尽量采入"，"向来国学书籍，多分部叙述，本书独依据历史上发见之次第，采混合的编纂法，以蕲养成学生时代进化之观念"。国学问题，各家答案各异者，"本书多采用最普通之一说，或铺列诸说，以备阅者自择"。徐畏潜认为国学包括经、史、子、集四种，各项烦琐异常，对于这四种又各有其变迁的次序可寻，依次自然的次序叙述，所有烦琐的事项，不难部居而类别：

同一经学，汉人有今古文之分；汉末，古今文混合，又渐分为南北学，至唐而始统一。宋人不满前人之注疏，各以己意解经，于是复有宋学。宋学之反动，清儒之汉学以兴；初宗马郑，继复上溯今古文。原始要终，经学上实呈一循环无端之象。我国正史，最先出者为编年体。司马迁《史记》，始开纪传体之先河，历代正史相沿弗改；但纪传体隶事凌乱，检阅为难，司马光作《资治通鉴》，改纪传为编年之通史，学者称便。其后袁枢成《通鉴纪事本末》，视光作体制尤精，史部进化，于斯为极。其研究历代典章沿革者，有杜佑《通典》、马端临《文献通考》，而郑樵《通志》则欲萃古今人物制度，合为一书，造端尤为宏大。清儒以考据方法治史，虽规画不逮古人，然增补考订之功，亦不可没焉。哲学莫盛于晚周时期，经秦始汉武两度之摧残，渐灭殆尽。魏晋以来，道家略嘘垂死之焰，佛学兴盛，其势复衰。自宋儒提倡理学，程朱陆王，两派迭兴，迄于逊清，别无可纪之特色。古无散文骈体之分。周末，由诗分化为辞赋，至于东汉，文人蒙辞赋之影响，始而排偶，继而骈俪，齐梁之时，骈体文遂以完成。韩昌黎始以散易骈，欧阳修继之，散行文遂日为世所重。语录平话，自宋人创始，通俗文字，于以萌芽；沿其波流，遂成今日两派文体之并立。其枝出者：唐则有诗，宋则有词，元则有曲，古今文体，此足尽之矣。（徐畏潜编：《国学纂要》，南京书店，1931年，第1—3页）

10月 蔡尚思著《中国学术大纲》，由上海启智书局出版（1932年8月再版《国学大纲》修订本）。

首先，在该书序言第一编中，蔡尚思检讨了既有国学的定义与分类，提出"应改定中国学术为字、文、史、哲新四部"的见解，并提出最低限度国学书目。蔡尚思首先界定国学的定义及分类：

> 国是一国，学是学术，国学便是一国的学术。其在中国，就叫做中国的学术。既然叫做中国的学术，那就无所不包了；既然无所不包，也就无所偏畸了。乃今之学者：或以国学为单指中华民族之结晶思想（曹聚仁），或以国学为中国语言文字学（吴文祺），还有以史学眼光去观察一切的（如章学诚、章太炎等），以及误认国学为单指国文（其人甚多不易枚举）与中国文学的（海上一般大学多以中国文学系为国学系）。……仁者见之谓之仁，智者见之谓之智，此皆仅得其一体，而尚未得其大全。在吾却终始以为：凡中国的固有文化，都不能出此国学二字之范围外。

其次，蔡尚思讨论古来分中国学术为经、史、子、集四库的悖谬，指出"要把这甲部经学根本取消，而将其分别归纳于文字学，史学，哲学，文学各类之中"，"以讹传讹，一误再误的经，史，子，集四库，实在应该改做文字学，史学（或史地学），哲学，文学（或文艺学）的新四部，根本就不容有经学一个名词的存在"。江瀚、陈焕章曾对蔡尚思表示，北大的国学研究所没有"经学"一个地位为大不对。蔡尚思认为，"北大的国学研究所的不另与经学一个地位，那是再对没有的"。大夏大学同事孙德谦教授国学大纲，分为经、史、子、集，不敢赞同蔡尚思以哲学包括经学，认为"中国无哲学，哲学惟西洋有之而中国之经学，亦为他方之所无。中国经学最为高尚！论到中国之学术，舍此便无足多了"。徐敬修编《国学常识》分类方法，多有不妥：

> 如小学原兼象形，训诂（即字义），音韵（即字声）三部；而彼则于《小学常识》外，另有《音韵常识》一部。音韵既可另编，则如象形训诂何不并分为二？此其失一。先秦诸子与六朝的佛学（上起后汉下至唐宋），宋明的理学，原皆在哲学之范围内；而彼则分为《子学常识》《理学常识》二部，一似乎子，理二学的性质，竟有截然不同者。理学既当另编，《佛学》岂得独缺？此其失二。文学原包含有散骈古文，诗，词，赋，曲，小说等类；而彼则于《文学常识》外，另有《诗学常识》《词学常识》《说部常识》三部。按诗词一类，实为纯文艺的文学（文学的文学）；至于古文反比较不足以为代表，而竟颠倒，真是悖谬；且今既要分诗词小说为三，则如赋曲二者，亦岂得独无其平等位置？此其失三。至其不明经学实包有小学，文学，史学，哲学四部，而竟还有一部什么《经学常识》，吾原

可莫怪：因为不单他一人，其人多得很呢！

蔡尚思认为这种分类"殊不一致，分不尽分，合不尽合，既没有系统，怎能使阅者明了？"再者，蔡尚思分析国内诸多研究院所的国学种类，当北大研究所改为京师大学校国学研究馆时，"分国学一门为哲学，文学，史学，语言文字学，考古学，艺术六组"。蔡尚思认为"考古学可并入于史学之范围内，艺术可与文学合一名为文艺学，就是单称文学也没有什么大不可的地方"。清华研究院在国学一科中设有"中国语言，历史，文学，哲学，音乐及东方语言等"，蔡尚思以为："音乐可与文学归并，东方语言可与中国语言合一。"其他诸如孔教大学研究科仍保守四库的遗意：分经学、史学、哲学（子）、文学（集）。蔡尚思指出："国学的势力，此刻已经由黄河流域而南侵到长江来了，但我听说如无锡的国学专修馆，和我亲见上海一般大学的国学系，它们全是'国学'其名，而'国文'其实，同我现在的要讲'国学'而不讲'国文'，既然适相反对，恕我不并论及。"在此基础上，蔡尚思提出"应改定中国学术为字、文、史、哲新四部"的见解：

（一）字法学即文字学与文法学，（二）文艺学即文学与美术，（三）史地学即史学与地理，（四）哲理学即哲学与科学。以文字学，文学，史学，哲学为主系，而以文法学，美术，地理，科学附之。这就是我所分的新四部，在上头已经一步一步的说过好几次了。关于文字学，文学，史学诸部分，暂且不说，请先拿哲学一方面来研究一下：现在有人要分中国思想为宗教学，政治学，伦理学，哲学等等；而吾又怎么样呢？却要使之皆入于哲学之范围内，如曰宗教哲学，政治哲学，人生哲学，纯正哲学等等，其谁曰不宜？以先秦诸子而论：道家大部分在纯正哲学，儒家大部分在人生哲学，墨家大部分在宗教哲学，法家大部分在政治哲学。

（一）中国字法学包括中国文字学：（1）象形；（2）训诂；（3）音韵。中国文字学代表书籍有：（1）《说文》；（2）《尔雅》；（3）《广韵》。中国文法学包括：（1）实字与虚字；（2）句与读；（3）全篇与分段。《马氏文通》或可为代表。

（二）中国文艺学可以将中国文学分为：（1）有韵与情感如诗词歌曲等；（2）无韵与事理如论说传记等。代表成就为：（1）《诗经》，《楚辞》，汉赋，宋词，元曲；（2）《尚书》，《左传》，《国语》，《庄子》，《史记》，韩文。或者分为：（1）文学的文学——诗、词、歌、曲等韵集；（2）史学的文学——诸史的实录文；（3）哲学的文学——诸子的哲理文；（4）小学的文学——经注传疏、说文释词、考据、校勘等文字学。《尚书》《左传》《国策》等书虽属史学，亦为文学之祖；《史记》《庄子》二书虽或为史与子，要皆文章之最大师表。中国美术可以分为：（1）诗歌音乐；（2）字书图画；（3）雕刻建筑。

（三）中国史地学。中国自古将地理附于历史中，先述史学，地理暂缺。中国史学可分为：（1）列传体——创始于《尚书》，大成于《史记》；（2）编年体——创始于《春秋》，大成于《资治通鉴》；（3）纪事体——创始于《国语》，大成于纪事本末。

（四）中国哲理学将中国哲学分为：（1）纯正哲学；（2）人生哲学；（3）宗教哲学；（4）政治哲学。代表作为：（1）《周易》《老子》《庄子》；（2）《论语》《礼记》《孝经》《孟子》《荀子》；（3）《墨子集成》；（4）《韩非集成》。

同时，蔡尚思在胡适、梁启超最低限度国学书目的基础上，提出"至低限度之国学书籍及其研究之次序"：

（一）哲学分为：（1）儒家——《周易》《论语》《孟子》《荀子》《礼记》；（2）道家——《老子》《庄子》；（3）墨家——《墨子》；（4）法家——《韩非子》；（5）佛教；（6）混成——王充《论衡》，《朱子全书》（单读其语录等类亦可），《王文成公全书》（同上），《戴东原集》（单读其《孟子字义疏证》一书亦可，胡适著有《戴东原哲学》可供参看）；（7）参考——梁启超著《先秦政治思想史》，胡适著《中国古代哲学史大纲》，蔡尚思著《孔子哲学之真面目》《中国三大思想之比观》，章炳麟著《国故论衡》，黄宗羲编《宋元学案》《明儒学案》，梁启超著《清代学术概论》。

（二）史学分为：（1）列传体——《尚书》《史记》《前汉书》；（2）编年体——《春秋》《资治通鉴》；（3）纪事体——《国语》《通鉴纪事本末》；（4）参看——《史通》、《文史通义》、梁启超著《中国历史研究法》。

（三）文学分为：（1）有韵与写情——《诗经》、《楚辞》、《李太白诗集》、《杜工部诗集》，汉赋、六朝骈文、宋词、元曲等类暂缓选出专集；（2）无韵与记事——除《庄子》《史记》另详外，《韩昌黎文集》（不取其诗）、《柳河东文集》（不取其诗）、《欧阳修文集》（不取其诗）、《苏东坡文集》、《王临川文集》（不取其诗）；（3）类书——《乐府诗集》（郭茂倩编，只读其中之无名氏古诗）、《文选》（须分别读之，如蔡邕作《郭林宗碑文》之类不值一阅。如以文而论，那就是姚鼐的《古文辞类纂》与曾国藩的《经史百家杂钞》）；（4）参看——《文心雕龙》《诗品》。

（四）小学分为：（1）训诂，《尔雅》；（2）象形，《说文》；（3）音韵，《广韵》；（4）文法，马建忠著《文通》。

（五）工具类有：《经籍纂诂》《康熙字典》《四库全书总目提要》《中国人名大辞典》《历代名人年谱》《史姓韵编》《历史纪元编》《世界大事年表》《中西回历朔闰表》《读史方舆纪要》《佛学家大辞典》。

蔡尚思论述国学研究的次序，提出国学研究，哲学最为重要，也最难研究。其次是史学，文学又次；小学似乎可以说是相对不要紧，但是如果从研究的先后次第说来，"却就适得其反"：

　　例如汝要研究哲学，那就不得不先在历史上观察一下；如要研究史学，又一定要先通达他的文章；如要研究文学，又要把文字学先弄清楚；文字了解然后去学文章或作文章，文章通达然后去读史或作史，史学有相当的研究了，然后才可以去研究思想。由此看来，文字学反是不论研究何学所必先经的路径了。论轻重：以哲学为最重，以小学为最轻；论先后：以小学为最先，以哲学为最后；这是我个人的见解。（蔡尚思编著：《中国学术大纲》，上海启智书局，1931年，第1—36页，第65—67页）

是年秋，王守伟、朱生豪发起之江文理学院中国文学会。

中国文学会工作重实际研究，每两周举行一次研究会。该会顾问有钟泰、李笠、夏承焘等老师，主席为王守伟，研究股有郑天然、朱生豪、王守伟三人。干事彭重熙，黄定安（竹坪）等人。（《中国文学会志略》，《之江年刊》，1932年）

　　10月18日　之江大学中国文学会召开集会，要求老师提出研究题目。

　　夏承焘建议"全宋词"，主张效仿阮元作经籍纂诂，展开团体治学方法。钟泰主张历代经学传授表。（夏承焘：《夏承焘集·天风阁学词日记》上，第239页。）

　　10月19日　郭斌龢应北平华文学校之请，在东四头条用英文讲演《孔学》（Confucianism），提倡新孔学运动。

　　郭斌龢演讲称：

　　　　中国向以孔学立国，孔学为中国之国魂。近三十年来，为新派摧残抨击，孔学遂一蹶不振。国人根本信仰已失，思想界产生一种无政府状态。此种无政府状态，在内政与外交上，完全暴露，长此不改，外侮将源源而来。此正爱国志士所深切忧虑，而亟思挽救者也。继谓孔学非宗教，而为一种人文主义，以人为本，不含神学与超自然之理论，然自中国过去历史言之，孔学为智识阶级普遍之信仰，此阶级之优秀者，每愿为孔学牺牲生命与一切物质上之享受。则孔学实含宗教性，谓之为广义的宗教，亦无不可。末谓中国目今最要者，为一新孔学运动，此种新孔学，应为一切改革之原动力。哀莫大于心死，中国国心，已濒死境。新孔学实为使此将死之国心复活之唯一良方。新孔学一应发扬光大孔学中有永久与普遍性之部分（如忠恕之道，个人节操之养成等等），而剔除受时间空间之影响所产生之偶然的部分（如繁文缛节易流于虚伪之礼仪，及后人附会之阴阳家言等等）。二应保存有道德意志的天之观念。三应积极实行知仁勇三达德，提倡儒侠合一，文人带兵之风气（中国历史上如诸葛亮，文天祥，王阳明，史可法，及清末之曾国藩，胡林翼等皆以文人而握兵权）。知耻近乎勇，杀身成仁，士可杀不可辱等古训，应尽量宣传，成为全国国民牢不可破之信条。四应使孔学想象化，具体化，俾得产生新孔学的戏剧、诗歌、图书、音乐、雕刻等艺术云云。（《新孔学运动》，《大公报·文学副刊》，第199期，1931年11月2日，第3张第10版）

10月　《大公报》刊登书评，评述《国学论文索引续编》，先述索引的内容，而后加以评论。

该评论称：一为前编所收之杂志断自某卷某期者，续编乃不见赓继；二为续编收之杂志亦有不全者；三为较重要之杂志为两编所遗漏者；因为未能采用上次批评而加以更正者；最后则述作者之感慨。以为由杂志之生卒，可知我国学术之混乱不堪云。（《国学论文索引续编》，《大公报·文学副刊》，第195、第197、第198期，1931年10月）

10月30日　国立北平图书馆编纂部索引组纂《关于国学论文索引答大公报文学副刊记者》，回应《大公报·文学副刊》对于国学论文索引之批评。共声明五点：即关于排误未校出者；所收杂志之范围与各编之关系者；未免失当者；国学论文索引未收而见载于文学索引者；删去学术讨论集者。

答复中称：

阅贵刊第八十八期及百九十五诸期"评国学论文索引正续两编"，无任钦佩！但有数点，不得不特为声明，敬求评者读者之原谅焉。

索引上杂志卷数号数之数目字，有为手民排错而未校出者，如姚维锐《古书疑义举例续补》刊于东方杂志二十三卷二十二号，索引初编页四十九误为二十二卷，致劳某君数千里相询，凡此须待利用是书者之随时指教，以待将来改正。此所声明者一也。杂志在出版界最易生死，搜罗完备，大是难事；故吾人索引工作之进行，只好见到即编。旧杂志如《小说林》《文艺杂志》《雅言》等，初编未见，收入续编；《国学丛选》（民国元年学商兑会编辑）初续编均未见，收入三编。拟于数年之后，将国内近数十年所出版之杂志收罗略备时，便汇初续以及将来之三四等编为一帙。值此编辑进行期间，凡有以已出版之杂志见告者，无任欢迎。但二十年一月出版之《暨大文学院集刊》，责十九年十月截止之索引续编为失收，未免以不能为之事责人，则失在评者。此所声明者二也。初续两索引既随到随编，在初编付印时，曾收《国语周刊》，续编付印时，又收《学文》，而书前杂志一览，均未及列入。读者若一检初编之五十三页至五十八页，当知其收《国语周刊》论文九篇。一检续编，当知《学文》第一期刘盼遂《嫦娥考》等论文均已收入，而评者不检内容，只阅杂志一览，便下评语，未免失当。此所声明者三也。敝馆索引组所从事者，除《国学论文索引》外，尚有《文学论文索引》。最初计划，拟国学索引不收文学论文，嗣以旧文学亦国学之一部，故从文学索引内择

其重要者，先编入国学索引，胡适之《论三国六朝平民文学》
及《论禅宗白话散文》两篇，均在文学论文索引内，国学失收
者，职此之故。此所声明者四也。又中国学术讨论社之《学术
讨论集》，编者鄙陋，尚未见到。前者如广仓学窘社之《广仓
学窘学术丛书》及文学研究会之《星海》，曾费斟酌；究以学
术丛书虽系定期刊物，质近丛书，故收而复削去。国学汇编汇
印《国学周刊》论文，故均复注《国学周刊》之下，则《学术
讨论集》如为《国学汇编》性质亦应附入，余可类推。此所声
名者五也。（《关于国学论文索引答大公报文学副刊记者》，《中华图书
馆协会会报》，第7卷第2期，1931年10月30日）

10月　哈燕社在北京开会研讨霍尔基金支持教会大学开展国学
研究。

齐鲁大学国学研究所主任栾调甫提出大学声誉关键在于能否
培养专门人才，学术研究能否形成自身特色。山东是齐鲁故地，齐
鲁文化是中国文化的重要组成部分。齐鲁大学国学研究所将齐鲁文
化确定为重要研究对象。此后，齐鲁大学国学系编辑出版《国学丛
刊》第一集。（陶飞亚、吴梓明：《基督教大学与国学研究》，福建教育出版
社，1998年，第205页）栾调甫解释称：

因本校设立山东，山东为古齐、鲁两国地，齐鲁文化又为
自汉以后中国文化之起源，论其重要性，实为研究中国近二千
年文化之母。则以本校处地便利而言，对于此项研究工作，已
较其他五校为宜。加以本校创立七十余年之历史，与本省具有

深密之关系，对于此项工作尤属义不容辞。此论本所以齐鲁文化为划定之范围及其重要性，与其研究最切合于本校，且为本校义所当负之责任也。

栾调甫将研究工作分为三步，采集、整理、篆著。研究材料分为书本、实物两项。国学研究所首先"广购图书，在使普通应用书籍充实完备"，其次，"依所定研究门类，集录书本材料，与搜求应需补充之图书"。实物方面"以山东出土古物为主，而作有系统之收集"。采集之后，"各依门类，整理成组，备为研究之史料"，"次以实物证书本，以书本证实物，分别篆著，以成各门研究之论著。最后总合各门，以成全部之研究"。依照此种步骤，"对于齐鲁文化之探讨，方可有真实之明晓。此本所全部研究工作之终结计划也"。（《栾调甫一九四一年八月就研究所工作宗旨与工作办法上校务长条陈》，转引自尚小明：《栾调甫与私立齐鲁大学国学研究所》，《安徽大学学报（哲学社会科学版）》，2018年第4期）

11月8日　湖南省党务指委会指定萧度、傅绍岩、彭兆璜、方克刚、张定、任福黎、周逸、石广权和刘伯远九人为船山学社发起人，在中山堂召开发起谈话会议，决定应遵照党务指委会颁发的文化团体组织法规，发起人领得许可证后，才能组织筹备会，推定筹备员。（赵启霖著，施明、刘志盛整理：《赵瀞园集》，第421页）

11月10日　祁玉章撰写《研究国学的方法》，提出研究古学要有好的方法，以及刚勇的毅力与不懈的恒心。

祁玉章认为："无论研究什么学问，都不能脱离了这个基本的方法——科学方法。清代以前的学者，其所以不能有清儒对于整理国学的成绩之大者，就在他们不懂得科学方法的缘故。"作者所言科学方法大体沿袭胡适的主张，本篇原系作者读书笔记之一部，特连成一片，供研究国学者参考。（祁玉章：《研究国学的方法》，《新学生》，第 1 卷第 6 期，1931 年 11 月 10 日）

11 月 12 日　国际联盟会教育考察团代表培克尔博、伦希维开始考察无锡，由无锡教育界高践四、陈礼江、雷宾南、唐谋伯、俞庆棠、陈谷岑、陆仁寿等陪同前赴国学专修学校参观，并在该校大礼堂演讲，请唐谋伯翻译。14 日考察无锡国专，并发表演说，认为无锡国专为保存"国学"的唯一学府。

1931 年 9 月 30 日，国际联盟会教育考察团应邀抵达上海，考察中国教育。考察团成员有柏林大学教授、前普鲁氏教育部长柏刻（Carl H. Beckcr），波兰教育部初等教育司长法尔斯基（M. Falski）教授，法兰西大学教授朗吉梵（P. Langevin），伦敦大学政治经济学院教授叨尼（R. H. Tawney），国际联盟秘书长窝尔特滋（Frank P. Walters）参与协助。考察团先后在上海、南京、天津、北平、河北定县、杭州、无锡、苏州、镇江、广州等地考察公立和私立大、中、小学等教育机构百余所。次年 12 月，考察报告中文译本《中国教育之改进》由国立编译馆翻译出版。考察团批评中国新时代的知识分子，"自革命以还，咸努力于依照某种舶来之思想，以改造中国之教育制度，而中国几千年以来之传统文化，则认为不合时宜"，认为"中国乃一有悠久传统文化之国家。凡将一国固有历史上之文化全部牺牲者，其结果未有不蒙其害者也"。

此时，培克尔博在无锡国专演讲：

此次来华考察，对于东方民族如何保存其固有之文化的问题，甚感有研究兴趣。在现今生存竞争的时代，凡一国家求生存于世界，固当以研究科学为先；然研究科学，必当先使国民自觉。而国民自觉心之发动，惟有藉国学以发扬光大之，而后可以保持各国固有之民族精神，此尤须研究本国历史和固有文化。贵校为研究国学之最高学府，负有保存固有文化之责，与普通学校之使命不同。希望贵校同学能整理中国博大之历史，编成大中小各学校适宜的历史课本，遍行世界各学校，以发扬中国民族之文化学术，而促起国民之自觉。

伦希维演讲：

此次余等代表国联莅华考察教育，目的在促进世界和平，各国互相合作。然合作之意义，对于文化学术并非互相抄袭，盖必求各国能保存并阐发其学术文化，贡献之于世界也。譬如近三十年来，物理学之发明虽多（按：伦氏为物理学专家），然个人之经验而言，倘非以从前多数物理学家所发明者为基础，则亦不能如此进步也。今蕲中国之文化发达，能贡献于世界，固亦如是，必以其固有之文化为基础焉。颇期诸君努力于斯。又孔子为贵国第一大学术家，而贵校又系保存国学之惟一学府，两者适在比临（按：校邻孔庙），允为求学之佳地也。再法谚有云"女子乃家庭之保姆"，希望贵校女同学将来能为国家之保姆。（健实：《国联教育考察团莅锡来校演讲志略》，《无锡国专季刊》，第1期，1933年5月，第180—181页；又见刘桂秋编著：《唐文治年谱长编》，

第837—839页）

11月14日　湖南省政府批准成立船山学社改组筹备会。（赵启霖著，施明、刘志盛整理：《赵瀞园集》，第421—422页。）

11月　吴恭亨为傅尃遗集作序，指责新文化运动，视傅尃为"国学护法"。

吴恭亨序称：

> 三十年来，驰骛欧化，学校改制，禁人读书。昔之冗浊，今变俚浅。夫冗者，堆垛之名。堆垛犹须搬演书卷，至于以浅售俚直，反之结绳，世之初民而已矣。灭国亡种，必先摧破其文化。流风所逮，使梨洲而及见之，不省作何感想。往者与吾友傅钝庵合并，亦尝深鐾太息及此一议案矣。钝庵曰："是无忧，此之为罟获陷阱，文字暂一乱也。六经史籍，吾国性何至遂感陆沉。灌输救济，岂不在吾辈？"于是窃壮其语，稍稍忘杞天之忧。自入民国，钝庵为学校讲师，间亦主报政，所至演之于口，笔之于策，赫然国学护法也。中又采辑南社《湘集》，与诸老先反复辩难文律。最后主湖南图书馆，更为《目录》一书，原原本本，旁逮译籍。退而漫曰："护法国学，敢不勤力？特假是途津逮来者。"方是时，群一国蒙头缩手，为道丧文敝之惶恐，独湖南一部分岸不受溺。时相与走集于服尧服言孔言之旗下，无有惴退。陈涉一夫夜呼，以吾钝庵方之，影响滋巨矣。断断求反一乱，而复进于一治，拥卫文字之功，其力最伟大，宁一筹算可毕记邪？钝庵于学，无所不窥，少年共宁

调元纂《洞庭波》杂志，亦似倡革命。粤军北伐大勋且集，即守口不言前事，用示自重。殆所谓狷者徒欤？遗书已印未印，凡如干卷，卒后其县人刘谦约真集资更版，行来问序，钝庵于文独往独来，均自具面目，亦在在如梨洲。言有情至之语，即如诗内《哭儿篇》。长且近二千言，此不问视西国荷马奚若，在湖南言湖南，出湘乡、湘潭二先生集悬衡而量较之，正恐前贤亦畏后生矣。(《傅钝庵遗集序》，颜建华编校：《傅熊湘集》，湖南人民出版社，2010年，第1—2页；又见杨天石、王学庄编著：《南社史长编》，中国人民大学出版社，1995年，第621—622页）

李澄宇指出傅熊湘著述颇散失，现存有《国学概略》《国学研究法》《宋七律诗选》《醴陵乡土志》《醴陵兵燹纪略》《段注说文部首》《离骚章义》《国文法》《省图书馆目录》《钝安脞录》《钝安诗文词》等，撰墓志铭曰："始愤邦危，嫉清类非。易朔多故，政悖众期。政由学误，夷岂夏宜。独教以正，力殚效微。无教无政，劫殃乱离。九原孔安，已而畴悲。"（李澄宇：《傅钝安墓志铭》，颜建华编校：《傅熊湘集》，第4—5页）《钝安先生行状》中记载其晚年整理图书，融汇中西，以存国学的苦心：

先生任事之始，广向歆《七略》之制，兼收荀氏四部之旨，旁采杜威十进之法，设为十类，安置旧籍，容纳新书，中西贯通，条理毕见。而语其要旨，厥为尊经，故于总丛之次，即列经典。其《自序》曰："今之说者，以经为西土所无，遂欲废其专立。此盖不明国性，自灭宗风，舍己从人，亦复何有？无论经训之深入人心，有非一二妄庸瞽说所能磨没者在，即言分属，于例已嫌不伦。故在吾国藏书，苟以国性为准者，经典自当独立为类，要可与知者道，难为流俗言也。"其冶合新旧，维系国学之苦心如此。晚近士人，偏于旧者，难与语新思；局于新者，亦鄙夷旧学。顾如先生之能以科学方法整理旧籍，而两美具存者，有几人哉，有几人哉？然掇拾群书于散乱之余，又当父丧哀毁之际，行披坐检，肌色黔黬，忧能伤人，重以劳瘁，岂血肉之躯所能胜耶？《自序》又曰："于时炎夏方炽，蒸汗如流，蛰居馆楼，谢绝人事，穷旦至夕，继以电烛，剪裁襞积，糊补饾饤，此中甘苦，所历非一。"竭七十日之力，整理粗毕，乃克成书。庸讵知劫火飞来，顿成灰烬。呜呼！此先生之所以死也。（《钝安先生行状》，颜建华编校：《傅熊湘集》，第7—9页）

12月1日　叶圣陶发表《国文试题与科举精神》，批评因宣扬国学，而以国文为应试手段的主张。

叶圣陶读到《因政府考试的国文题说到学校的国文课》，文中评述近来中央各机关用人大多用考试制度：

因政府力求提倡国学，恢复固有知识，故国文题目泰半取材于古人典籍之中，如最近军委会之政治训练班国文试题为《从〈离骚〉一书中论屈平之为人》，司法行政部之监狱训练班试题为《刑乱国用重典论》，政治学校之土地研究班题为《论王者之政必自经界始》，以及法官考试之试题为《分争辩讼非礼不决论》，于以知国家提倡国粹的一斑。

　　文中将这几场考试成绩不佳的缘由归咎于学校的国文课程，尤其是中等学校的国文课程，"它不曾替学生打好稳固的国学根基，遇到这类题目当然做不好了"。叶圣陶认为这种情形实在就是科举时代的延续。科举时代青年以此为读书的成功与"敲门砖"，不可能完全不顾。现在科举废除了，但学校教育仍然接受科举的精神，各界有意识或无意识地把课程认作"敲门砖"，所以见学生做不好《论王者之政必自经界始》之类的题目，就太息痛恨，指责现代学生已经陷落在泥坑里。叶圣陶指出：

　　　　习惯着"应制"作文，就不很能够亲切地发表自己的思想与情感，记录实生活上的一切。从前颇有人做得很好的文章，可是不能写一封抒情寄意的书信；这因为他们早已把写作与生活分隔开来，而写抒情寄意的书信却是生活上的事情，所以没法应付了。可见有一些父兄的告诫与教师的教导正是学生的灾难，他们希望增进学生的写作能力，实际却在阻遏学生的写作能力。凡是不甘受灾难的青年，遇到《论王者之政必自经界始》这类的题目，只有缴白卷了事，可不是？

　　　　对于大学入学试验常出一些稀奇古怪的国文题目，贤明的中等教育家是应该提出抗议的。中学生该有怎样的写作能力，大学对于投考学生所要考察的到底是什么，都得请大学当局想一想明白。虽然明知科举精神笼罩着整个教育系统，但若能打破一点，总是青年的福利。

　　　　末了，我们要对青年学生再说一遍：你们做不好《论王者之政必自经界始》这类的题目是应该的，毫不惭愧的。你们学习写作，目的原在发表自己的思想与情感，记录实生活上的一切，而并不在"应制"作这类的题目。（叶圣陶：《国文试题与科举精神》，《中学生》，第20号，1931年12月1日）

12月2日　船山学社筹备会在中山堂成立，开第一次筹备会，推举方克刚、周逸、彭兆璜三人为筹备员，起草社章。（赵启霖著，施明、刘志盛整理：《赵瀞园集》，第421页）

12月19日　周木斋发表《国故与好古》，强调国故的"是古非今"性。

文中称：

所谓国故，是好古者的玩意儿。这种玩意儿，在现代看来，和飘着骷髅当作红粉美人丝毫没有两样。稍有脑筋的人，都能明白，不用我来费词。

这里所要说的，是超越时间性而专从本身上着眼，具体的去观察所谓国故到底是个什么东西。认识国故，就能认识好古者所以要耍这套玩意儿的来路。这是明其"所以然""是捉妖打鬼"的根本办法。

国故的本身，是含有一种"是古非今"性的。……事实上，反对改革运动的人，固然骂他们是"背古"；就是主持改革运动的人，也得表明自己是"法古"。进言之，反对改革运动的人，对于"是今非古"的改革，固然痛诋无余；就是那种"托古改制"的改革，也丝毫不让其存在。所谓"古"！就是这么样的一种杀"今"的利器！所谓"国故"，就是这么样的断送了"今"讴歌着"古"的一大宝藏！

　　中国人最深恶的是"狂澜既倒"，最荣耀的是"中流砥柱"，最愤慨的是"人心"不"古"，最乐意的是"上友古人"，有的是"后无来者"，差强的是"去古未远"，其实决没有的是"前无古人"，这些，就是所谓国故；超越时间性而单从本身上着眼，将无往而不发见它充分的表现着开倒车反进化的血痕！

　　由此可见，好古者的所以要这套玩意儿，是由于枯骨臭肉正适合他们的胃口！他们是一群露齿獠牙的魔鬼，他们借着死人的权威去压制生气——甚至一点儿极微眇的生气！（周木斋：《国故与好古》，《涛声》，第19期，1931年12月19日）

12月21日　福建教育厅签发指令，解释国学专修预科毕业程度，"虽未能与高中毕业相等，但其程度确系超越旧制中学"。（《关于给罗源县教育局解释国学专修学校预科毕业程度的指令》，福建省档案馆藏，档案号0002-001-0025.02-0105）

12月23日　船山学社开第三次筹备会，学社社章经全体筹备员修正通过。

湖南船山学社章程

（一九三一年十一月二十四日）

　　第一章　总则。第一条　本社为尊仰船山先生之人格、学术而设。于民国二年呈经中央政府令行湖南省政府有案，定名为湖南船山学社。第二条　本社以研究船山先生学说，发扬民族精神，昌明国学，扶翼风教为宗旨。第三条　本社设立于湖南省城中山东路（原系小吴门正街旧船山祠之思贤讲舍）。

第二章　社务。第四条　本社办理左列各事项。（甲）设研究部；（乙）设讲演部；（丙）设编译部，右三项以哲学、政学、文学为范围；（丁）刊印《船山学报》；（戊）设立补习学校及两级小学校；（己）筹办船山祀典事项（船山祠即设本社内）；（庚）筹设船山图书馆；（辛）征刊船山未刊遗书及与湖南文献有关之先哲遗著，分别刊布。

第三章　社员。第五条　凡具左列资格之一，经本社社员二人以上之介绍，经审查会审查合格者，均得为本社社员。（一）研究船山先生学说有所表现者；（二）维护本社具有历史关系，品学端方者；（三）鸿儒硕学，曾有著述行世者；（四）大学或专门文科毕业，品行端正者；（五）凡品行端正，于哲学、政学、文学三组中曾有一门以上之研究者。第六条　凡本社社员，经审查合格者，均于登记后发给社证。第七条　凡本社社员，得有社证后，应按期来社听讲或讲演。第八条　依文化团体组织大纲第五条之规定应受限制者，不得为本社社员。第九条　本社社员之义务权利如左：（一）本社社员有年纳社金及遵守社章之义务；（二）本社社员有选举及被选举，并审核本社预算决算之权。第十条　凡社员于入社后，有应受第八条之限制或损害本社名誉者，经人举发后，得由社员大会议决，取消其社员资格。第十一条　本社社员大会分二种：（一）常年大会，每年于船山先生诞日（夏历九月初一日）举行，由董事会召集之；（二）临时会无定期，由董事会议决，或五分之一以上社员署名盖章，函请董事会召集之。第十二条　社员大会常会时，董事会应将一年各种社务、进行预决算及财产目录报告之。

第四章　组织。第十三条　本社设董事会、分董事、名誉董事两种。董事十七人，由社员大会推举之，任期两年，每年改选半数。其第一次改选半数以抽签定之，但得连选连任。名誉董事无定额，由董事会推举之。第十四条　本社董事会互推董事长、副董事长各一人，任期以两年为限。但得连选连任，董事长有事故时，由副董事长常川驻社代理之。第十五条　各董事皆为无给织，惟董事长、副董事长得酌支夫马费。第十六条　董事会每月开常会一次，由董事长、副董事长召集。如有临时事项发生时，得由正副董事长或董事五人以上之提议，函请正副董事长召集之。第十七条　本社设社长一人，副社长一人。社长综理全社事务，副社长襄理全社事务。由董事会提出五人，交由社员大会用无记名投票法选举之，任期三年，但得连选连任。第十八条　社长于各组学科中应常川驻社，任主讲一席，副社长得常川驻社。第十九条　本社设秘书一人，设研究、讲演、编译三部，每部设主任一人，各部分组另行规定之。第二十条　各部主任及秘书，由正副社长延聘之，会计、庶务、书记均由正副社长雇用之。第二十一条　本社各职员夫马薪脩，均由董事会决定之。第二十二条　董事会之职权如左：（一）执行社员大会议决案；（二）保管社产；（三）筹措经费；（四）稽核本社账目；（五）议决关于社务应兴应革事项。第二十三条　社长之职权如左：（一）对外代表本社；（二）执行董事会之议决案；（三）编制预算决算；（四）临时延请名人讲演。第二十四条　副社长之职权，襄理社务。如社长有事故时，得代行其职权。第二十五条　本社推举各职员如有违背社章，营私舞弊情事，得有确证，经人举发时，由社员大会议决惩戒之。第二十六条　本社经费，依据民国二年中央政府令行湖南省政府，由国库岁拨津贴金四千元为基金。现改由湖南省库补助。其不足额，除由本社社员每年纳社金一元外，再由董事会负责筹措。第二十七条　本社经常、临时各费，应由正副社长于每年度终造具决算，交由董事会审查，并于每年常会送交社员大会核销。

第六章　附则。（案：原文如此）第二十八条　本社办事细则另定之。第二十九条　本章程如有未尽事宜，得由过半数董事或社长、副社长提议，交由董事会提交社员大会议决修改，呈请省政府及教育厅备案。第三十条　本章程经社员大会通过，呈请省党部核定，并呈报主管官署备案之日起施行。（赵启霖著，施明、刘志盛整理：《赵瀞园集》，第 457—461 页）

12 月 23 日　北京实用国学专修馆招生，以发扬国学及补助青年有文字应用能力为宗旨。

该校课程分经学、子学、词章学、应用文学（信札公文）各种。学生分为高级、初级两种，高级教授经学、子学、词章学与作文；初级教授论语、孟子、史学、常识与作文字。（《实用国学专修馆招生》，《益世报》，1931 年 12 月 23 日，第 6 版）

12 月 30 日　船山学社开第四次筹备会，推举傅绍岩拟定征求会员启事。（赵启霖著，施明、刘志盛整理：《赵瀞园集》，第 422 页）

12 月　《国鉴》一卷由国学专修院出版，唐文治作《新六国论》一篇，列于《国鉴》之首，痛陈利害，期望警醒人心。（唐文治：《茹

经先生自订年谱》，邓国光辑释：《唐文治文集》第六册，第3731页）

《国鉴》收录《新六国论》《革命先革心论》《论宝慈为性经政经》《论废孔为亡国之兆》《论克己为治平之本》《论孔子不囿于封建》《论洪范八政为农工商兵学原理》《论吕不韦作月令》《论军事学当宗孔门》《论理财学当宗孔门》《论外交学当宗孔门》《论政治先辨君子小人》《论拆城坏邑之谬》文言体论文十三篇，王清穆在序言中称该书大义为"治平之本，在乎克己，己能克则身无不修，所谓革命先革心是也"，所关注在于"国家宜尊孔"，"学校宜读经"。王清穆认为各省各县旧有圣庙"莫若由民间自集尊孔会，从事修葺，以表仰止之忱"。学校废止读经流弊更大，主张应由尊孔会"集合同志，编辑经学教科书，由浅而深，分为若干级，呈送教育部审定，通行各学校作为课本"，总之，"经书有益于人群，东西各国咸知研究，我国人乌可不读？积人而成国，立国之本，在乎人人能修其身。各友邦以中国有古圣相传之经书，莫不重视，我国人乌可不知自重？"（王清穆：《国鉴序》，《农隐庐文钞》，上海社会科学院出版社，2015年；转引自刘桂秋编著：《唐文治年谱长编》，上海交通大学出版社，2020年，第840—842页）

是年　无锡国专在教育部正式立案，"本校宗旨在研究本国历代之文化，讨论其得失，期于世界文化有所贡献"。

学分与学程表，见表3。

表3　学程表

一、必修课（共六十学分　第一年三十四学分　第二年二十六学分）					
课程名	每周授课时数	教学年数	学分	第几年必修	用书
1.中山学说	二	二	四	一、二	中山全集
2.军事训练	二	二	四	一、二	

续表

3.国学概论	三	一	六	一	编辑讲义
4.文学史纲要	三	一	六	一	编辑讲义
5.文字学	三	一	六	一	段注说文
6.修辞学	二	一	四	二	编辑讲义
7.目录学	三	一	六	二	四库简明目录
8.散文选	四	二	一六	一、二	编辑讲义
9.韵文选	二	二	八	一、二	编辑讲义

二、选修科

（甲）义理类

（子）经学	每周授课时数	教学年数	学分	第几年可选修
1.论语	二	一	四	一
2.学庸	一	半	二	一或二
3.孟子	四	半	四	一
4.孝经	一	半	一	一
5.易经	二	半	二	三
6.春秋公羊传	二	半	二	二或三

（丑）周秦汉诸子学	每周授课时数	教学年数	学分	第几年可选修
1.老子	二	半	二	二或三
2.庄子	四	半	四	二或三
3.荀子	四	半	四	二或三
4.董子	二	半	二	二或三
5.墨子	四	半	四	二或三
6.管子	四	半	四	二或三
7.韩非子	三	半	三	二或三
8.公孙龙子	一	半	一	二或三

续表

	每周授课时数	教学年数	学分	第几年可选修	
9.吕氏春秋	三	半	三	二或三	
10.淮南子	四	半	四	二或三	
11.论衡	三	半	三	二或三	
（寅）晋魏玄学	三	半	三	二或三	
（卯）隋唐佛学	三	半	三	二或三	
（辰）宋元明清理学	三	半	三	二或三	
（乙）辞章类					
（子）文学批评类	每周授课时数	教学年数	学分	第几年可选修	
1.文心雕龙	二	半	二	二或三	
2.诗品	一	半	一	二或三	
3.史通	二	半	二	二或三	
4.文史通义	二	半	二	一或二	
（丑）总集类	每周授课时数	教学年数	学分	第几年可选修	
1.诗经	三	半	三	一或二	
2.楚辞	二	半	二	二或三	
3.文选	四	半	四	二或三	
4.古文辞类纂	三	半	三	一或二	
5.花间集	二	半	二	二或三	
6.张惠言词选	二	半	二	二或三	
7.元曲选	四	半	四	二或三	
（寅）别集类					
（一）诗词部	每周授课时数	教学年数	学分	第几年可选修	
1.曹子建诗	二	半	二	二或三	
2.陶渊明诗	二	半	二	二或三	
3.谢康乐诗	二	半	二	二或三	
4.李太白诗	三	半	三	二或三	
5.杜少陵诗	三	半	三	二或三	

续表

	每周授课时数	教学年数	学分	第几年可选修	
6.白香山诗	三	半	三	二或三	
7.韩昌黎诗	三	半	三	二或三	
8.李昌谷诗	二	半	二	二或三	
9.李义山诗	二	半	二	二或三	
10.苏东坡诗	三	半	三	二或三	
11.黄山谷诗	三	半	三	二或三	
12.陆剑南诗	三	半	三	二或三	
13.元遗山诗	二	半	二	二或三	
14.南唐二主词	一	半	一	二或三	
15.柳耆卿词	一	半	一	二或三	
16.苏东坡词	一	半	一	二或三	
17.秦淮海词	一	半	一	二或三	
18.周清真词	一	半	一	二或三	
19.辛稼轩词	一	半	一	二或三	
20.姜白石词	一	半	一	二或三	
21.吴梦窗词	一	半	一	二或三	
22.张玉田词	一	半	一	二或三	
（二）骈文部	每周授课时数	教学年数	学分	第几年可选修	
1.庾子山集	三	半	三	二或三	
2.徐孝穆集	二	半	二	二或三	
3.张燕公集	二	半	二	二或三	
4.苏许公集	二	半	二	二或三	
5.陆宣公集	二	半	二	二或三	
6.洪北江集	二	半	二	二或三	
（三）散文部	每周授课时数	教学年数	学分	第几年可选修	

续表

1.春秋左氏传附国语	四	半	四	一或二	
2.史记	四	半	四	二或三	
3.汉书	四	半	四	二或三	
4.后汉书	四	半	四	二或三	
5.三国志	三	半	三	二或三	
6.南北史	四	半	四	二或三	
7.韩昌黎文	三	半	三	一或二	
8.柳柳州文	三	半	三	一或二	
9.欧阳文忠文	三	半	三	一或二	
10.曾子固文	三	半	三	一或二	
11.王荆公文	三	半	三	一或二	
12.归震川文	二	半	二	二或三	
13.姚惜抱文	二	半	二	一或二	
14.恽子居文	二	半	二	一或二	
15.曾文正文	二	半	二	一或二	
（丙）考据类					
（子）经类	每周授课时数	教学年数	学分	第几年可选修	
1.尚书	二	半	二	二或三	
2.周礼	二	半	二	二或三	
3.仪礼（附礼记）	四	半	四	二或三	
4.尔雅	三	半	三	二或三	
（丑）述学类	每周授课时数	教学年数	学分	第几年可选修	
1.亭林遗书	四	半	四	二或三	
2.黄梨洲集	四	半	四	二或三	
3.全谢山集	四	半	四	二或三	

续表

	每周授课时数	教学年数	学分	第几年可选修	
4.戴东原集	二	半	二	二或三	
5.段懋堂集	二	半	二	二或三	
6.钱竹汀集	三	半	三	二或三	
7.汪容甫述学	二	半	二	二或三	
8.黄荛圃集	二	半	二	二或三	
9.顾千里集	二	半	二	二或三	
10.魏默深集	三	半	三	二或三	
11.龚定庵集	三	半	三	二或三	
（寅）札记类	每周授课时数	教学年数	学分	第几年可选修	
1.困学纪闻	三	半	三	二或三	
2.日知录	三	半	三	二或三	
3.十驾斋养新录	三	半	三	二或三	
4.东塾读书记	三	半	三	二或三	

（陈国安等编：《无锡国专史料选辑》，苏州大学出版社，2012年，第281—285页）

△ 张嘉谋创办河南国学专修馆，校董有张钫、刘镇华、胡石青、王幼侨、宋垣忠、杨一峰、刘邃真、蒋恢吾等人。馆址在开封文庙街西头路北覃怀会馆内。（贾连汉：《从河南国学专修馆到尚志文书学校》，中国人民政治协商会议河南省洛阳市委员会文史资料研究委员会编：《河南文史资料选辑》第12辑，中国人民政治协商会议河南省洛阳市委员会文史资料研究委员会，1984年，第86页）

△ 邹蕴真著《国学概论》由湖南省立第二中学印行。

该书旨在供中学以上学生学习参考，分为四篇。一、绪论：国学之意义；治国学之目的及方法。二、思想之部：儒家思想；道家思想；两汉经学；后汉新思想；魏晋清谈；唐代佛典翻译；宋明理学；清代考证学。三、文艺之部：秦以前之文艺；中世纪之文艺；唐以后之文艺。四、结论：国学之特质；国学之价值。五、目的：对于我国学术的特质，得明了的认识，借以唤起民族的自觉与自信；对于我国学术的大概，得系统的了解，以为有志深造者的基础。邹蕴真在序言中称：

> 向之治国学者，率多拘执师心。信者信，斥者斥，态度几类宗教。是者是，非者非，方法全为直觉。以宗教之态度，直觉之方法，处理日常事物，尚难有效，况以之整理数千年宏富繁难之学术乎？此余之所不能无感于前也。

> 现今中学以上学生，对于国学，多欲治之，而苦无门迳；又以入学之时有定，必学之科过多，不获专精于此。常思得读一精当简要之书，以明其梗概，然而无有也。苟国之明达，于此能以科学之方法，批评之态度，整理浩繁之国学，编成精简之缩本，其嘉惠后学为何如乎？此余之所以有待于后也。

> 日月光而爝火息，西施现而嫫母藏，苟国学得其人而整理光大之，则是编亦自甘于覆瓿之例矣。

邹蕴真首先从"学"与"国学"层面解释国学的意义：

> 第一节 学。人之生也，皆具有求生之二念：1.自身之生

存发展；2.种族之生存发展。

欲满足此二欲念，则必有种种无形或有形之"术"——方法——以达之。然此种方术之中，有适者，有不适者。取其适者而说明之，条理之，推阐之，则谓之"学"。是学者，乃人类求生最适方术之系统的记载或推究也。以此方术，传给后人，则谓之"教"。无多种方术，不足以成学；无系统学问，不足以立教。故学者，始受之于人，终授之于人也。历史愈久，人事愈繁，方术愈多，而学问因之日备，教育因之日良。学问备，教育良，人类生活，自必日益向上。此学问对于人类之真价也。反是者，皆不能谓之学，直无稽之传说耳。无稽之传说，吾人宜一概屏弃之。

第二节　国学。夫学术者，如上所述，乃人类之公器，不宜有国界之别。今云国学，抑何所指乎？此盖非指其本质，乃就其发达言之耳。然学术之发达，又何以国各不同？细寻其因，不外二端：自然之影响；人力之创造。

因地势、气候、物产等自然现象之不同，影响于国民思想习惯之各异者。如印度人因其地处热带，物产丰饶，生活较易，故其国人多移其有余之精力，从事超世之思索，卒成其高深博大之佛学。俄人因地瘠气寒，物产艰啬，故其国民多坚忍之风，务实之学。此自然促学术不同之一证也。又有因个人创造力之不同，影响于后世思想习惯之各异者。如中国因孔子之天才与努力，遂立二千年儒家之学。欧土因耶稣之博爱与苦行，遂开千余年法皇之治。此个人促学术不同之又一证也。然一国之历史不息，则其典籍必与年俱增，若

——习之，非独不能，抑且无益。故国学者，应为其一国之由其自然人力不同所发生之特优学术也。研究国学者，即将其国有之特优学术，讲习整理而发皇之。其余无关要旨者，为省节精力计，置之可也。

吾国学术，昌明最早，年远迹繁，内容益富。其中足以助国人生活向上者固多。然附会支离，无当宏旨，甚或反为国民生活之障碍者，盖亦不解。近来一般愚旧者，欲一一崇奉之，固属不当，而一般维新者，欲全部屏弃之，觉亦不可。夫以一人一派之学术，往往瑜瑕兼容，是非互见，尚难骤明其"真"而定其"价"，况一国数千年之学术，又岂能整个的判其是非而取舍之哉？

吾国古籍，以量言，《四库全书》，至十六万八千余册之多，世界各国，谅莫与京。以质言，虽无欧洲之纯客观的科学思想，然亦自有其特长，贡献人类，足以历久而不朽。此旨吾将于第四篇结论中论述之。惟因其年代久远，典籍浩繁，断烂庞杂之弊，在所未免。致令初学者不易窥其门径，往往望洋兴叹，浅尝辄止。否则一般有才智者，又多误于意气门户之见，不能概览其全；而谨厚者，又惟知寻章摘句，不获自拔，此国学之所以日益淹晦而杂乱也。客观的研究，正确的评断，系统的整理，光我先贤，嘉惠后学，阐扬民族之精华，促进世界之学术，是在今后治国学者之努力与精研也。

"国学"与"国故"有别。凡一国所有之典籍，皆可谓之国故。就国故中，淘其渣而去其冗，存其有价值有系统者，则谓之国学。今世大通，学术日繁，吾人不能倾其全力，取所有典籍一一强习之，只宜择其重要者，慎思而明辩之，明了其系统与价值足矣。

研究国学的目的有两点："充分的了解并说明我国学术之发展及其特质，以昭示来叶"，"更就其特质光大之，以与世界学术相增益，以促人类生活之向上。"今后研究国学的方法应分四步：第一，辨别真伪；第二，提举纲要；第三，评定价值；第四，整理系统。"第一步工夫，汉清学者，已做有相当成绩。第二三四步工夫，努力者虽属有人，而成绩究未昭著。"国学的分类应当根据人类的活动展开，人类的活动约分情意与理知：

基于情意所构成之学术，则为"文艺"。基于理知所构成之学术，则为：

1.研究自然现象者为"科学"；

2.研究人事现象者为"社会学"——此就广义言，包括一切伦理、政治、经济、教育……

3.统自然人生而研求其共同究竟原理者为"哲学"。

今更简表以明之如下：

邹蕴真依据此种分类，首先叙述思想发源的派别变迁，其次论述文艺的产生变迁派别，最后分析其特质，评定其价值，与各国学术相比较。国学的价值在于彰显我国伦理的精彩：

> 人生有肉体及精神，故其生活之世界，有现实及理想。无理想之人生观，必枯寂局促不安。无现实之人生观，必漂浮幻灭无着，皆非人生所能堪。综观世界文化，莫不循此而进，虽其门不无倚轻倚重者，而究不能偏向一隅。世界文化，因自然环境之影响，在上古便形成三大支，即印度、中国、希拉也。印度因物产、气候之优良，故其生活偏于理想世界，而在文化上之最大成功为玄学。中国、希拉，则偏于现实世界之生活。中国因地大人稀，生活不患寡而患不均，故注重人与人之关系，而在文化上最大成功为伦理。希拉因地狭人稠，生活不患不均而患寡，故注重人与物——自然——之关系，而在文化上之最大成功为科学。
>
> 今独以伦理称中国，非印度希拉无伦理也，不过不及中国之有精义耳。希拉之语伦理也，多偏于理知，常矜矜于动机功利之辨，个人社会之别，权利义务之分。不知伦理乃实践的，属理知分子少，属情意分子多。教之以理，不如动之以情，理论虽高，终无益于实践。印度之语伦理也，多偏于出世理想，哲人生活。希拉小视人生，而印度又视人生太大矣。希拉有逐物之嫌，印度有神化之过，居乎二者之中，而又无过不及之失者，其惟中国之伦理学说乎？既不迷于物，复不惑于神，立足人生，努力做去，以人生始，以人生终。惧炫于功效也，而主

张内心自足。惧困于环境也，而主张自我原动。惧行之日久，枯寂怠倦，而又时时嘘以温和之情趣。总之，中国伦理，为温情的、原动的、内足的。实践之因，绝不由于外。实践之果，自有益于人。人受益，而我之内心亦感觉满足愉悦矣。

是我国伦理之精彩，所捆捉之重心为"人"，希拉则为"物"，印度则为"神"。然人不能离物质生活，故宜尽量采取希拉科学，尽力于物之内，以致物质生活丰富。人不能去精神生活，故又宜择取印度玄学，游神于物之外，以使精神生活伟大。物质生活丰富，精神生活伟大，而人生之意义与价值，乃更能实现矣。此即我国学术之总值，亦即国人今后努力之目标也。（邹蕴真：《国学概论》，湖南省立第二中学，1931 年，第 1—5、194—197 页）

△　北平私立中国学院国学系毕业学生名单。

李绳古，山东招远；潘澄涛，广西桂平；张振鹏，河北南皮；胡殿柱，山东潍县。（《北平私立中国学院 1931 年度毕业证书》，北京市档案馆藏，档案号 J135-001-00001）

1932年（民国二十一年 壬申）

1月21日 船山学社开第五次筹备会，社启经全体筹备员修正后，通过。（赵启霖著，施明、刘志盛整理：《赵瀞园集》，第422页）

1月 教育部批令神州国学会准予备案。（《中华法学会进行讯》，《申报》，1932年1月28日，第4张第14版）

△ 司徒雷登拟赴美，与美国哈佛大学筹商燕京大学国学研究所进展事宜。（《燕大教务长司徒雷登将赴美》，《平西报》，1932年1月28日，第1版）

2月29日 章太炎抵达北平，在京期间，章太炎频繁讲学论政，章门弟子及好友依次邀宴章太炎。

报道称北平电："章太炎氏自到北平后，甚为活动，现联络前老进步党分子张东荪氏等，拟组织一种新党，大约为国家主义青年党，以为政党对立之张本。一般预料，华北不久当有一种新党成立云。"（《章太炎在平活动，拟在华北组织一种新党》，《新天津》，1932年3月14日，第2版）

各界宴请情况，据桑兵考证，所知除最早3月1日是由吴承仕、朱希祖、马幼渔、黄侃共同做东外，以后分别有：3月4日中午吴承仕，晚刘文典，《黄侃日记》记载："检斋请师饭于新陆春，予及公铎陪坐。饭罢久谈，从师还寓，从容燕语，及明儒之学，盛赞王时槐，林春（《唐顺之集》有其事状）。又询予治学，诲人之法甚详。刘文典坚邀师食于同和居，予从往，复送之还，夜深退。"（黄侃：《黄侃日记》下，中华书局，2007年，第781页）；林损（6日），尹炎武（7日），熊希龄、左舜生、王造时（11日），尹炎武（22日），黄侃的学生汪绍楹、陆宗达、骆鸿凯、朱家齐、周复、沈仁坚、殷孟伦、谢震孚八人（29日）做东，然后是4月6日陈垣、尹炎武、伦明、余嘉锡、杨树达等以京都名席公宴于谭祖任家，谢国桢、刘盼遂（4月13日），徐森玉（16日）等人亦分别宴请，4月中旬以后，北大弟子邀宴。（桑兵：《章太炎晚年北游讲学的文化象征》，《晚清民国的学人与学术》，中华书局，2008年，第237页）

2月　燕大国学研究所拟派罗香林等考察闽粤畲民与客家。

北平燕京大学国学研究所以华南民族在学术上颇为重要，非积极提倡研究与调查，无以引起国内外学者之注意，以促成华南语言文化人种及其与中国北中二部之关系诸问题之解决。二三年来，尝极力鼓励校内外诸学子，使从事于华南民族之调查。去年春季，复委托罗君香林使纂集客家史料，拟每得关于客家之史料二十万字，即汇为一册，详加考证，精印行世。近日复派罗君，使与北平协和医科教授西人史蒂芬生博士协往华南，测验畲民疍民、黎人、福老客家诸族系，并调查其语言文化及社会生活与状况。史系协和解剖人类诸学教授，于中国人种研究有年，此次往南测验，系中央研究院所委托。罗君昔在清华大学，研究客家问题，于华南其他族系，素亦有志探索。
闻罗君与史氏原拟于本月四日，自平赴沪，先测验驻沪十九
路军诸客家官佐与兵士，后以暴日炮击淞沪，罗等乃决乘轮赴
粤。(《南疆部落畲蛋黎猺之内幕　燕大国学研究所派员调查　罗香林谈
客家居地及特性》，天津《大公报》，1932年2月16日，第2张第5版)

△　黄筱兰、张景博编《国学问答》，由上海汉文正楷印书局
出版。

该书分总论、经学、小学、史学、子学、文学六编。第一编
《总论》中谈及"试述治国学之方法"：

（一）辨书籍之真伪——研究国学之方法，第一先要辨别
书籍之真伪。如《越绝书》为汉袁康造，《飞燕外传》《汉武内
传》为宋人伪造，而列入"汉魏丛书"，《文子》《列子》为晋
人伪造，《孔丛子》《孔子家语》为三国王肃造，《太公阴符经》
为唐李筌造。（二）通小学——韩愈云："凡作文章，宜略识
字。"故研究国学，非通小学不为功。研究小学有三法：第一
通音韵（音韵学），第二明训诂（《尔雅》）。第三辨形体（《说
文》），必如此始不至犯意误，音误，形误之弊。（三）明地
理——因胜败有关乎形势，故非明地理不可。此议论之地理，
乃地文，地质，地志而言也。譬如诸葛亮五月渡泸一事，按泸
水即金沙江，五月渡泸乃在四川宁远县，复因唐代在四川置泸
州，后人遂以为五月渡泸即在此地。其实相去千里，岂非大
错，此即不明地理所生之谬误也。（黄筱兰、张景博编：《国学问

答》，上海汉文正楷印书局，1932年，第1—2页）

3月22日　章太炎在民国学院演讲"改良代议制"。(《*章太炎昨在民国学院讲演*》，《*京报*》，1932年3月23日，第7版)

3月24日　章太炎在燕京大学讲《论今日切要之学》，今日切用之学是：一，求是；二，致用。(*汤志钧编：《章太炎年谱长编（增订本）》下册，中华书局，2013年，第530页*)

夏鼐记载当天演讲情形：

> 下午赴燕京，听章太炎讲演《今日最切要之学术》，去的时候已4时多，穆楼可容百人的103号坐满了人，不过仍没有去年胡适讲演的号召力。去年胡适来讲，可容百余人的103号讲堂竟嫌太小，后来改到可容纳七八百人的大礼堂，依旧是挤满一堂，连外国教授也来听讲，可见章氏的时代是已过去了。章氏今年六十多岁了，穿着蓝缎袍黑马褂，头上留着短短的灰白头发，戴着托力克眼镜，灰黄色的面孔，虽现衰态，然讲演时却还起劲，用着绍兴腔的普通话，讲了一点多钟，其意旨仍不脱民族主义的色彩，以为历史最切要，因为可以使人知先民之辛劳，而动忧国之念。(*夏鼐：《夏鼐日记》卷一，华东师范大学出版社，2011年，第102—103页*)

3月28日　章太炎在中国学院讲《治国学之根本知识》，一是经学，二是史学，三是文学。(*黄侃：《黄侃日记》，第786页*)

3月31日　师大研究院的历史科学门及文学院的国文系和历史

系一齐邀请章太炎作学术演讲，讲题为"清代学术之系统"。

钱玄同记载此次演讲：

> 晨得幼渔电话，知昨日他与朱逖先访章师，已定明日下午三时在师大演讲矣。午后至师大历史系，欲与朱接洽，而朱已行，遂与学生们定夺：文学院——国文系、历史系，研究院——历史科学门，合请。三时许至中海，与劢定夺。四时许访逖，接洽一切。五时许访岂明。上午九—十二北大，毕，回府一行。天暖。一时至中海，偕劢同乘汽车往迓太炎师，逖先已先在等，三时许至师大，演讲："清代学术之系统"，五时毕。因其家中来电话有人在等候，即归。钱、朱、马三人送归，就骗他的晚饭，晚十一时归，甚累。（杨天石主编：《钱玄同日记（整理本）》中，第853页）

3月　北京大学《国学季刊》第3卷第1号出版，刊登《国立北京大学国学季刊编辑略例》，称本季刊主旨在发表国内及国外学者研究"中国学"的成果，虽以"国学"为范围，但与国学相关的各种科学，如东方古言语学、比较言语学、印度宗教及哲学，都予以相当的地位。

国立北京大学国学季刊编辑委员会委员录："丁文江、朱希祖、沈兼士、周作人、胡适（主编）、马裕藻、马衡、陈受颐、黄文弼、汤用彤、赵万里、刘复、郑奠、钱玄同、魏建功（编辑主任）。"（《发刊宣言》，《国学季刊》，第3卷第1期，1932年3月）

4月8日　章太炎应国立北京大学国文学系及研究所国学门邀

请，在第三院大礼堂演讲"指示学界救国之术"。(《章太炎讲演》,《京报》, 1932年4月8日, 第7版)

4月11日, 刘文典在清华大学纪念周以 ·"清华大学国文系的特点"为题进行演讲, 清华国文系的使命是融汇新旧, 整理国故。

刘文典认为某些大学国文系偏重旧文学的研究,"教学生们'钻故纸', 做那些浮词滥藻咬文嚼字的文章, 那是不合现代潮流的, 不是我们所需要的。纵然做得好, 也不过是些现代的'假古董', 白费精力, 毫无用处, 绝不能提高中国文学的国际地位"。从下学年开始, 清华国文系要极力和西洋文学系、哲学系合作。"人类的思想, 往高深玄妙处发展就是哲学; 往优美处发展就是文艺。文学既是人类思想最高最美的表现, 所以每一位作家都要有他的高尚深邃的人生观, 宇宙观, 我们一定要真能了解人生, 认识宇宙, 具有丰富的理想, 再继之以天才, 然后才能把宇宙、人生描写得非常美妙, 批评得十分深刻。"国文系除研究文学外, 还要肩负研究国学这一重大使命,"现在要研究国学, 也非要参用外国的新方法不可。近来东西洋的所谓'支那'学者, 应用科学方法, 研究中国的经学、史学、小学, 都有极好的成绩, 对于音韵上的贡献, 尤为伟大。我敢断言此后要想研究中国的经史, 非深通东西洋文字, 参用他们的新方法不可"。清华国文系的使命:

实在非常重大, 一面要努力研究旧文学, 以求了解我们民族的真精神和他固有的优点, 一面又要望新的方面创造, 求这个精神发扬光大, 此外还要介绍东西洋学者的新方法, 来整理国故, 所以本系的学程不得不特别加多, 本学年新添了许多门功课，中西并蓄，新旧兼收，例如"支那学"，是专为介绍东西洋学者研究中国学问的方法和成绩的；"诗学"是要把中西的诗作比较研究的；"大一国文"添了两个特班，一个是专教学生近代著名的政治经济论文，预备他们将来好做政论家，一个专教古今有名的诏，令，奏议，文移，预备他们毕业后服公务时间用的。关于旧的方面，添设史卷文，诸子文等类的功课，阐发旧文学上说理文，叙事文的优点，这都是从前所没有的。（《刘叔雅先生在四月十一日纪念周会讲演》，《国立清华大学校刊》，第401号，1932年5月6日）

4月12日 平民学院请章太炎演讲"清末革命历史"。（《平院敦请章太炎讲演》，北京《益世报》，1932年4月12日，第2张第6版）

4月18、20、22日 章太炎在北京大学连讲三次"广论语骈枝"，地点在松公府研究所讲堂，共设座60个，国文学系占40，研究所国学门占20。

钱穆回忆此次演讲：

> 太炎上讲台，旧门人在各大学任教者五六人随侍，骈立台侧。一人在旁作翻译，一人在后写黑板。太炎语音微，又皆土音，不能操国语。引经据典，以及人名地名书名，遇疑处，不询之太炎，台上两人对语，或询台侧侍立者。有顷，始译始写。而听者肃然，不出杂声。此一场面亦所少见。翻译者似为钱玄同，写黑板者为刘半农。玄同在北方，早已改采今文家言，而对太炎守弟子礼犹谨如此。半农尽力提倡白话文，其居沪时，

是否曾及太炎门，则不知。要之，在当时北平新文化运动盛极风行之际，而此诸大师，犹亦拘守旧礼貌。则知风气转变，亦洵非咄嗟间事矣。（钱穆：《八十忆双亲·师友杂忆》，生活·读书·新知三联书店，2005 年，第 174 页）

张中行称章太炎在北京大学第三院风雨操场还有一次"下里巴人"的公开演讲：

老人满头白发，穿绸长衫，由弟子马幼渔、钱玄同、吴检斋等五六个人围绕着登上讲台。太炎先生个子不高，双目有神，向下望一望就讲起来。满口浙江余杭的家乡话。估计大多数人听不懂，由刘半农任翻译；常引经据典，由钱玄同用粉笔写在背后的黑板上。说话不改老脾气，诙谐而兼怒骂。现在只记得最后一句是："也应该注意防范，不要赶走了秦桧，迎来了石敬瑭啊！"（张中行：《章太炎》，陈平原、杜玲玲编：《追忆章太炎》，中国广播电视出版社，1997 年，第 361 页）

4 月　燕京大学国学研究所撤销，原国学研究所师资调至相关院系，进而调整国学课程。

洪业向来反对"国学"观念，认为"学问应没有国界，所谓的国学，不能孤芳自赏，而应按学科归纳到各院校。正如不能把欧洲的科学、文学、历史等笼统归入'欧洲学'一样"。洪业坚信中国学问应该让受过现代训练且有世界常识的学者研究。洪业回到燕京大学后，决意解散国学研究所。（陈毓贤：《洪业传》，商务印书馆，2013

年，第175—176页）1931年下半年，陈垣辞去国学研究所职务。1932年，因国学理念分歧、招生不理想，研究所及招生制度未正式呈报国民政府教育部备案，国学研究所于1932年4月正式撤销。（王蕾：《图书馆、出版与教育：哈佛燕京学社在华中国研究史（1928—1951）》，广西师范大学出版社，2018年，第34—35页）

因哲学系设有中国哲学史一科，国故概要与中国哲学性质相近，国文学系遂不再设国故概要科目，原有必修课名著选读与选修课习作合为"名著选读与习作"一科，为一年级必修课程，于1932—1933学年度开始实行。其目的是"灌输文学常识，练习作文技能，及训练读书能力"，并偏重文言。"国故概要"选授自先秦至魏晋诸家诸派思想学术的材料，讲授其系统的原委及变迁的概要，并注重讨论批评，以培养学生独立的研究能力。每一学期由教员选定若干种关于国学的书籍，由学生选读二三种，自行研究，写成札记，交教员披阅。教员为马鉴、沈士远、吴雷川。大二"国故概要"主要是沈士远讲授自隋唐至清代诸家诸派思想学术的发展。（《改定一年级学生必修国文课程》，《燕京大学校刊》，第4卷第30期，1932年）

△　王易著《国学概论》，由上海神州国光社出版。

王易将国学分为经学、小学、哲学与史学四部，提出辨真伪、知重轻、明地理、通人情的研究国学的方法。各种族文化不同，同一种族因时代变迁，文化也有所转化。"明乎此，而后可与论学"。国学范围广大，但品质颇杂，"涉猎审辨之难，使人目眩，而其间孰本孰末，孰真孰伪，孰有用孰无用，则尤不易明。况值西学汇流之日，学术之海漫无津涯"。学者如若研究国学之全部，时间与精力均有所不及。因此，不得不择要论述其大体，奠定学者深造的基础，"籀其内含，计区四部"：

古者学主于官，官守其书。仲尼述古，约为六艺，删其烦杂，著以为经，大义微言，垂世立教，秦火燔灭，汉复稍出。阙文异说，学者眩焉。今文诸儒，墨守师说；古文学起，争哄特甚。然国以经术取士，士以经术阶进，学可致用，风气益张。大师众多，教泽宏溥，并有发明，是为极盛。后儒各持一端，乖戾分争。或出伪籍，淆乱圣言；汉学中衰，臆解纷起。底于六朝，南北分途；诸儒守缺，倡为义疏。唐人继之，汉儒章句训诂之学，因以不坠。宋代变古疑经，别矜新义，本实先拨，积衰遂成。清学初兼汉宋，及惠戴诸儒出，尽弃宋诠，独标汉帜，家法专门，纯洁精一，搜遗发蒙，所造至伟。统陈流变，用识盛衰，述经学第一。

《周官》保氏施教，先以六书。治官察民，是赖文字。学者昧此，不足读书。故汉制学僮试字九千，兼以六体。字书迭出，训读渐明。唐人义疏，重倚小学。清儒融会，斯道乃昌。析其内容，为形，音，义。许君《说文》，略存古籀，结体既明，推及声训。南唐二徐衍其传；清代段氏集其大。降及晚近，西周鼎彝，殷墟甲骨，尤发古芳。是为字形之学。李登《声类》，始识五声；《法言》《切韵》，遂开韵部。李唐而后，梵母东流，学说愈明，专家益众，是为字音之学。《尔雅》专明义训；《释名》衍及音声。汉唐注疏，滂沛缕析。既明通假，可达古今。清儒诂经，名家辈出，操觚酌古，左右逢源。是为字义之学。略明纲领，用备索途，述小学第二。

　　周道既微，处士横议，九流竞作，各挟所长，乘世纠纷，驰说取合。儒主仁义，道法自然，墨倡兼爱，法任刑赏，名核名实，阴阳明消息，纵横竞短长，农重民生，杂罗众议，言虽殊途，皆务为治。汉代崇儒，百家破碎。魏晋诸子，独扇玄风。六朝迄唐，佛法寖盛。宋明儒学，研求心性，时参禅理，遂造精微。近世西哲学说阑入，国人思想波动匪轻。世运推移，一日千里！指示迁流，用明得失，述哲学第三。

　　史源于经，掌诸太史。马班巨子，乃擅三长；继世朋兴，奉为正则。衰时媚主，载笔多诬。或竞辞华，或侈文饰；信史直笔，乃出私家。涑水紫阳，编年有法；君卿贵与，政典是彰。余或广志方舆，网罗散佚，标示义例，旁及校雠。非徒玩文，并足经世。约其派别用便绅绎，述史学第四。

　　凡此四区，悉属质学。至若文艺词翰，作者过众，灏瀚曼衍，叙次为烦。况内实外华，非可苟得；由学窥文，无待毛举。果其读书得有门径，则用治文学，游刃有余。故兹编不述文学，非轻之也，举学之质，文自可见也。

　　又若兵家数术方技之学，别著专门，约言无当，非子政所校定，异经世之常训。况世移代易，其效屡迁，以视今日西方军备，推步，医药之科，瞠乎落后。吾人力学，致用为期。陈迹所存，几成土饭。故兹编不述诸学，非遗之也，语焉不详，详亦无用也。

王易强调治学"贵夫识体，而致力务在知方"，上述为国学之体。如不能以恰当的方法研究国学，"犹泛舟而昧于帆柁之施，解牛而迷其肯綮所在"，因此，研究国学者当明下列四端：

一曰辨真伪：事理与学，皆有真伪，唯有识者辨之。世传：女娲补天，后羿射日，姜嫄履武，黄帝乘龙，民智茫昧时之伪事也；天圆地方，地静日动，雀入水化，兔以吐生，科学未明时之伪理也。事理之伪，及今无虑其混真；学之伪则历世而弥难于辨。古皇《三坟》，葛天《八阕》，书契未立，文何由成？其伪无论矣。如《尚书》复有古文；《周官》托为古制；《内经》《周髀》，全出假名；《庄子》《韩非》，半经点窜；龙门《史记》，偶杂褚书；《竹书纪年》，别由晋造。使忽于辨识，则正觉何由？是在审酌于文字人情之间，稽考夫名物制度之细，则泾渭可分，迷途未远！

二曰知重轻：学问泛滥，岂尽适时，欲免徒劳，当知权剂。昔汉人说五字之文，至于二三万言，碎义便辞，终以自蔽，此不知重轻之患也。夫前人遗物，后人宝之，虽在隐微，亦勤搜讨，固其宜矣。然生居今世，知也无涯，日力易穷，恐遗远大。是不得不挈其纲领，别其缓急。庶事半功倍，不劳擿埴，探赜索隐，让之专家。如周制明堂，徒争尺寸；《毛诗》物类，更辨雌雄；传人则碎采无稽之琐闻；志地则详究已亡之物产；苟日力有裕，犹不妨旁征曲引，以助谈资；否则措重举轻，反失要领。

三曰明地理：学术之源，各有所托，地理关系，至切且深。中国上古文明起自北部，典章文物，缘是以生。中古而后，渐推及南，风气亦变。如井田之制，利于平原，而薮泽之区不适；鱼盐之利，盛于潟卤，而膏腴之壤匪宜。北方政治具备，则孔孟礼乐仁义之教昌；南方民智恢奇，而老庄虚无清静之说起。北魏郦注《水经》，于南多误；南宋郑氏《通志》，于北未真。地隔则情有所暌；知昧则断有所蔽。故吾人研求国学，首宜熟知地舆。固不独纸上谈兵，侈陈厄塞，卷中揽胜，借利游观已也。

四曰通人情：人情之变迁，多系于时会之演进。上古国土分立，君权未张；及周而封建完成，及秦而郡县改设。两汉以后，君位益尊，影响所及，观察各殊。如尧舜克让温恭，出乎自然，而见于异代则为圣德；始皇统一专制，号为暴主，而拟之世君则亦数见。三代侯伯俨为君主，而汉隋割据自雄之辈著称；六朝更迭有若弈棋，而蜀魏正统偏安之争未已。他如学术思想各有背景，研治者不可不明。如纵横游说，不适于一统之局，而西汉诗赋反以盛行；释老哲学，非果为邪说之尤，而昌黎《原道》必须痛辟。若非观察周密，洞达人情，则以此例彼，必多龃龉。

本是四端，以窥四部，有脊有伦，不中不远。若夫知类通达，致远钩深，博极群书，自成家法，非此堪胜，以待贤者！

（王易：《国学概论》，神州国光社，1933年，第1—10页）

有评论认为《国学概论》这一类书可以作为研究国学的门径，起码可以了解国学的常识。《汉学师承记》《宋学渊源记》虽是清代学者的传记，但实际上可算是治国学的门径。梁启超《清代学术概论》《中国近三百年学术史》所组织和介绍学术的方法，也含有指导研究国学门径的意思。专门名为《国学概论》的书，除章太炎的《国学概论》和钱穆的《国学概论》之外，就数王易这本中央大学教授的讲义。该书有不少可以讨论的地方，"著者的分类定名，既有经学小学的名称，是仍依四部分类的方法，那么小学仅可以为经学的附庸；否则经学不能独立一类，而当分属于史学，小学或哲学之中。哲学一编实即述说诸子百家的源流，名为诸子学，较为妥当。又既名为《国学概论》，文学也是国学的一部分，为何阙而不书？"另外，经学编中"对于最近辨伪的学说，小学编内对于近代金石发现的源流都没有列人。这也许著者为章太炎氏经学古文家一派，所以对于晚近的发现，都阙而不书。但是为着介绍学问，似应折中众说，不可偏执己见"。不过，"著者把清代乾嘉以来董理旧学的成绩，叙述的很详细，学者读了这一书，再能知道一点最近国学界发现的常识，则对于治国学的门径，已经可以知道一些概要了"。（王易：《国学概论》，《国立北平图书馆读书月刊》，第 1 卷第 11 期，1932 年）

　　陶姜认为现在自中学至大学，自私立大学至国立大学，都开国学概论课程，然而没有合适的教材。章太炎《国故论衡》"很好"，但这部书不仅有许多中学教员看不"十分"懂，有许多大学教授也"只恨无人作郑笺"。有学者抄录太炎的讲演集，"同他自己的大'著'国故学大'纲'，也一样的不幸，'记'的是百孔千疮的错；而'著'的也是'千疮百孔'的错"，"其他'准国学概论'的书也还有，还不是那'一丘之貉'吗？"难怪时下各界都在高呼"漫谈国学""打倒国学"！当下，在"盛京"吉林黑龙江的热辣辣的苦战中，闸北江湾残毁中，中央大学教授王易著《国学概论》，由赤县"神州"的为"国"之"光"的书局出版。陶姜认为王易书中"经学""哲学""史学"的定名"不中不西"，该书不中不西，不伦不类，根本没有学术性与思想性：

王先生既然爱"摩登"，便痛痛快快地把"经学""小学"的名称，拉倒！把《尚书》《春秋三传》《易经》《卦辞》放在"史学"里去，《彖象》《系辞》等等放在"哲学"里去，"三礼"抽一部放在"哲学"里去，一部放在"史学"去，《诗经》放在"文学"里去，一切问题，都调和了。退一步言，所谓"六艺"在过去的中国学术上，因分量与历史的关系，非独立成编不可！而"小学"这门东西，又真真是"学者昧此，不足读书"，则干脆扶成正统，正大光明的大书特书曰"文字学"，放在全书的开宗明义第一章，原不失为一种透底的办法，为什么替"诸子""玄学""理学""思潮"题以"哲学"，而文字仍然以"小学"为名呢！

这是说"小学"篇题名不当，位置不当。

其次是论到"哲学"，"哲学"的名称，实在是王先生上了大当！为什么？我们一看便知道，因为有"诸子"有"玄学"有"理学"有"思潮"等等的不同，以诸子不能概其全，以"哲学"包之，何许是"苦心孤诣"罢？但我说："我们穿百衲之衣，也要差不多的衣料来补衲"，把丝袜做压发帽，诚然可以，但把丝袜补阴丹士林的裤子，却不成样！一二四都是阴丹士抹布，而第三位独独是丝袜，总有点难为情？况且这双丝袜，还是从我们东邻西舍去借来的，借来的穿得进去还不管，偏偏又是一双奇奇怪怪的脚，请问王先生，穿着这双漂亮丝袜，舒服吗？

这是说"哲学"标题的不当。

还有一件最奇怪的事，是：中国的"文学"，竟不得于本书之列，究竟是至若文艺词翰，作者过众，灏瀚曼衍，叙次为烦（原书第七面）呢？还是真真的内实外华，非可苟得，由学窥文，无待毛举（原书第七面）呢！但是果其读书得有门径，则用治文学，游刃有余。

王先生也还要"治"吗？其实这又是"文以载道"，"文章或为事而著，诗歌或为时而作"，一流的见解。在我闭目冥思时，王先生一定是幡然一老，手持麈尾，高坐皇堂的经师人师！但我很想问问："大概宁戚饭牛，百里乞市，楚霸虞兮，汉高大风，不知道这几位圣君贤相，读过好多'经学''小学''哲学''史学'？""陌上""孔雀""木兰""译壁"，不知这些妇人孺子，又读过好多"经学""小学""哲学""史学"？既是"非可苟得"，则这等人的"苟得"，真是"苟得"吗？即以王先生"经学"里边的"诗经"来说，不也是"里巷风谣"，同我们唱的"小放牛""祝英台""孟姜女"有什么差别！但是王先生们一听见是"孔子"删的，便"经之"，倘若现在有人告诉王先生说："胡适之已被一般尊为圣人了！"怕"尝试集"也"非可苟得"了吧？其实我们反过来说，古来有大学问的人，并不长于文章，"荀子""董仲舒""王充""王符""郑玄""杜佑""郑樵"……诸人，文章何尝敌得过同时的人，可见读当"得有门径，则用治文学，游刃有余"。云云，真是蒙着耳朵擂鼓！况且楚赋、唐诗、宋词、元曲、明戏、清小说，在中国文化学术上，光华灿烂的情态，作者也认为是"灏瀚曼衍"的，又岂能以轻轻两三句不负责任的话，推得一干二净的吗？我也略略知道王先生文学很好，——其实王先生的诗，比"学"好，——断不至于是掩饰的话！但我想不通究竟是什么缘故？

总括起来说，作者明明是仿"四部"的办法，而又偏偏不把"集"部的东西放进去。稍示变化，未尝不可，另立新名，也未尝不是，但我们对于一部书整个的组织，不能太随便。譬如既用"哲学"，为甚么用"小学"不用"文字学"，既有"经""史""子"的体例，为什么不列"集"？等等等等，只有八个大字曰：

不中不西，不伦不类。

再总起来说是：

无组织，无就一性，根本没有学术眼光与思想。

陶姜随后评述王易所讲的国学方法与各部分的具体内容。研究国学的四种方法，除了抄章太炎、梁启超的话之外，并没有其他发明，"至于四法之当否？我现在不加批评，因为他是抄书的"。王易认为"经"的名称，源自孔子弟子"奉夫子所手定之六艺，以为经"，应当拿出证据。书中仍然以"六艺"为孔子所手定的主张，未免太抹杀经今文家的学说，"王先生不知用过他大声急呼教人读书四种方法中的辨伪否？"经学部分多半参照皮锡瑞的说法，结合刘师培、廖平的著述，"似乎是客观的叙述，本来不错，但也时时有主观而矛盾的地方"。总括而言，"经学"一章都是汇集各家之说，自然不必须有太多发明，有一点好处是"叙述还简当"。该书小学一章从形，声，义三面综合研究各文字学，"这里面有一件事，令人不解，即《说文》一书是否能包举形的'整体'，近数十年来学术界正努力猛进的'甲骨文'，王先生能一笔抹杀吗？""以《说文》一书而欲概一切'形'，这不是偏狭，即当是'陋'。"

哲学方面，该书中"只看见一些偏见"，定要证明"孔墨不相非""孔子不师老子"，"孔老所主不同"一段都是"非常皮相之谈，这些大节都是这样的轻轻放过，其他小误更不必说了"！王易时时以儒家的学说作为衡论他家学说的标举，"这种态度，是根本错误，因为要先生存得主见来论议学术，结果是成了主见的奴隶，可怜王先生意思，也背负孔门圣主的灵位吧？周秦诸子也都染了'儒色'"！至于"晚近思潮"一章，"新名词新人物，满纸都描的是几乎令我看见王先生在为二毛子数家珍！全不见半点所谓'国学'的东西，令我们不知道这说的是'中国晚近思潮'呢？还是外国晚近（其实是'晚远'）思潮？"换言之，就"哲学"篇而言，王易"既不曾以客观的眼光，还他一个各家的本来面目，又不能有真实的见解，拿出自己的观察，抄书本来算不得坏事，而王先生又不能轻重得宜，真是令人觉得王先生不肯做个安分守己的门外汉！"史学篇中，突然列有"史之义例"一章，"读下去，才知道是王先生自己的义例！"书中所言"史之为体，尊矣哉！掌建邦之典，操笔削之权，树人伦之纪，垂后世之法，其职侔相，其文并经，其道为师，其炳如德"，"这是何等严重而高贵的理想"。今后修中华民国史时，是否能请王易"操权""树纪"！（陶姜：《"白开水谈座"上的两部国学概论》，《现代书报批判集》第1辑，书报合作社，1933年，第9—25页）

5月4日 天津国学研究社正式创办。

李实忱脱离宦海后，在天津经营盐务，被天津各界公推为"天津绅商临时委员会"委员长。李实忱鉴于中国固有传统精神道德沦丧，决意阐明观点，力挽狂澜，弘扬我国固有之道德文化，遍请津门名流河北省政府教育厅厅长陈筱庄、天津市政府教育局局长邓庆澜、郑菊如、张伯苓、时子周、陈哲甫、钟世铭、王荷舫、李琴湘、陈慰苍、陈秀峰、蔡虎臣、郝连芳等六十余人赞助或讨论，主办国学研究社，"群谓经学破产，道德沦亡，非有此等机关，不能挽回既失之人心，不能规复已衰之学术"，天津国学研究社后获准立案。（李实忱：《李实忱回忆录（节录）》，中国人民政治协商会议天津市委员会文史资料研究委员会编：《天津文史资料选辑》第44辑，天津人民出版社，1988年，第121页）该社以阐扬国学为宗旨，地址暂时附设于天津特别二区市立师范学校内。国学研究社设社长、副社长各一人，李实忱为社长，钟世铭为副社长。聘请讲师若干人，分别担任讲授、问答、改课。天津国学研究社分任导师为：陈哲甫讲《易经》，郑菊如讲《诗经》，尚子志讲《礼记》，金潜斋讲《孟子》，陈慰苍讲《说文》，吴杰民讲《周礼》《庄子》《文选》和音韵，裴学海讲古文虚字集释、离骚订解，赵郓周讲《春秋左传集解》，王纬辰讲《尔雅》，钟世铭讲《大学》《中庸》，李实忱讲《书经》《孝经》《论语》。后又聘请孟继明讲《易经》，王国赞讲《左传》，靳潷卿讲《大学》，井静波讲《中庸》，辛春培讲《孟子》，张芍晖讲诗词，淮阴周珣芝按时寄来学术讲义。（李凤池：《李实忱与"天津国学研究社"》，中国人民政治协商会议天津市委员会学习和文史资料委员会编：《天津文史资料选辑》，总第107辑，天津人民出版社，2006年，第84—92页）天津国学研究社简章如下：

第一章：定名。第一条：本社定名为天津国学研究社。

第二章：宗旨。第二条：本社以阐扬国学为宗旨。

第三章：社址。第三条：本社社址暂时附设于本市特别二区市立师范学校内。

第四章：组织。第四条：本社设社长、副社长各一人，聘请讲师若干人，分别担任讲授、问答、改课。

第五章：课程。第五条：本社暂定讲授各种课目如左：《易经》，《书经》，《诗经》，《春秋》，《周礼》，《礼记》，《论语》，《孝经》，《大学》，《中庸》，《孟子》，《尔雅》，《说文》，音韵，《史记》，《汉书》，《庄子》，《荀子》，《文选》，书法，诗学。第六条：本社所授各课，除《说文》、诗学随时颁发讲义外，余皆自备书籍。第七条：本社各种讲义，皆由各主讲编撰而成。

第六章：入学程度。第八条：入社修业者，限中学以上程度，或年在十六岁以上，文理通顺者为合格。

第七章：报名及入社。第九条：有志入社修业者，随时均可来社领取志愿保证书填写，报名入社。第十条：本社不收学费暨讲义费。

第八章：授课时间及放假。第十一条：本社授课时间，暂定每年夏历四月初一至八月，每日为下午五时三十分至七时三十分，九月初一至转年三月，每日为下午七时至九时，星期日均为下午二时至五时。第十二条：本社每年放年假二十日，伏假三十日，端阳中秋各放假一日，但伏假期间，仍请一二讲师按日讲授临时选订课程。

第九章：课艺及奖励。第十三条：本社每月课文一次，限题出后十日内交卷，社长担任批改，批改后发榜揭示，取列前茅，一律给予奖金，不愿应课者听。第十四条：本社每半年举行测验一次，主讲分别出题批改，限题出后一月内交卷，取列前茅，一律发给荣誉奖状，并择尤给予奖金，不愿测验者听。第十五条：本社社员，如有愿作札记者，可按月交由主讲批改，每半年不缺课而平均分数在七十分以上者，均酌予奖金。

第十章：证书。第十六条：本社社员入社后，研究在三年以上，经考核确有成绩，分别门类，发给修学证书。

第十一章：刊物。第十七条：本社为谋推广国学，并将研究成绩介绍社外起见，每周于本市《大中时报》出周刊一次，每月由社发行月刊一次，除特约国学专家担任撰著并选录社外投稿外，对于社员研究成绩，经审查合格者，亦尽量发表。第十八条：本社每年发行课艺一次，专刊社员诗文，故社员于每次月课或测验后，须将名列前五名之诗文誊清缴社，以便审查刊载。

第十二章：附则。第十九条：本社讲义并不出售，惟社员以前未领，或偶有遗失而欲补领者，亦可从权给领。第二十条：本简章所载未尽事宜，得随时另订之。（《天津国学研究社简章》，天津《益世报》，1937年2月26日，第3张第9版）

陈文彦撰文《述国学研究社艰难缔造之概况》叙述国学研究社的发展历程：

　　国学研究社创始于民国二十一年五月四日。当是时也，废孔废经，恶潮汹涌。智利功名之士，多起而附和之，近于老成持重者流，则以锋不可当，与时俯仰。其有笃信好学，守死善道之儒，虽痛心疾首，欲挽狂澜，卒以大势所趋，不敢出而辨正。殆谓经学之薪传久替，尼山之木铎无灵。果欲兴而复之，开而明之，势必心有余而力不足，事未成而身先辱也，讵不大可痛哉。李先生实忱，丁年嗜学，皓首穷经，素以悲天悯人为职志，适值废孔废经之后，亲见夫伦常乖舛，道德沦亡，大地将及陆沉，人类渐成禽兽，非毅然提倡尊孔，不能挽四百兆既失之人心。非立时恢复读经，不能存五千年固有之文化。于是征求同志，邀集通儒，宣明个人之主张，恳乞他山之匡助。幸获同声相应，询谋佥同，决定勠力同心，立组斯社，惟以举世视宣尼为庸腐，时流鄙儒术为迂疏。若云本社尊崇孔教，研讨经书，非特不便宣言，抑且万难立案，教育厅长陈公筱庄，教育局长邓公澄波，相与协商，得有通融办法，即以发挥旧时文化，振兴民族精神为宗旨，俾得援引先例，借以准案施行，立案之谋善矣。遂商之市立师范学校校长时公子周，拟借该校礼堂为社址。时君曰：正义所在，吾无异词，而社址于以定矣。继续商订课目，分任导师，课目则群经、诸子、音韵、《说文》、书法。导师则有陈先生哲甫讲《易》，李先生实忱讲《书》及《孝经》《论语》，郑先生菊如讲诗，尚先生子志讲《礼记》，吴先生杰民讲《周礼》及《庄子》《文选》、音韵。赵先生郓周讲《春秋左氏传》，钟先生慧生讲《学》《庸》，金先生潜斋讲《孟子》，陈先生慰苍讲《说文》，王先生纬辰讲《尔雅》，陈先生罨洲讲书法，轮班授课，风雨观摩。社员每月作经文一次，由李先生实忱批改。每半年测验各课一次，由各导师批改，其成绩超卓榜列前矛［茅］者，分别给予奖状奖章笔墨书籍。授课时间，每日下午七时至九时，星期［日］下午三时至五时。入社程度，以中学以上，或年在十六岁以上，文理通顺者为合格。课目如此之备，导师如此之多，时间之分配又如此之不妨校课，不误公务，法至美意至良也，而且报名无费，领讲义无费，常年附学亦无费，因此来学者众，前后注册者千数百名，其开办费则李先生实忱任之。常年经费由各发起人按月分捐，王公荷舫、蔡公虎臣、夏公琴西、宁公子元、钟公慧生、王公骁岩、宫公梅峰、陈公筱庄、邓公澄波、高公朴斋、萧公少棠、郑公菊如、时公子周、张公祝升等，均各自认捐款。惟统计每月所得不满百元，除印刷讲义，购订试卷，奖励社员，帮助工友外，每感不敷应用，以故积月所亏之数，李先生实忱随时而弥补之，各讲师力矢精诚，纯尽义务，遇有寒素不克自给。而又不肯明言者，则由李先生实忱量力而资助之。而此社开始，本拟酌用数员，担任一切社务，因感于款少不能分配，全由李先生实忱及其子侄辈，分别而措办之。……且所谈者道德，所说者仁义，循循善诱之下，悉能学通乎经史子，理彻乎天地人。而李先生实忱凛乎孔子殁而微言绝，七十子丧而大义乖，独能力辟汉宋诸儒之偏，主持考据义理平衡。

勉诸生以通经致用，于是穿凿附会之失，玄虚空寂之谬，乃一扫而空之。盖其所以继往圣开来学者，非徒讲章句明训诂课文字而已，以故人于耳而悟于心者，悉为身心性命之学，抑何遭际之隆邪。因念德之不修，学之不讲，闻义不能徙，不善不能改，非惟无以应世，而且无以作人，遂本君子终日乾乾之义，发愤读书，不屑与风尘下吏为伍。然而驹光如驶，忽忽者已数年矣，久被时雨春风之化，勉附崇儒重道之林。虽不敢谓志于道，据于德，依于仁，游于艺，而往时猥鄙之见，孤陋寡闻之耻，已稍稍湔洗而摒除矣。一身所获如是，其他同学诸人，天资高明，学业精进，必有超乎文彦万万者也。（陈文彦：《述国学研究社艰难缔造之概况》，天津《国学月刊》，第 1 卷第 1 期，1937 年 4 月 1 日）

5 月 26 日　黄侃南归，托骆鸿凯向杨树达道意，声称："北京治国学诸君，自吴检斋、钱玄同外，余（季豫）、杨二君皆不愧为教授，其他则不敢知也。"（杨树达：《积微翁回忆录》，上海古籍出版社，1986 年，第 62—63 页）

5 月 29 日　章太炎在青岛大学演讲"行己有耻，博学于文"，认为"救世之道，首须尚全节"，"人能知耻，方能立国，遇难而不抵抗，即为无耻，因知耻近乎勇，既不知耻，即无勇可言"。（《章太炎昨抵青岛演讲》，《大公报》，1932 年 5 月 30 日，第 1 张第 2 版）

5 月 31 日　许地山在燕京大学国学研究所演讲"近三百年来中国妇女服装之变迁"。（《许地山演讲》，《平西报》，1932 年 5 月 29 日，第 4 版）

5 月　《清华大学一览（1932—1933 年度）》出版，中国文学系

"国故论著"等课程取消。（齐家莹编著：《清华人文学科年谱》，清华大学出版社，1999年，第119页）

6月5日　廖平逝世。熊锦帆发起，谢持、于右任等主张公葬，并在国史馆立传，弘扬国学。

中央执行委员会政治会议建议人委员谢持、孙镜亚、于右任、陈嘉祐、蔡元培、熊克武、经亨颐、石青阳、杨庶堪、戴传贤、程潜、居正、张知本、叶楚伧、黄季陆等请予议给褒扬公葬饰终典礼并宣付史馆立传：

> 为经学专家廖季平氏逝世，敬谨建议，请予议给褒扬公葬，饰终典礼，并宣付史馆立传，以昌国学，而示来兹事。窃吾国治经之士，自明清以来，各标汉宋，聚讼纷纭。其能汇通百家，冠冕诸子，摧马、郑之藩篱，窥周、孔之堂奥，而独标新帜，扶坠起衰者，则唯近代经师廖季平氏一人焉。氏名平，字季平，四川井研县人。生于前清咸丰壬子，行年八十有一，于民国二十一年六月五日寿终四川乐山县属河呷坎场旅次。按氏于前清光绪初年，经四川学政张之洞之赏拔，以高材生调置四川尊经书院肄业。氏于其时，寝馈书丛，钻研探讨，卜日不足，而继之以夜。湘潭王闿运主尊经讲席，视氏为畏友，而经师之名，即已震烁海内。盖此数年中，氏之学说，已凡四变。所著之《今古学考》，极为当世推重也。戊子以后，氏著有《知圣篇》《辟刘篇》，目的在尊今抑古。继思今学囿于《王制》，六艺虽博，特中国一隅之书，不足以广包孕，于是始精研大同之学，订《周礼》为皇帝书，与《王制》大小不同，一

内一外，两得其所，而邹衍之说大明，孔子乃免构墟之病。壬寅而后，因梵宗之感悟，于以知《尚书》为人学，《诗》《易》则遨游六合以外，因据以改正《诗》《易》旧稿，至此而上天下地无不通，即释道之学，亦为通经之用矣。历后十余年，复进而融大小于天人之内，以《礼》《春秋》《尚书》三经为人学，以《周礼》《王制》为之传；《易》《诗》《乐》三经为天学，以《灵》《素》《山海经》《庄》《列》《楚词》为之传，各有皇、帝、王、伯四等。氏于是时，遂已五变其说矣。乃氏复以自强不息之精神，图日进无疆之心得，读王冰所增《素问》八篇详言五运六气，旧目为伪，氏则以为此乃孔门《诗》《易》师说，遂据以说《诗》《易》，举凡《鄘》《卫》《王》《秦》《陈》五十篇，《邶》《郑》《齐》《唐》《魏》《邠》七十二篇，大小《雅》、大小《颂》及《易》之上下经、十首、六首诸义，皆能璧合珠联，无往不贯，至此，氏遂以六译老人自慰矣。氏治经所成书，计翻译类五种，论学类七种，《孝经》类三种，《春秋》类十七种，《礼类》五种，《尚书》类九种，《诗》类十一种，《乐》类三种，《易》类九种，尊孔类九种，医类二十六种，地理类五种，文钞类五种，辑古类六种，共一百二十种，卷目繁多，未易指数。有曾经刊版者，有排印而绝版者，至未经刊印者，尚属多数。其《诗》《易》之稿，成于病痹以后，珍惜尤甚。此氏治经成学与著书立说之大凡。至其以前清光绪己丑成进士后，某□知县而不赴，遨游南北，归任蜀中府县教职，及各属□院院长、国学校校长、大学教授等，犹为余事。子孙人文辈出，类能读书继志，尤足征明德之后，必有达人。去年因谋赴成都，集资刊行未经出版之各种著述，冀得及身完成不朽之业，殊以剧病折归，未及至家，竟于途中殂谢。

呜呼！灵光殿颓，广陵散绝；斯文在是，先觉所归；大道不湮，后死之责。综氏生平经术文章之懿，既已师表人伦，而操行雪亮，立志千古，尤足以挽颓风而振靡俗。且氏首倡通经致用之学，终以大同至道为归，不仅为国学之绝伦，抑实具时代之特质。同人等深维学术之革新，系文化之张弛，人才之消长，关国政之隆污，语云"莫为之前，虽美不彰；莫为之后，虽盛不传"，是在我当国者之提倡扬厉也。爰此联名建议钧会，请予议给褒扬公葬，饰终典礼，并将氏生平事迹及学术著作，宣付史馆立传，以昌国学，而示来兹。谨此建议，此陈。

行政院开第一一八次会议，内政部黄季陆、教育部王世杰，"呈覆，奉交核议褒扬经学专家廖季平，并将其生平事迹及学术著作宣付史馆立传情形，请鉴核示遵案。决议：一、明令褒扬；二、宣付史馆立传；三、给予治丧费二千元；四、派省政府委员一人前往致祭"。

四川各界决议于10月9日在四川大学法学院，即前尊经书院旧址联合追悼廖平，并发布启事与征文。

国立四川大学为井研廖季平先生追悼大会征文启

六译先生姓廖氏，讳平，字季平，四川井研县人也。含章挺生，学古有获。清光绪己丑成进士，以知县即用，改就儒官，颛志撰述，笃老不辍。凡前后所著书百数十种，而《六译丛书》早行天下。民国二十一年五月告终故里，年八十有一。国丧隽老，人亡准维；五经无师，百身曷赎。于戏悕哉！粤自清儒籀书，竞标汉学；末流易弊，碎义滋多。释寸策为八十宗，说稽古至三万字。然而谭经议礼，莫辨参商；师法明文，乃融冰炭。先生手开户牖，口别淄渑，析同归以殊途，持无厚入有间。如犀分水，如剪断丝，魏晋以来，一人而已！既乃嫥精演孔，阐《春秋》诡实之文，详论辟刘，蔽《周礼》伪书之狱。一编甫出，四海波荡。长素之考《新经》，师伏之笺《王制》，自此始也。至于钩河摘洛，画野分疆，皋牢百氏，挥斥八极。漆园之梦鱼鸟，非仅寓言；三闾之喻虬龙，创通眇指。其知者以为深闳，不知者惊其吊诡。由君子观之，所谓沦于不测者乎？若夫制行贵清，守志常笃。扬云寂寞，时人蚩其玄；蜀庄沉冥，国爵屏其贵。中更党锢，弥厉贞坚；与圣人同忧，为下士所笑。伊可叹也，孰能尚之？间者大道多歧，小雅尽废；凤鸟不至，河不出图。而一老憖遗，大齐奄及。同人等凤承睿音，咸依名德；怆深梁木，谋奠生刍。宿草将萌，望江都之遗墓；绵蕞所布，即高密之礼堂。所冀当代硕儒，四方魁士，摅其哀素，贲以鸿辞。会黄琼之丧，岂无徐孺；摛陶公之诔，庶待颜延云尔。

为井研廖季平先生开追悼大会启事

　　溯自清中叶，诸儒倡导治经，宗主汉儒，严守家法。征文考故，核实循名。一字说至数万言，一经集至数十义。繁博奥衍，一洗前代空文说经之习，可谓盛矣！然其弊，株守师承，拘牵旧说，殚毕生之精力，龂龂于章句训诂之间，无关经学闳旨。其甚者，乃至穿凿失真，破碎害道，识者病之。求其会通百氏，贯串群言，摧马、郑之藩篱，窥周、孔之堂奥，独标新义，特树异帜者，其惟吾蜀廖季平先生乎！先生蜀之井研人，尝得故家残本《说文》读之，后应科试，以《说文》字诂入制艺，为学使张之洞所激赏，以高材生调住尊经书院。时蜀士除时文外，固不知有《史》《汉》《说文》等书也。住院后，益自淬励，覃精极思凡十年，尽通群经六艺之旨。癸未以后，始专治《王制》，创为二伯之说。因是得识康成泥古之拘、刘歆篡经之谬，爰作《今古学考》《辟刘编》二书，传布海内，为学者所推重。戊戌以后，又本《礼运》《公羊》大同之旨，以《周礼》为皇帝大一统之书，《王制》为王霸治中国之书，并分世界为大小九州，阐明邹衍谈天之有据。于是有《地球新义》《王制集说》《皇帝疆域图考》之作。厥后读释、道二家书，因悟《礼》《春秋》《尚书》三经为人学，以《周礼》《王制》为之传；《诗》《乐》《易》三经为天学，以《灵》《素》《山经》《庄》《列》《楚词》为之传。因作《孔经哲学发微》一书。辛酉以来，复据《素问》五运六气之说，订为孔门《诗》《易》

师说，融小大于天人之内，而先生之说经亦以是为归宿矣。综合先生生平治经，成书凡数十百种，先后凡六变。其言汪洋浩瀚，恢诡变幻，然叩其旨归，无不枝分叶布，同条共贯，盖自来治经之士未尝有此也。先生六十八岁，忽风痹，手足偏废，言语蹇吃，然犹讲学著书不辍。《诗》《易》二经乃病风以后之作，又时时为人作擘窠书以应求者。今年夏四月，先生以谋刊印所著书，由井研赴成都，取道嘉定，留连十余日，犹为乌尤寺僧传度作寺碑记，为陈君光宇作陕圮亭跋。逾数日，忽病内热。其子成励、成劼亟舆奉以归，行至乐山县属河呷坎场道卒。吁！可哀矣！窃先生诞生蜀土，崛起清末，辟汉学之旧垒，启哲理之新机，光大圣言，发皇儒术，实属群伦师表，六经功臣。不有诔词，奚诏来哲？爰订期于阳历十月九日（阴历九月十日）假南较场四川大学开追悼大会。伏冀海内贤豪，蜀中耆旧，悯名儒之凋谢，念吾道之式微，载锡鸿文，藉申哀愫，庶于崇孔教重国粹之旨大有维系乎！谨启。

发起人：刘文辉、邓锡侯、田颂尧、刘湘、杨森、刘存厚、向传义、郭昌明、文和笙、唐英、陈鼎勋、孙震、张清平、马毓智、李家钰、黄隐、夏首勋、冷薰南、林云根、董长安、曾南夫、王之中、潘文华、王缵绪、王陵基、唐式遵、范绍增、蒲殿俊、尹朝桢、杨光瓒、李樵、方旭、曾鉴、冯藻、尹昌龄、周道刚、尹昌衡、刘咸荣、林思进、王兆荣、向楚、陈光藻、张荣芳、沈宗元、龚道耕、吴虞、李植、刘筱卿、贺孝齐、龙灵、熊嵘、吴永权、周太玄、张铮、徐炯、朱青长、黄功懋、谢盛堂、陈钟信、冯元勋、李德芳、陈子立、赵鹅

山、梁正麟、曾慎言、李铁夫、唐宗尧、宋穆仲、夏峋、余舒

四川省井研县旅省同乡会为廖季平先生追悼会征文启

吾乡六译廖季平先生，洽闻远识，笃学研几，错综今古，判析人天。倾群言其多方，协重译而无阂。谫见者骇其汪洋，专谨者怪其幽眇。或惊异而按剑相眄，或拾由而筑垒自雄。皆未能游其藩，孰足以窥其奥？高矣故及门莫阶，窭然故乡里难习。是以行年八十，抱道遯迁，遂于民国二十有一年五月，将谋刻所著书，欲以传诸识者，严驾出游，竟阻于道。乌乎！中州多故，故老云亡，大义斯乖，来者奚式？愧我乡人，莫昭坠绪。至于《六译丛书》百数十种，早年所刻已行天下，晚年遗著方事征刊。硕学不湮，国人是幸，大声未阒，里耳焉闻。作祁向于将来，冀旦暮而遇解。倘海内名宿相彼先民，揭其深心，彰其灼见，俾至言不隐，大德孔明，则六虚可游，四表攸被矣！［舒大刚、杨世文主编：《廖平全集》（16），上海古籍出版社，2015年，第729—744页］

6月24日 燕京大学国学研究所设立奖学金，授予研究院符合申请条件的研究生，每名500元，鼓励学生研究国学。

1932年，燕京大学改组国学研究所后，仿照大学管理制度，所长位置改为哈佛燕京学社驻北平办事处总干事，负责管理学社在燕大的研究工作，以及维持哈佛大学总办事处与在中国相关的六所教会大学的联络事务。国学研究所设立奖学金，"凡研究生欲申请者，

须递交研究题目、大纲，及已出版、未出版的研究著作若干篇，审查合格，即可授予奖学金"。此次，奖学金获得者及其研究题目包括："郑德坤《水经注及水经注引得》，冯家升《辽史经籍志补正》和《辽史引得》，罗香林《客家研究》，顾廷龙《宋代著录金文集释》，吴世昌《汉译西洋文学著作考订》，翁独健《蒙古史研究》，张维华《明史佛郎机和兰意大里亚三传考证》和李晋华《明代结社考》等。"（《得国学研究所奖学金之人名及其研究题目》，《燕京大学校刊》，第 4 卷第 39 期，1932 年）

△　船山学社在青年会成立董事会。

该日到会社员四十三人。主席彭兆璜演说后，依据章程推举萧度、彭兆璜、石广权、方克刚、周逸、任福黎、张定、傅绍岩、胡子清、黄士衡、雷铸寰、易书竹、曾毅、辜天祐、刘策成、杨树谷、罗传矩十七人为董事。（赵启霖著，施明、刘志盛整理：《赵瀞园集》，第 422—423 页）

6月30日　龙初潜撰《提倡国学说》，主张国学与科学相提并重，以国学推动世界精神文明。

文中称：

> 自欧化东渐举国以提倡科学是尚。科学能穷事物之理，通天地之变，且当此科学竞争之世，必其国之科学发达，然后能跻于富强，是提倡科学，固中国当今之急务也，而浅识之士，好乱之徒，乃藉此以排斥国学，数典忘祖，诚不识其何心也！夫我国国学与科学，非但不相冲突，且应相提并重，姑就管见所及而论焉。

　　夫泰西科学，以物质文明为中心；我国国学，以精神文明为中心。是二者，皆人类最高理智之表现，并行而不相悖者也。不敏如余，虽未能窥国学之万一，然间者亦闻诸一二矣。夫我国国学，质言之，经史子集四部而已。而言国学者又则孔孟，书则六经，良以孔孟为我国空前绝后之圣贤，而六经又其生平学说所存在也。顾斥之者动曰："孔孟主绝对专制，不合今之需求"，岂其然乎？孔子言大同，孟子言民贵，岂主绝对专制者所能言。所谓君者，盖言事必有纲，乃有所属，故孔孟聊举以言之耳。研究国学者，若视孔孟之称君，如今之称国称民，则忠孝仁义，曷非致治之纲耶？且《大学》一书，首言格致，终及治平，为我国最良政治哲学。他者五经：《诗》则为我国最早之韵文；《尚书》则为我国古代之历史；《易》则为我国最初之哲学；《礼》虽繁缛，事短言长，可也；《春秋》虽曰为孔子口诛笔伐之作，要亦史体，无可非者也。

　　若夫史学，我国最称发达，发源亦早。昔人言六经皆史，虽未必然，然五经之中，《尚书》虽古代官书之体，而三代之史迹，于此非无蛛丝马迹之可寻；《春秋》则我国最古编年体史也。至司马迁氏作《史记》，上自黄帝，下迄汉武，条分缕析，纲举目张，尤得今之以科学方法治史之旨。况以史公如椽之笔，又兼具文理之优长乎！史迁而后，世其业者，代有其人，今廿四史之所藏，洵焕乎册府之大观也。

　　战国之际，诸子勃兴，不拘于一家之言，能各抒己见，故学术最称发达。且诸子之学，为中国言哲学者所祖，其学几包罗万有，若涉诸子之林，诚增望洋之叹，吁！可谓极学问之大观也已。诚能寻其源而分其系统，伸其说而明旨归焉，则终身用之有不能尽，而我国国学之最堪寻究者，亦即此也。

唐宋以来，我国文艺之盛，在中古时代，为泰西各国之所不及，故私人之诗文集，流行甚盛。夫以韩柳旷代之文豪，李杜特出之诗才，不有私集，乌能传焉？而按诸私家之集，以考某代之文，恒以何体胜于何派，此又研究文学者之大关键也。

由上以观，则国学岂非精粹，我国号称文明古国，亦即此也。故吾人正须继往开来，发扬而光大之。夫泰西各国之科学，所以发达特甚者非一朝一夕之故，在能继续努力耳。吾人倘能以科学方法，整理国故，则泰西科学为世界物质文明之推进，而我国学，又安知不能为世界精神文明之推进乎？且夫一民族之生存于世界也，必须坚强之团结，而文化者乃团结民族之唯一工具也，以元代蒙古帝国民族之强，终以文化低薄，缺少组织力，为其亡国之大因，奈何有优良之文化，而使其日就沦胥也。鄙夷国学者，可以深长思矣。（龙初潜：《提倡国学说》，《妙中学生》，第14期，1932年6月30日）

6月　高苏垣辑注《国学菁华》（上下册），由天津百城书局出版。

该书原名《同仁中学国学小丛书》，从《晏子春秋》《吕氏春秋》《韩非子》《论语》《墨子》《列子》《管子》《礼记·檀弓》《说苑》《国策》《史记》《孟子》《淮南子》《孔丛子》《荀子》《新序》《左传》《国语》《韩诗外传》等经、史、子古籍中，节选出358个短篇，加以注释。篇前加注作者略传或该书略说。"二十种计文三百五十八首，为定县姬振洲，蠡县张瑄，安平李宗周，深泽李锡智，任县吴杏文，新城张铮，清苑萧金柱，任邱郭兆澧，朱炳章，史敬斋边肇基，魏近仁等所钞，最初所选较今为多，后经梁鹤铨、魏考亭二君删改遂付手民，俾诸生作为研究国文之一助云。"陈宝泉题名。

梁国常撰序言，称："吾友高君苏垣，蒿目时艰，诲人不倦，而于振兴国学，不遗余力。今当教授之暇，选集经史子之短篇辞义明显者，编成一册，以引起青年攻读古书之兴趣。苏垣循循善诱之意，亦于斯见之矣。"高苏垣自序称，从1930年春，讲学同仁中学，"欲促诸生国文进步，因于教读之暇，选吾国旧籍二十种；每种之中，或录其短篇论说，或抄其短篇故事；少者八九条，多者数十事。事则求其有趣，文则求其显明，计其所得，约数百首"。该书虽然不复区分类别，"然二十种中，各类之事，亦略备矣，诸生果人手一编，朝夕谙诵，不特为文可以进步，且于吾国先贤修己治人之术，宅心处世之方，亦可稍有所知。庶不至数典忘祖，对吾旧有文化，视若敝屣矣"。（高苏垣辑注：《国学菁华》上册，天津百城书局，1932年，序，自序，第1—2页）

7月1日 船山学社在青年会开第一次成立董事会。

方克刚为临时主席，公推胡子清为董事长，萧度为副董事长，何芸樵、曹伯闻、曹典球、陈嘉会、黄凤岐、彭清黎、谢维岳七人为名誉董事；胡子清、萧度、刘策成、周逸、辜天祐、方克刚、张定七人为接收委员，接收船山中校房屋器具；又推举彭兆璜、石广权、杨树谷三人为董事会办事规则起草员。（赵启霖著，施明、刘志盛整理：《赵瀞园集》，第423页）

7月8日 北京大学校务会议通过《国立北京大学研究院规

程》，北京大学研究所国学门正式停办。

该决议第二章规定："本院分设自然科学、文史、社会科学三部，得依本校能力所及，分期先后成立，或一部中先开若干门。"（《国立北京大学研究院规程》，《北京大学日刊》，第 2875 号，1932 年 7 月 16 日）

7 月 22 日　袁复初撰《国学与人生鉴》，立志将科学、国学与宗教合而为一，为中国文明正名。

袁复初鉴于外人嘲笑我国无文明，有志于融汇科学、医学、宗教为一炉。阅览 Upton Sinclair 的《人生鉴》之后，关注两件事情："一是血象诊病术，与素问的原则相同，一是三重复人格，与鄙人的奇病相类。"欧美学者探索人生的新大陆与实证救世的新道德，"船舶工具俱备，只缺一件无价东西，就是指南北的方针"。方针是我国国学的特产，"国人视为废物，但是浮海探险，却是一件至宝"。《国学与人生鉴》精编《人生鉴》为九章，"中寓哲学科学的总原则，谨献给有心济世的豪杰之士"。（袁复初：《国学与人生鉴》，《医学杂志》，第 67 期，1932 年 10 月）

7 月 25 日　《新天津》预告国学研究社拟于 9 月 10 日开始讲学，不收报名费，讲员纯属义务，听讲以限于初中以上。（《提倡国学，创设国学研究社，讲国学纯尽义务》，《新天津》，1932 年 7 月 25 日，第 6 版）

7 月 30 日　《申报》刊登广告，推荐教育部审定中学教科书中有钱基博编《新中学国学必读》，上册一元，下册一元四角。（《中华书局高中课本》，《申报》，1932 年 7 月 30 日，第 4 版）

7 月 31 日　船山学社董事会开第一次常会。

会议报告艺芳女校代表言汝昌等 7 月 23 日来函，大意为该校兼代表曾公祠，与前船山中校界址纠葛，拟具调解办法四条，要求本社推选代表，讨论解决方案。会议决议石广权、周逸、方克刚三董事为代表，交涉此案。8月4日，船山学社将上期补助费付清（计洋一千六百六十元，内二百六十元系校长任九鹏领去），双方登载《国民日报》五日，声明所有关于中校七月底以前种种银钱账目，有无纠葛概由中校理落，与改组后的船山学社无涉。5号，接收委员胡子清、萧度、周逸、方克刚、刘策成、辜天祐入社接收，当由船山中校曹宗海、郭润章、李润夫三人将中校房屋、器具、图书、文件照移交清册逐一点交（其中船山中校萧任移交债务文券一宗未收）。8月15日，奉教厅令，发还前船山中校债务文卷一宗，内开债务仍归上手负责清理，唯文卷交船山学社保存。（赵启霖著，施明、刘志盛整理：《赵瀞园集》，第423页）

7月 全国高等教育问题讨论会召开，唐文治、钱基博"尊崇孔教，以正人心"的提案，被否决。

《申报》报道："（六）无锡国学专科提尊崇孔教以正人心案，议决不成立"，"（三）振兴国学以维文化案，无锡国学专科"。（《全国高等教育问题讨论会第一日》，《申报》，1932年7月16日，第3张第12版）"（十四）无锡国专提，振兴国学以维文化案议决，不讨论。"（《全国高等教育问题讨论会第二日》，《申报》，1932年7月17日，第3张第12版）关于此事，钱基博的叙述如下：

> 民国二十一年七月，日人"一·二八"之难方已，上海各大学校长以复兴中国教育为海内号，乃召集高等教育问题讨论会于新青年会。仆以私立无锡国学专门学校校长唐蔚芝先生之委托，代表出席，说明尊孔读经两提案，乃大为到会诸大学校

长所揶揄，而某甲某乙两君尤作越世高谈，几谓不成话说，不意今日而尚有此等不成问题之提案，嬉笑怒骂。於戏！试问世界东西各国，何国之大学校长而敢于出言鄙俗，唾弃其祖国之圣经贤传，以至于此！甲君目不读中国书，不知周公孔子为何人，虽以中国人而办中国学校，不过以为一种职业，而不甚了解其意义与责任；乙君颇负清望，而亦一言以为不智。（钱基博著，文明国编：《钱基博自述》，安徽文艺出版社，2013年，第272页）

潘光旦曾评议该提案：

在中国提倡人文主义的教育应该是比较不难的，因为中国文化里早就有一派很成熟的人文思想，而这一派不是别的，就是孔门的。上文所列叙的人文三说里，有那一说是越出了孔门的范围的？"不语怪力乱神"，"未能事人，焉能事鬼？"，"鸟兽不可与同群……"，"人存政存，人亡政息"一类的见地，属第一说。讲礼主"分"，是第二说。讲礼也主"节"，是第三说。近代西方人文主义者动辄推源到孔子，不是无因的了。可惜过于短视的中国教育家至今还没有看到这一点。民国二十一年在上海举行的高等教育讨论会里，无锡国学专修学校校长唐蔚芝先生提出"尊崇孔教，以正人心"一案，竟被认为"不成立"。不知因为提案措辞陈旧呢，还是因为诸位教育家根本不认识孔门思想颠扑不破的价值呢？（潘光旦：《民族特性与民族卫生》，上海书店，1989年，第351页）

△　蹇先艾（原题蹇萧然）编《国学常识二百问答》，由北平华新印书馆出版。

该书供高中生高考参考用，介绍国学常识，凡215题。该书《凡例》中称："本书专供中学生投考大学及自修参考之用；本书问题取饮于历年各大学试题者居其半，半为自拟及采录他书而得；内容粗备，敢云详尽。后此如有所获，一俟再版，当为增益。"此书初编时，"董鲁安师予以鼓励，李凌斗君又以其所著《国学常识丛谈》一书相赠，借镜良多。董仿都、刘竞夫两君复为拟题"，"此稿初拟写供弘达学院学生课外之助，无意付梓。杨宪斌君则以此书坊间不数觏，愿为刊行"。（蹇先艾编：《国学常识二百问答》，北平新华印书馆，1932年，凡例，第1—2页）

是年夏　吴丕绩拜孙德谦门下，孙德谦教导研究国学方法。

孙德谦指出："我治学之方法在善分析，善推阐，善思悟，在逆志，在创议，开新而戒好奇，在博览会通而重守待。在即小而见大，在由虚索实，在论世识情，在得间知类，在明大体去成见，泯骄吝，汝持此以求深造。"（吴丕绩：《孙隘堪年谱初稿》，张京华等编：《孙德谦著作集》卷九，上海大学出版社，2019年，第565—566页）

8月6日　杨余声发表《考场琐闻》，从对对子考题窥见国学衰微。

杨余声指出："国学衰微，至今而极。北平某大学此次来沪招生，为提倡国学计，凡投考文学院者，除国文试题特别奥古外，试及'孙行者'人名对一，考生经此意外袭击，咸为搁笔，谢不敏焉。某老先生闻之曰：是何难，对以'胡适之'可耳。语曰：会者不难，难者不会。其斯之谓欤？"（杨余声：《考场琐闻》，《申报》，1932

年 8 月 6 日，第 3 张第 11 版）

8月15日　冯玉祥早晨七点至十点由邓长耀与西医蔡善德讲中西医理，下午二点至五点由王瑚讲国学。（《冯玉祥在泰山近况》，《申报》，1932 年 8 月 16 日，第 3 张第 10 版）

8月28日　船山学社开第二次董事会。

周逸提议首先恢复船山祠与画船山先师遗像，预备夏历九月朔日船山先师诞辰祭祀。后推举周逸为驻社设备委员，并增推彭兆璜为本社与曾祠交涉代表。（赵启霖著，施明、刘志盛整理：《赵瀞园集》，第 423—424 页）

8月　正风文学院立案后，计划扩大办学规模。

教育部鉴于"国学荒废，长此以往，恐有师资缺乏之虑"，正风文学院主持者"均具有深切研究，且能热忱捐资，引导后进，研究国学。本部为提倡起见，特准立案"。正风文学院奉令之后，"仰体教部提倡之盛意，本学期大事扩充，为造就师资之基础，除原有中国文学系及国学专修科外，添设政治经济系及艺术系两系所聘系主任及教授，皆系专门名家，富有经验学识之名人，故日来报名入学者，甚为踊跃，定于九月十二日开学"。（《正风文学院立案后计划》，《申报》，1932 年 8 月 24 日，第 3 张第 11 版）

△　金松岑，张一麐等在苏州发起讲学，邀请章氏来苏。

有报道称：金松岑、张一麐、李根源、金震、王佩诤、胡焕庸、诸祖耿等数十人鉴于章太炎"栖栖皇皇，志在以道济天下"，苏州又为文化荟萃之区，"自明迄今，儒林文苑，史不绝书，发扬国粹，为国家多留几个读书种子，亦当今亟务也"。因此组织学团，"不日开会，讨论招待章公办法，约八月十日前后，章先生即可到苏讲学，地点暂假草桥苏州中学，有志国故者，幸勿失良机，以饱领章君宏论"。（《万流景仰之章太炎将来苏讲学》，《苏州明报》，1932年8月2日；转引自汤志钧编：《章太炎年谱长编（增订本）》下册，中华书局，2013年，第839页）

　　△　福建协和学院提倡国学，增加新科门，约请国学讲座，出版研究刊物以及最近组织的福建文化研究会等，计划举办国学专修科，秋季招生，颁布《私立福建协和学院国文系附设国学专修科简则》。

私立福建协和学院国文系附设国学专修科简则

　　（一）目的：培植国学基础，为继续专门研究之预备。

　　（二）入学资格：（甲）高中毕业；（乙）国文程度确有根柢；（丙）经相当入学试验（试验科目：国文作文，古书校读，历史，国学，教育，英文）。

　　（三）报名投考手续：与普通相同，惟须声明投考国学专修科。

　　（四）课程：课程表另订。

　　（五）选修副科：除本科规定之必修课目为主系外，得选其他学课为副科：（甲）愿作社会思想研究者，得选社会学系课程为副科。（乙）愿作文学研究者，得选外国文学系课程为副科。（丙）愿作教育事业者，得选教育学系课程为副科。

　　（六）学分：凡一学分每周上课一小时，自习二小时，满一学期，方为修毕。

（七）课外工作：每课均须有笔记札记，按期缴阅，每学期须撰学期论文一篇，至第四学期须撰毕业论文一篇。

（八）毕业：修满本科指定之课程，共六十学分，其中有三分之二学分成绩在三等以上者，由本校给与国学专修科文凭，但不给学位。

（九）转学：修毕本科学分后，如欲继续转入本校正科肄业，须补修本校规定之各项必修课程；已修之学分，可抵作正科学分。（《校务概况一束：行将举办之国学专修科》，《协大半月刊》，第2卷第8期，1932年）

△ 唐法化发表《国学与佛学》，提倡融合光大的国学和精微的佛学，以"空"和"让"，对治"争"字和"有"创造一个非红非白，除一切苦而得协和极乐的佛陀国际，"才能言大非夸地解救全人类的倒悬"。

唐法化首先为国学与佛学正名，界说二者范畴："学术不限于中国，不过中国学术最为广大；学术不限于佛陀；不过佛陀学术，最为精微。从前研究佛学的人，鄙弃国学；研究国学的人，忽视佛学，也是妄生畛域，未蹈大方。我们不敢夸言：能化朽腐为神奇；却愿致广大而尽精微，所以今天要讨论国学与佛学的问题。"

其次，确立国学与佛学的本体，叙述二者的内容："声明，是研究文字言语的学术"；"因明，就是西洋论理学，中国名学"。内明就是身心性命之学，"中国六艺与诸子百家，对于身心性命的本体。皆欲求一确切的认识"，"六艺就是《诗》，《书》，《易》，《礼》，《乐》，《春秋》，——六经。诸子就是儒，墨，道，法，名，阴阳，农，纵横，杂，小说，十家。这两略所包含的学理，相当于内明。但六艺诸子中亦有通于工巧明与因明者。兵书，术数，亦工巧明之类。方技一略，则属于医方明。假使我们知道国学的内容，必定会联想到五明，联想到佛学，由此也可知道佛学与国学的关系。英哲培根把学术分为三类。他以为人类皆有一种求善的本能，向前追求，经过不断的积极努力，求善结果，就产生哲学。人类又有求真的本能，事事物物，必须实验，由此发见科学。人类还有求美的本能，以为宇宙一切的文明，都是大自然的修饰，大自然的美，因此发生文学。根据人类本能，乃分学术为三类——哲，科，文"。总结中国、印度与西洋学术的内容，互相对照。五明分为声明、因明、内明、工巧明、医方明；六略分为六艺、诸子、诗赋、兵书、术数、方技；四部分为经、史、子、集；三类分为哲、科、文。

再次，学术上认识国学与佛学的方法：

一、由国学进研佛学。欧风东渐以来，一般国学根基肤浅的人们，为新奇所诱惑，竞趋时尚，弄得国学几乎完全破产；一般执古不化，喊着整理国学，发扬国学的人们，只是抱残守缺，终日埋头在零碎的国学里面，乱攒狂叫。结果，还是乱杂无章的残废着，没有整理；还是一息奄奄的苟延着，没有发扬。这是什么道理？我们要知道：整理国学，不必终日埋头在国学里乱攒，才能整理；发扬国学，不必专守着残本死读，方能发扬。必须觅一种价值相当于国学，或更广大于国学，精微于国学的知识，来整理它，发扬它，始获实益。所以想发扬国学，整理国学的人，必须于研究国学之余，进研佛学，方克有济，而收事半功倍之效；因为自汉以来，有了佛学，中国一切学术，都有很好的变动。若研究中国哲学，由孔老进求大乘佛学；当其以文学为预备的工具，兼讲声明因明；及其旁征术数方技，又兼通工巧医药二明；一定能使国学更为广大，更为精微，所以我们研究国学，更要进研佛学。二、学佛兼摄国学。学佛也不可不兼摄国学。为什么呢？我尝以为佛学，原有普遍人类之价值和需要：何以不易普遍？其原因有二：一、专研内明，不先究声明与因明以为预备的利器；或仅研内明，不复究工巧与医方二明，以为深入社会的作用。二、佛典不独哲理精深；文字亦极奥古。如不兼摄中国文学和哲学，恐怕难免事倍而功半；所以学佛者，除五明应该并重之外；还要兼摄国学。

最后，澄清国学与佛学的作用、目的与价值：一是创造极乐的佛国，"现在的国家，是个什么样儿？内忧外患，侵蚀得仿佛是个千疮百孔的人身，痛苦极了！……那么，什么是有效的救济，有力的振拔？就是我们国学的代表孔夫子说的'毋我'，和佛学的制造者佛陀主张的'无我'。假使我们能脚踏实地的布施'毋我'和'无我'的药，对治'为我'的病：自能纠正人心，创造一个超过假佛教国的日本，而使中华成为极乐的佛国"。二是创造极乐佛陀的国际，"然而这种五浊世界毁灭之后，需不需要建设？当然需要！这种责任在谁呢？就是我们研究国学和佛学的人。我们必须本着广大的国学和精微的佛学，布施'空'字和'让'字的药，对治'争'字和'有'字的病。创造一个非红非白，除一切苦而得协和极乐的佛陀国际，才能言大非夸地解救全人类的倒悬。这就是研究国学与佛学的作用。愿与有心救国救世者，共同努力"！（唐法化：《国学与佛学》，《海潮音》，第13卷第8号，1932年8月15日）

9月3日　《申报》报道中国文化学院筹备处创立国学讲习社。

中国文化学院筹备处常务委员、国学讲习社常务委员：张寿镛、胡朴安、李续川；筹备委员：王省三、伍崇学、古直、冯炳南、金天翮、李实；胡朴安为社长，李续川为社务主任。该筹备处设立国学讲习社，招男女生，研究组三十名，补习组高级初级各三十名，研究组须高中毕业，补习组高级须初中毕业，初级须高小毕业，如有同等学力者，准予投考相当班次。（《中国文化学院筹备处设立国学讲习社招男女生》，《申报》，1932年9月3日，第3张第9版）

9月4日，船山学社开社员大会，选举赵启霖与陶思曾为正副社长。

当日到会社员三十七人，副董事长萧度代董事长胡子清为主席。石崇鼎、谢鸿熙为发票员，柳敏泉、任震为开票员，赵启霖以二十四票当选为社长，陶思曾以十八票当选为副社长。其余多数选票投给石广权。（赵启霖著，施明、刘志盛整理：《赵瀞园集》，第424页）"选举赵启霖为社长，陶思曾为副社长，社务分三部进行，部设主任以董理之，其人选如次：（一）编辑部主任兼秘书周逸；（二）研究部主任颜昌峣；（三）讲演部主任石广权。"（湖南省政府秘书处统计室编：《湖南年鉴·湖南船山学社业务概况》，长沙洞庭印书馆，1935年，第869页）

9月5日，中大文学院各系主任召开联席会议，讨论课程。

中文系主任古直重申编订中国语言文学系课程要旨：

（甲）读书之士，宜有担荷世道之志，故忠孝之义宜讲。
（乙）中山先生力倡"忠孝"，且曰，《孝经》所讲"孝"字，
无所不包，无所不至，国民在民国内，把"忠孝"二字讲到极
点，国家自然可以强盛；夫《孝经》连旨环，辞义又美，不惟
百行之本，亦复文章楷模；故今敬本中山先生之志，首以《孝
经》为基本国文以立力行学文之础焉。（丙）六经为文章山渊，
故刘氏《文心雕龙》，特标宗经，今依此旨，以经为基本国文，
而子史辅之。（丁）本年度学者必依必修课目；彻始彻终修习，
本年度以前入学之第二三四年级学生，得自由选修，初不勉强
也。（《文学院各系主任联席会议记录》，《国立中山大学日报》，1932年
9月10日，第2版）

容肇祖回忆批阅入学试卷时，古直提出"国文试题是一篇作
文，一段文言翻作白话，那一篇翻白话的不用看了。作文作白话
文的，至高的分数是五十分"。8月25日，古直致信容肇祖，
称："昨与先生同阅试卷，只有白话而已。文学堕落，当同深慨叹也！
本年课目，期挽狂流，授以基本经史。"容肇祖反对古直提议，主
张大学不应读《孝经》，并提示"胡适之一辈人会批评你的课程是
不对的"。古直仍旧坚持提交此次系主任联席会议，容肇祖致信吴
康，提出该课程"薄系统之知识而尊盲从之诵读"，"或欲造就通经
之才，则特设专经一组可也"，"今诸生苟欲专精语言学，苟欲专精
诗词，苟欲专精戏曲，苟欲专精小说，苟欲专精唐宋以降之文学考
订等，亦使尽专力于群经乎？一曲之才，何所取资以为专家之造
就"，"文学之意义，世界自有共通之界说，中国文学不能背道而驰

也"，古直编订课程可谓"以意想妄为之"。文学院教授会议将古直所涉及的课程发还重新修订，古直以辞职相要挟，并批评容肇祖的观点："一切文学，经包之矣。郑玄洽熟经传，乃为纯儒；杜甫精熟选理，始称'诗圣'；韩愈起八代之衰，基本在能暗记《论语》《尚书》《毛诗》《左氏》《文选》也。欲得专门技能，舍诵经其奚由哉？……容君休矣，发愤下帷，三年再说可耳。"吴康权衡再三，遂将容肇祖调至史学系。史学系主任朱谦之告诉容肇祖，说："我们史学系是门罗主义，请你不要出席今天的教授会议了。"容肇祖称："不只今天，我从此不出席教授会议便了。"反抗读经问题便停止，读经课程顺利开展。（容肇祖：《一件反抗读经的旧事》，《独立评论》，第114号，1934年8月19日）

朱希祖记载此事原委，"古先生为中山大学国文系主任，所定课程，注重读经，欲以经为文，颇为容君元胎所驳诘，容君本为国文系教授，今调为史学系教授，全以此故。古先生今虽慰留，然郁郁不乐，仍思脱去，其病盖以此也。余幸不为史学系主任，免却许多烦恼"。（朱希祖：《朱希祖日记》上册，中华书局，2012年，第161页）

次年6月30日，容肇祖未获学校续聘，朱希祖记载："容元胎来，略谈即去。始知元胎已为忌者排去，下学年不在中山大学矣。余闻之心不乐。即至陈崑山处，知彼蝉联。乃至朱谦之处，询问元胎被排状。据云，某主任声言反对《民俗》周刊。元胎之去，乃新旧之争耳，亦有私仇报复之嫌，付之一笑而已。"（朱希祖：《朱希祖日记》上册，第289页）

9月12日，中山大学校长邹鲁报告本校概况时，提出中国语言文学系本年度编订新课程，确定"五经四书老庄史传为必修课目，必使学生多读古籍，且多作笔记"，训诂的研究与名篇的熟诵，"定为治学方法要着"。（《邹校长报告本校概况》，《国立中山大学日报》，1931年9月15日，第2版）在邹鲁与吴康的大力支持下，古直坚持"转移人心，整顿风俗，则教化纲纪为不可少"，编订《广东国立中山大学中国语言文学系二十一年度课目表》，指出："读书之士宜有担荷世道之志，故忠孝之义宜讲"，"孝经为六艺之总汇（《孝经序正义》引郑康成《六艺论》），六经为文章之奥府（《文心雕龙·宗经篇赞》），故刘氏文心特标宗经，今依此旨，以经为基本国文，而子史辅之"，"基本国文以玩味经文涵泳义理为主"，诸生必备之书有下列八种：（1）五经古注；（2）《四书集注》；（3）四史；（4）《尔雅》；（5）《说文解字》；（6）《说文解字》段注；（7）《周礼》；（8）《文选》李善注。

"第一年级必修课目"：党义（连军训学分另计）；军事训练（谨案，孔子曰：有文事者，必有武备。今夷难孔急，内忧方大，武备何可忽也）；基本国文一——《孝经》《语》《孟》（谨案，司马温公云：《孝经》《论语》，文虽不多，立身治国之道尽在其中。朱子云：臣所读者，不过《孝经》《语》《孟》。在昔贤哲其重视二书如此）；基本国文二——《毛诗》（全讲全诵）；《尔雅》郭注；小学大纲；第一外国语。选修课：《三国志》（参考书《三国志旁证》）；《四库全书总目提要》。

"第二年级必修课目"：党义；军事训练；基本国文三——《礼记》（《礼运》《中庸》《大学》全讲全诵）；基本国文四——《左传》（选讲选诵）；《说文解字》；文选一——赋（选讲选诵）；第一外国语。选修科目：《后汉书》（参考书王先谦《后汉书集解》）；《四库全书总目提要》。

"第三年级必修课目"：基本国文五——《周礼》；基本国文六——《尚书》（全讲全诵）；文选二——诗（选讲选诵）；文选三——骚至表（选讲选诵）。选修课：《汉书》（参考书王先谦《汉书补注》）；《四库全书总目提要》。

"第四年级必修课目"：基本国文七——《周易》（全讲选诵）；文选四——上书至符命（选讲选诵）；文选五——史论至祭文（选讲选诵）。选修课：《史记》（参考书《史记志疑》）；《四库全书总目提要》。

"拟开设选修课目"：音韵学一——今韵等韵（"第一二年级选"）；音韵学二——《广韵》古韵（"第二三年级选"）；文字学一——《说文解字》段氏注（"第二三年级选"）；文字学二——甲骨铜器文字（"第三四年级选"）；训诂学一——方言（"第一二年级选"）；训诂学二——《尔雅》郝氏义疏（"第二三年级选"）；训诂学二——广雅王氏疏证（"第三四年级选"）；训诂学四——章氏文始（"第三四年级选"）；《诗毛传》郑笺孔疏（"第一二年级选"）；《周礼》郑注贾疏（"第三四年级选"）；《仪礼》郑注贾疏（"第四年级选"）；《礼记》郑注孔疏（"第二三年级选"。谨案，孔子教人博文约礼，礼为国学之大宗，亦为治人之大法。故管子四维以礼为首焉，孟子曰：上无礼，下无学，贼民兴，丧无日矣，可不惧哉）；《四书集注》；四史文义（《史记》《汉书》《后汉书》《三国志》，第二年级以下选。谨案，四史，史之冠冕，文之山渊。其曰文义，则《史通·正史篇》云，坟典文义三五史策，春秋之时犹行于世。名本前修，非我作故）；《文史通义》（第三四年级选）；文法学；《经学通论》；《经学历史》（第三四年级选）；文学史；目录学（第三四年级选）；《公羊传》《穀梁传》文；《庄子》—《荀子》文；《韩非子》—《吕览》文；《国语》—《国策》文；郦道元文（或称《水经注》文）；八家文（以韩、柳为宗）；桐城派文（以方、姚为宗。谨案，张文襄《书目答问》有桐城派文一名，今仍用之）；汪容甫文（附李申耆文）；唐文粹；骈文评选；楚词章句；《文心雕龙》；钟嵘《诗品》；《玉台新咏》；汉魏乐府风诗；乐府诗集；曹子建诗；阮嗣宗诗；陶渊明诗；谢灵运诗；鲍明远诗；谢玄晖诗；李白诗；杜甫诗；韩愈诗；李义山诗；苏黄诗（苏轼、黄庭坚）；古诗选；今体诗钞；唐五代词；周美成词；吴梦窗词；辛稼轩词；两宋词选；元曲。

　　课外考究书目略：《八史经籍志》《汉书艺文志考证》《汉书艺文志讲疏》《隋书经籍志考证》《郡斋读书志》《直斋书录解题》《读书勉［敏］求记》《四库未收书目提要》《皇清经解提要》《曝书杂记》《经典释文》《经籍旧音考证》《新学伪经考》《今古学考》《重考古今伪书考》《正史儒林传》《正史文苑传》《毛诗古音考》《音学五书》《古韵标准》《音学辨微》《声韵考》《声类表》《六书音均表》《诗声类》《古韵谱》《古韵通说》《切韵考》《成均图》《毛诗正韵》《说文系传》《说文系传校录》《说文段注订》《说文段注匡谬》《说文解字注笺》《说文解字义证》《说文通训定声》《说文释例》《说文句读》《说文诂林》《说文通检》《尔雅注疏》《尔雅正义》《尔雅匡名》《尔雅注疏正误》《小尔雅训纂》《方言疏证》《方言笺疏》《续方言》《客方言》《经籍纂诂》《读书杂志》《经义述闻》《经传释词》《读书古训》《古书疑义举例》《马氏文通》《十三经注疏》《诗谱》《诗谱考正》《毛诗传疏》《毛诗传笺通释》《毛诗后笺》《毛郑诗考

正》《诗地理考》《毛诗地理释》《诗集传》《韩集外传》《三家诗异文疏证》《三家诗遗说考》《四家诗异文考》《古文尚书疏证》《尚书今古文注疏》《尚书后案》《尚书余论》《尚书集注述疏》《尚书地理今释》《禹贡锥指》《禹贡锥指正误》《郑氏易注》《周易集解》《周易补疏》《易通释》《周礼汉读考》《周礼疑义举要》《周官禄田考》《周礼军赋考》《考工记图》《考工创物小说》《车制图考》《考工轮舆私笺》《周礼正义》《周礼政要》《仪礼郑注句读》《仪礼释例》《礼经释例》《仪礼汉读考》《仪礼正义》《仪礼图》《礼记集说》《礼记补疏》《深衣释例》《大戴礼记补注》《夏小正疏义》《曾子注释》《大小宗通释》《宗法小记》《律吕正义》《律吕新论》《燕乐考原》《声律通考》《春秋释例》《左传杜解补正》《左传补注》《春秋地名考实》《春秋繁露注》《春秋公羊通义》《公羊何氏释例》《公羊礼说》《穀梁释例》《穀梁礼证》《春秋大事表》《春秋属辞比事记》《孝经郑氏辑解》《孝经郑氏注》《孝经问》《孝经义疏》《孝经征文》《孝经郑注皮疏》《论语郑注》《论语义疏》《论语正义》《论语集注述疏》《孟子正义》《四书释地》《四书释地辨证》《逸周书孔晁注》《周书集训校释》《国语韦昭注》《战国策高诱注》《竹书纪年集证》《穆天子传郭璞注》《家语疏证》《列女传校注》《新序》《说苑》《老子》《庄子》《荀子》《管子》《孙子》《韩非子》《墨子》《公孙龙子》《尹文子》《周髀算经》《素问王冰注》《吕氏春秋》《淮南子》《法言》《论衡》《潜夫论》《中论》《颜氏家训》《宋元学案》《明儒学案》《二程遗书》《朱子语类》《朱子年谱》《近思录》《传习录》《颜氏学记》《汉学师承记》《宋学渊源记》《汉儒通义》《困学记闻翁注》《日知录黄释》《十驾斋养新录》《东塾读书记》《章氏遗书（刘

氏刻本)》《章氏丛书》。

　　课外博趣书目略：《世说新语》《山海经笺疏》《水经注》《洛阳伽蓝记》《汉魏丛书》《唐代丛书》《唐语林》《太平广记》《梦溪笔谈》《六朝丽指》《全唐文纪事》《唐诗纪事》《宋诗纪事》《国朝诗人征略》《四六丛话》《历代诗话》《续历代诗话》《清诗话》《带经堂诗话》《艺概》《词苑丛谈》《人间词话》《蕙风词话》《词律》《花间集》《宋四家词选》《词选》《宋六十名家词》《元曲选》《宋元戏曲史》《金石录》《法书要录》《书谱》《续书谱》《艺舟双楫》《广艺舟双楫》《历代书记》《贞观公私画史》《图画见闻志》《读画录》《画征录》《东观余论》《广川书跋》《苏斋题跋》《学古编》《续三十五举》《印人传》《琴史》《端溪砚史》《赖古堂尺牍新钞》《近代十大家尺牍》《李莼客日记》《王壬秋日记》《楹联丛话》《棔菊录》《曾文正联语》《范肯堂联语》《俞曲园联语》《王壬秋联语》《制义丛话》《四书文话》。（古直：《广东国立中山大学中国语言文学系二十一年度课目表》，《国学论衡》，1933 年第 2 期）

　　杜钢百提出中山大学可否于"语言文学系"上添加"国故"或"文献"二字，"以便容纳其他中国学术科目，如惧其学术繁复、学子不胜其任也，则再于系中分为三组研究以期专精"，"课程名目之宜增并"，应当分为文献研究组、文学研究组、语言研究组。（杜钢百：《与中山大学校长邹鲁先生论中文系（？）改革意见书》，清华大学国学研究院主编：《杜钢百文存》，江苏人民出版社，2018 年，第 127 页）杜钢百批评古直的改革流于科举帖括之学："观近年各大学所以教经部之学者，其为弊有二：曰以唐人'帖括'记诵之法，代探究研几之事，食古不化，将使学者全成为科举时代之人，如广东某大学是

表4　中国语言文学系教员名录

职别	姓名	别字	年岁	籍贯	出身	到校年月	现在住址
中文系教授	徐绍棨	信符	五三	广东番禺	前清优廪贡	民国二年一月	小北路一百二十号
中文系教授	古直	公愚、一字层冰	四七	广东梅县		十七年九月	
中文系教授	陈洵	述叔	四七	广东新会		十八年十月	多宝南横苍二号
中文系教授	潘尊行		四八	浙江安吉		十九年九月	东山春园三家
中文系教授	罗献修	斧月	六六	广东兴宁	光绪乙酉科拔贡广雅生	廿年八月	惠爱东路长塘街金鱼塘六十二号二楼

续表

职别	姓名	别字	年岁	籍贯	出身	到校年月	现在住址
中文系教授	曾运乾	星笠	四八	湖南益阳	湖南优记师范毕业	廿一年二月	本校宿舍楼下东i确第一号房
中文系教授	李沧萍	沧萍	三六	广东丰顺	国立北京大学文学士、国立北京大学研究院国学门研究员	廿一年八月	广州东山圭冈马路十二号三楼
中文系教授	石光瑛	楳谦、一字太始	五一	浙江绍县	前清举人	廿一年九月	小北路一一七号之一
中文系教授	方孝岳	倁谬	三六	安徽桐城	前清安徽存古学堂第一期学员、上海圣约翰大学文科毕业、日本早稻田法律专修科毕业	廿一年九月	本校
中文系讲师	杨伟业	少勤	三八	广东茂名	国立北京大学文学士	廿一年十月	东山美华书局北马路一号东二楼

（国立中山大学文学院编：《国立中山大学文学院概览》，国立中山大学出版部，1933 年，第 160—176 页）

也"，"综观所述，殆全为科举时代之旧习。其态度为墨守，则无所
抉择；其方法重讽诵，则轻弃讨论。且教程颠倒，设置通论、通史
于选修；标举错误，竟列《公羊》《穀梁》于文事。其人非惟不知
今，并亦不知古，徒标尊经，竟亦何鉴？于是来讨学究之消，塞研
究者之途，而学术本身，益增障雾矣"。（杜钢百：《论大学课程中之经
学研究》，《民治月刊》，第1卷第2期，1944年；清华大学国学研究院主编：
《杜钢百文存》，第90—91页）

9月6日　是日起，章太炎在苏州讲学三周，阐发经学精义与
文字音韵之学。李希泌追忆章太炎共作二十余次讲演，每次讲演的
题目虽不相同，但其主旨不离"振民志"与"励躬行"。

　　朴学大师章太炎先生此次应三吴父老之请，来苏州讲学，
俊秀之士求附门墙者，有廿余人之多，经李印泉、金松岑二先
生介绍，于日前执贽章氏门下者，有武进徐震、诸祖耿、金坛
吴契宁、镇江戴增元、吴县王謇、金震、傅朝俊、郑伟业等
八人。徐震为中大教授，诸、吴、戴均系苏州中学教师，王謇
即我苏州考古家王佩诤氏，著有宋平江城坊图考等书，与金震
同为金松岑先生之高足。傅则历任苏沪各校教职，与已故名画
家顾公柔氏同受业孙伯南先生门下，邃精许学。郑为李印泉门
人，曾从吴昌硕学书画金石，现时章氏所用名章，即系郑君所
镌者。（《章太炎门墙桃李芬芳》，《苏州明报》，1932年9月21日，转引
自汤志钧编：《章太炎年谱长编（增订本）》下册，第840页）

9月9日　《申报》报道青华中学附小已立案，朱窦莹任国学系主任。（《青华中学附小已立案》，《申报》，1932年9月9日，第3张第11版）

△　刘咸炘病逝。

卢前悼念刘咸炘：

> 读君所为《推十书》数十卷，益服其博洽，顾君坎然若不自足者。其疏经述史，知世论事，直《内书》《外书》《中书》《左书》《右书》之作。《子疏》一书，则成于早岁。《续校雠通义》则补正章氏实斋，多所阐发。其他有《四史知意》《吕氏春秋发微》《文学述林》《史学述林》《校雠述林》分别行世。总其述造，可谓等身。及门弟子尝辑有《推十书系年录》，世之读鉴泉书者，不可不知也。（卢前：《刘咸炘君鉴泉逝世》，李孝迁、任虎编校：《近代中国史家学记》上，上海古籍出版社，2018年，第521页）

9月10日　益助社国学函授部招生。

该社以提倡国学用简易方法函授国学为宗旨，本部课程分为：（一）《国学指归集》；（二）文学研究；（三）古文词研究。社长兼部长李续川，办事主任钱重六。（《中国文化学院筹备处设立国学讲习社》，《申报》，1932年9月10日，第2张第5版）李续川计划在益助社附设国学函授部，注重作文详加校改："经学古文专家李续川有志阐扬国学，除与胡朴安等合办国学讲习社，积极筹备中国文化学院外，今徇远道学生之要求，特在北京路五十号益助社内，附设国学函授部，近日来学者日见众多。该部内容亦益见充实，首先注重作文详加校改原件检还，务使学员得获实益，今为满足学员希望起见，除由该社教授胡朴安、金松岑、叶浦荪等负责改卷外，并敦请鸿儒章太炎、词曲专家吴瞿安，担任评阅试卷。自后该社学员，得益当更甚于前也。"（《益助社国学函授部讯》，《申报》，1932年10月6日，第3张第11版）

9月11日　张继与黄侃交流国学研究。

张继指出"今之治国学者，自言以科学方法整理，而实奉外域之人言为圭臬，案上无不有倭书；甚且攘倭虏之言为己有"。张继称赞独章君与黄侃绝无此病。黄侃自称："予愧不敢当，而溥泉之言则正言也。"（黄侃：《黄侃日记》下，第834页。）

△　船山学社开临时董事会。

董事长胡子清主席报告开会，欢迎副社长陶思曾进社就职。彭兆璜报告本会经过情形。周逸继续报告，及交涉艺芳女校界线已立约结束。"陶副社长答词，初谢欢迎，继以主张星期演讲、发表学术及刊学报，应仍陆续依法征集社员。"彭兆璜提议董事会章程增设名誉董事长，议决照原案通过，提交大会追认，"当推举何主席为名誉董事长，财、建两厅长及教育朱厅长，并湖大校长胡春藻，暨陈润霖、熊秉三、马振吾、吴恭亨、刘岳峙、刘仲迈为名誉董事。周董事将曾祠保管会暨艺芳女校契约地图，当会点交胡董事长收存保管"。（赵启霖著，施明、刘志盛整理：《赵瀞园集》，第424页）

9月12日　《申报》报道"孙氏女子美术英文学社开办"，王钧为国学教员。（《孙氏女子美术英文学社开办》，《申报》，1932年9月12日，第3张第11版）

9月14日　中国文化学院筹备处设立国学讲习社录取新生名单

揭晓。

研究组：丁和昌、石澄鸿、王颂平、王和宇、朱维明、吕世霖、印廷华、周其善、金祖同、周世鸿、周行、胡守义、陈彬德、陈大文、章元起、郑景昇、郑东潮、夏沂、徐辉、徐相、陈辅、张德良。补习组：伍守华、徐森、潘立成、陶文良、陈励群、姜一萍、余乃和、邹有鋐、施余庆、华荣文、潘舜华、伍毓华、李晋镕、范领规、陆雄、吴保基、郑公侠、沈忠信、过同。（《国学讲习社通告》，《申报》，1932年9月14日，第2张第6版）

9月20日　国学讲习社开学续招新生。

张寿镛、胡朴安等筹备中国文化学院，本学期于环龙路四号先设国学讲习社。本月初即行招生，索章报名者至为踊跃。"兹定于今日（二十日）开学，该社教授，除由胡朴安、李续川，自任讲席外，并聘定北大教授文学专家叶浦荪，及暨南教授中央历史博物馆馆长史学专家卫聚贤二人，该社各组为后来各生要求留额起见，特再续招新生一次，定为随到随考，额满即将截止，闻办事处仍设北京路五十号益助社事务所云。"（《国学讲习社开学》，《申报》，1932年9月20日，第4张第15版）

9月29日　邹鲁函聘吴康（召集委员）、何衍睿、薛祀光、邓植仪、古底克、林椿年、范锜、朱谦之、古直、朱希祖、罗献修、陈洵、石光瑛、徐绍棨、李沧萍、曾运乾十六人，组成国学考试委员会，负责选定国学考试标准与主要著作。（《本校函聘国学考试委员会委员》，《国立中山大学日报》，1932年9月30日，第3版；刘小云：《学术风气与现代转型：中山大学人文学科述论（1926—1949）》，生活·读书·新知三联书店，2013年，第139页）

9月30日　船山学社祭奠船山先师诞辰。

这是该社改组后第一次祭祀活动，当日到社与祭社员与来宾，签到名次如下：谢维岳、萧度、陶思曾、周逸、刘先庚、石广权、曾天阳、辜天祐、胡子清、汪思至、郭尺岩、曾铨、袁翥鸿、张通焕、赵恒、彭兆璜、彭运斌、黄赞元、谢鸿熙、柳敏权、黄仲深、席启驷、杨树谷、颜昌峣、刘芯、刘策成、曹瀛、李开运、胡家荣、黄宜、余同熙、刘国逸、周安汉、何键、张开琎、曹典球、易书竹、方永惕、黄士衡、曹伯闻、谭常恺、朱经农、张湘焘、郭人作、黄凤岐。"是日礼仪最隆，用中乐。凡与祭各社员，先向船山先师遗像前行三叩首礼，退入坐席。至十一时，陈设公祭，整齐严肃。"（赵启霖著，施明、刘志盛整理：《赵瀞园集》，第424页）

湖南省政府主席何键主祭，朱经农、曹伯闻、张开琎、谭常恺四厅长及省府各委员陪祭。名誉董事长何键以及副社长陶思曾和董事石广权演讲。陶思曾追溯船山学社前身思贤讲舍以及刘人熙创办学社的详情，王船山与顾、黄同祀孔庙，"此吾人服膺先师，同列本社以后学自居者，所应永远纪念者也"。（陶思曾：《船山先生诞日讲演一》，《船山学报》，1932年第1期）何键提出王船山学说中"日新之说足包泰西文化"和"无无之说足启科学精神"，"既精且远，切实可行，已足包西洋文化之精粹。与空谈性理者，相去万里"。（何键：《船山先生诞日讲演二》，《船山学报》，1932年第1期）石广权指出船山学说"于《易》《春秋》，不拘汉儒义法，为六经别开生面。于读通鉴论，特申内外彝夏之畛，为历史隐寓微言"。（石广权：《船山先生诞日演讲三》，《船山学报》，1932年第1期）

9月　上海交通大学公布各学院国文考试国学常识试题。

科学学院及工程学院为作文两道："（一）古代称百官为百工论；（二）论我国工业不兴之原因。"国学常识五道："（一）何为四科；（二）何为九流十家，试举其名；（三）以下诸人生在何朝代：司马迁、刘勰、王充、孙诒让、王念孙；（四）试举汉唐宋元明五朝之文章大家各二人；（五）译以下之文为语体文并用新式标点。"……管理学院作文两道："（一）学贵知新说；（二）我之回忆。"国学常识五道："（一）以影[下]各人之诗文读过何篇试举其题：李白、杜甫、欧阳修、苏轼、归有光；（二）以下诸人生于何时何地：孔子、老子、墨子、庄子；（三）何谓六书；（四）试举清朝之大文家五人；（五）以下各书是何人所著：《三国志》《文史通义》《离骚》《孟子》。"（上海交通大学学生会编辑：《交通大学科学学院及工程学院一年级国文试题》，《交大周刊》，第3卷第3—4期，1932年）

△ "国学基本丛书"开始发行，商务印书馆1932年至1947年陆续编辑印行。

国学基本丛书参考13种"国学入门书目"，收录供中等文化程度以上学生参考或阅读的国学基本书籍。丛书分为两集，初集100种，二集300种，共400种。丛书内容包括21个类别：一、目录学；二、读书指南；三、哲学；四、政法；五、礼制；六、字书；七、文法；八、数学；九、农学；十、工学；十一、医学；十二、书画金石；十三、音乐；十四、诗文；十五、词曲；十六、小说；十七、文学批评；十八、历史；十九、传记；二十、地理；二十一、游记。另编辑"国学基本丛书简编"50种120册。11月5日，陶存煦于光华大学撰文《订补万有文库的国学书籍》，认为万有文库中国学书籍"偏而不重"：

王云五先生辑《万有文库》，自谓："其目的，在以整个的普通图书馆用书，贡献于社会。其选择书籍，非以一地方一图书馆为对象，乃以全国全体之图书馆为对象，非以一学科为范围，乃以全智识为范围；此中所选，皆人人当读之书，并依适当进程，先其所急。"当现在智识荒遍于中国而需要筚路蓝缕的图书馆来开发和灌输一般民众或青年的智识的时候，照王先生的工作，当然是一椿伟大的贡献。不过，在限定的一千种书籍的范围中，要求选择的完备，实是不可能的；所以在不久的过去，某杂志已经发表了一篇某君的文章，说万有文库太偏重于国学，世界名著，所选太少（某君的大名，恕我健忘，不能注明）。诚然，文库于世界名著，入选不多，但是规模粗具，于普通的图书馆，或者尚够应用。（专门的当然不在此例。）至于国学的书籍，我觉得应选而不选，不应选而滥选；疏漏，重复，芜杂，只是"偏而不重"，而不是"偏重"。所以现在，就把我的选择国学书籍的意见，对于万有文库作一个比较的讨论。

陶存煦认为，万有文库所选国学书籍分为三大类：第一类国学基本丛书"所选的都是四部要籍"，第二类国学小丛书"所选的都是古籍通论"；第三类学生国学丛书"就重要的著作，删繁举要，给一般学生读"。陶存煦自称绝端佩服这样的分类，"但是各类的书籍，那我就不敢苟同"。

第一：《国学基本丛书·总类》：既有《书目答问》《四库全书总目提要》《道藏目录》，而无旧目录学的权威——《汉书·艺文志》和《隋书·经籍志》。顾实的《汉书艺文志讲疏》，版权是商务的，何以不入《国学小丛书》？经学的通论：有偏于今文家言的皮锡瑞《经学通论》，而无不偏不党的陈澧《东塾读书记》；诸子的通论，有瑜瑕参半的胡适《古代哲学史》，而无瑜足掩瑕的陈钟凡《诸子通谊》。哲学：《宋学渊源记》《古代哲学史》，既然都可以入《国学基本丛书》，但一千年来的常识——《孝经》——和西汉今文家的代表——《春秋繁露》——魏晋玄学的代表——《列子》——不知为什么不收？虽然，这几种书，或者是后人伪撰的（像《孝经》和《列子》），不过，以它们流行的广或是思想的有价值，那当然，一般人是不可不读的。佛学或印度哲学的书，除《百科小丛书》的黄士复佛教外，简直可以说是没有。《墨子》，用孙诒让的《间诂》，但《间诂》的《墨经》，是不易读的，梁启超的《墨经校释》或是张其锽的《墨经通解》，文库何以不收？《周易》，用姚配中的姚氏学，但"象不可明"，程颐的《周易传》，文库何以不取？社会科学：有《周礼》《仪礼》《礼记》，而无辅毂相依的《大戴礼记》。语文学：有王引之《经传释词》，马建忠《文通》，而无交相为用的俞樾《古书疑义举例》，刘淇《助字辨略》，或集其大成的杨树达《词诠》《高等国文法》。艺术：不收康有为的《广艺舟双楫》，叶昌炽的《语石》，叶德辉的《书林清话》。史地：不收失史时代的古史和清史——像刘恕的《通鉴外纪》、萧一山的《清代通史》。我想，这都是不免于疏漏。《国学小丛书》里：商务出版的梁漱溟《印度哲学概论》，郎擎宵《孟子学案》，胡适《戴东原的哲学》，马叙伦《说文解字研究法》……对于初学，多少都有点裨益，而且是很需要的；不知为什么不收？陈玉澍的《尔雅释例》，是一部很好的《尔雅》通论；章炳麟的《国故论衡》，和张尔田的《史微内篇》，是二部很好的国学概论，既无版权的关系，似乎也应该收入。至于有版权关系的现代名著——像柳翼谋先生的《中国文化史》——文库不能选进去，那当然是不用说了。

第二：文库选择国学书籍的疏漏，既如上述。但同时，我又觉到它的重复。像：孙毓修的《中国雕版源流考》，和钱子泉先生的《版本通义》；江恒源的《孔子》，和陈彬龢译日本宇野哲人的《孔子》，钱穆的《论语要略》；魏源的《老子本义》，和陈柱的《老子注》；邵祖平的《文字学概说》，和吴贯因的《中国文字之起源及变迁》，吕诚之的《中国文字变迁考》；滕固的《中国美术小史》，和陈彬龢译日本大村西崖的《中国美术史》；钱子泉先生的《中国文学小史》，和丁毅音的《先秦文学》，陈钟凡的《汉魏六朝文学》，胡朴安的《唐代文学》，吕诚之先生的《宋代文学》，谢无量的《明代文学》，张宗祥的《清代文学》；王国维的《宋元戏曲史》，和贺昌群的《元曲概论》；这都是重复的证据。虽然，其中也有大同小异的地方，可以互相发明。但我们要晓得，它们都不过是"万有文库"的一部分，而非"国学文库"的一部分；"万有文库"的选择书籍，是要："以全智识为范围，非以一学科为范围；此中所选，皆人人当读之书，并依适当进程，先其所急。""兼收并蓄"，事实上是不容许的。

第三：万有文库的国学书籍，不但重复，而且也很芜杂。

像《国学基本丛书》的王念孙《读书杂志》，其中重要的部分，如《荀子》，《墨子》，《韩非子》，《荀子集解》，《墨子间诂》，《韩非子集解》，都已经收进去了，文库里也已经有了；何必叠床架屋，一见又见呢？不重要的部分，如《逸周书》等等，文库是根本没有这种书的，岂不是"皮之不存，毛将安傅"？又像《学生国学丛书》的《汉学师承记》，《徐霞客游记》，我也认为是不需要，因为它们的原本，都是很有系统，而且篇幅不多，用不着删繁举要。同时，奥衍的《周易》，繁重的《说文》，我想，都应该有一本好好的《学生国学丛书》，可是现在没有！又像《国学小丛书》内《儒道两家关系论》，《诗经之女性的研究》……一类的不重要的著作，"国学文库"，或者需要，而"万有文库"，也绝对是不需要的。年谱：收了一本胡适的《章实斋先生年谱》，我以为也不十分妥当（讲到《胡谱》的了解谱主，我想远不如王懋竑的《朱子年谱》和钱德洪的《王阳明年谱》；讲到《胡谱》的多开新例，我想又不如今人姚名达先生的《邵念鲁年谱》）。这都是芜杂的地方。其余，像《国学基本丛书》里：《书目答问》，应该用一本增补本，因为原本没有近五十年的新著新椠。《庄子》，应该用郭庆藩《集释本》，因为王先谦的《集解》，只可算作《学生国学丛书》。这两点，似乎也值得商量。

陶存煦认为，万有文库的疏漏、重复与芜杂，不仅是国学部分，其他类别都难以避免，"不过国学格外厉害点。这种毛病，固然是因为范围的限制。另一方面，也许王先生受了著作界的包围，不免情感用事，以后与原意旨，发生了重大的矛盾"。现在内政部和教育部号令全国，将万有文库定为一般读物，《文库》的选择书籍，当然有举足轻重之势"，此文意在"集思广益"。（陶存煦：《订补万有文库的国学书籍》,《图书评论》，第1卷第6期，1933年2月1日）

10月3日　中山大学公布1932年秋季学期中文系学生选课统计表（见表5），学生趋重经史课程。

表5　学生选课统计表

课目	选课人数	课目	选课人数	课目	选课人数
吴梦窗词	121	文选三（骚至表）	112	两宋词选	95
文选五（史论至祭文）	85	毛诗	83	文学史	81
荀子	75	尔雅郭注	66	国语国策文	66
李杜诗	63	小学大纲	59	孝经论孟	58
文选四（上书至符命）	56	陶渊明诗	54	唐宋八家文	54
桐城派文	51	四史文义	48	左传	42
文法学	38	楚辞	37	公穀文	31
文选二（诗）	28	鲍明远诗	28	阮嗣宗诗	26
说文解字	25	苏东坡诗	22	礼记	21
周礼	20	谢康乐诗	18	周易	16
尚书	13	说文段氏注	11	目录学	9
仪礼郑注	6	训诂学	5	古韵	4
音韵学	3	今韵	3	等韵	2
甲骨铜器文字	2				

记者案："韩退之自云，能暗记《论语》,《尚书》,《毛诗》,《左氏》,《文选》，其文遂千古。陈东塾自云，时习《论语》,《孝

经》,《孟子》, 粗览诸经注疏, 宋儒理学, 周秦诸子, 其学亦甲天下。今观该系学生选课之趋向, 殆师韩陈二公乎? 有志者事竟成, 愿大家努力!"(《中文系学生本期选课趋重经史》,《国立中山大学日报》, 1932 年 10 月 3 日, 第 3 版; 表格转引自刘小云:《学术风气与现代转型: 中山大学人文学科述论（1926—1949）》, 第 151 页)

10 月 5 日　《申报》刊登《国学指归集》预售广告。

中国文化学院讲习社主任李续川, 系当代经学古文专家, 蜚声海内, 已非一日, 立志阐扬国学, 曾积十余年之心血, 著成《国学指归》全部四集, 都六十余万言, 近已付印, 在北京路五十号益助社。事务所内发售预约, 全部分为（经）群经述略,（子）诸子通识,（史）史学类辨,（集）集部著要, 四大集。曾在光华、金陵、之江、持志各大学, 苏州中学等作为教材, 实为研究国学必备之书。(《国学指归集发售预约》,《申报》, 1932 年 10 月 5 日, 第 3 张第 11 版)

10 月 7 日　中央大学发布 1932 年秋冬学期（1932 年 9 月—1933 年 1 月）中央大学文学院中国文学系的课程一览, 其中钱子厚教授国学概论一、黄耀先教授国学概论二。(《国立中央大学文学院中国文学系课程一览》,《国立中央大学日刊》, 1932 年 10 月 7 日)

10 月 9 日　四川各界联合追悼廖平。

当日四川大学停课一日, 川大法学院由大门至礼堂, 遍悬各方挽联、诔文, 并于要道将六译先生少年、壮年、中年、晚年事迹, 及其学说六变之大概, 用简明语句分别书贴壁上, 使赴会者得知廖平生平概略。追悼会由川大校长王宏实先生主持，廖次山记录。首由主席致开会辞：

> 今天是我们追悼廖先生的一天。今年当廖先生去世后，本校即发起廖先生追悼会。后来因为廖先生同乡和军政各界也要追悼廖先生，便委托本校一并办理，本校自然义不容辞。我们所以要追悼廖先生，因为廖先生的逝世，不仅是四川学术界的损失，乃全国学术界的损失。在这里，有军政学各界的人，对廖先生的见解本不一致，但对廖先生的崇拜却有一共通之点，这个共通之点便是廖先生治学的态度。廖先生有他特殊的地方，他有他的很强的自信力，无论别人怎样非难，无论别人怎样用威势胁迫，他都能不改其说。但是廖先生又并不故步自封，总不断的为更进一步而努力。一旦得有新的主张，便把旧的抛弃。所以廖先生的治学的态度是进步的，变动的，不是一成不变的。我们治学便应该学廖先生这种精神。

此后，龚熙台、陆香初、向仙樵三先生讲演，龚熙台认为"人有疑其空洞者，不知廖先生之学说以微言大义为纲要"，廖平力求微言大义之沟通，"方今世界沟通，大同、大一统之说终必实现，则廖先生之言终不可磨灭，必如此讲经，经乃足以自存，其眼光之大，真不可及"。陆香初指出"井研学派出于常州学派说"，"井研学派即是尊孔学派"，"井研学派出于常州学派，此为前因，井研学派即是尊孔学派，此为后果。综其前因后果以律吾师之学说，似外间对吾师之毁誉，未免有失其真实之处"。［舒大刚、杨世文主编：《廖

平全集》（16），第729—744页〕

10月14日　陕西名儒牛兆濂、张鸿山在孔教会讲演国学。（《牛兆濂等昨在孔庙讲国学》，《西北文化日报》，1932年10月15日，第3版）

10月15日　湖南大学理学院长杨卓新在长沙明德学校演讲"科学与国学"，主张国学与科学有密切关系，应当将二者贯通与发扬。

杨卓新认为学生应当特别注意一面启牖新知，一面发扬国故。国学中四书五经等儒家典籍最重要。就性质方面说，国学可分为四类：掌故，"历史地理等记载事实的学科"。根据章学诚所说"六经皆史"，"可以说六经都是掌故"。词章，"包括散文诗词歌赋，而均出于六经，故曰大文章从六经来"。义理，"我国尧舜禹汤文武周公孔孟程朱，历代相传的学统，其所发挥的，均以义理为归宿而渊源于六经"。经济，"即应用于社会人生各方面的学问，所谓正德利用厚生诸端，皆由通经致用得来"。儒家治世，道家治身，佛家治心，"道、德、仁、义、礼、法六个字，是国学里面各家学说的共同归宿点，也就是人生问题里面做人的重要之点"。科学主要研讨（一）物（二）生（三）心三种现象："希望你们一面本着科学的系统方法去研究此无上真理，一面继续国学的人道精神顺乎自然，做到'万物皆聚备于我'，及天人合一的境地。"（杨卓新讲，李缄三、周绍洛记：《科学与国学》，《明德旬刊》，第7卷第2期，1932年10月21日）

△　中山大学国学考试委员会开第一次会议。出席委员有吴康（召集委员）、何衍睿、古直、邓植仪、曾运乾、石光瑛、李沧萍、朱希祖、徐绍棨、薛祀光、朱谦之、范锜、古底克、林椿年、罗献修、陈洵，吴康主持，黄耀焜记录。

吴康报告："依照本大学规程第三十条三十二条之规定，毕业生须经国学考试，始得领取学士证书。九月初旬校长函嘱康拟定国学考试办法，康即函复，函以此事为本校创举，又为各学院共同之事，其关系殊大，应组织委员会办理。九月二十九日，校长函聘委员十六人，组织本会，并指定由康召集会议，爰有此会以之召集。"会议议决："议定《诗经》《周易》《论语》《孟子》《老子》《庄子》《荀子》《墨子》《韩非子》《左传》《史记》《前汉书》《后汉书》《三国志》《资治通鉴》、'三通'、《昭明文选》等，为毕业生国学考试必读之书，学生从中任选一种，撰写札记或论文，缴交所属各学院，商请国学教授评定成绩。"会议议案呈请校长批准。（《国学考试委员会第一次会议纪》，《国立中山大学日报》，1932年10月19日，第3版）中大校长邹鲁："准予照办。"（转引自刘小云：《学术风气与现代转型：中山大学人文学科述论（1926—1949）》，第139页）

△ 燕京大学国学研究所卜克（Lucius C. Porter）教授，为联络各地哈佛燕京社员起见，特有上海、香港之游。卜教授于上月十五日离平，预计本月十二三日可以回平。（《燕大国学研究所卜克教授即将归来，南行为联络各地哈佛燕京社人员》，《燕京报》，1932年11月12日，第4版）

10月16日 船山学社开临时董事会。

董事长胡子清报告曾祠与艺芳女校与船山学社所订条约，省府已指定备案。"省府指令准予拨发开办费二千元，应如何支配用途，议决照原定概算支配。是日加推陶广、刘建绪、毛炳文、王东原、陈光中、黄赞元、王代懿、胡元俶、赵恒九人为名誉董事。"（赵启霖著，施明、刘志盛整理：《赵瀞园集》，第425页）

10月17日 师夷发表《评王易国学概论》，期望学界能在钱穆与王易的《国学概论》基础上，撰写完备适当的"国学概论"。

近十年来，大学中学，颇有设"国学概要"或"国学概论"之科目，而完善之教本，迄难其选。最近始有钱穆编《国学概论》由商务印书馆出版，而不久复有王易编《国学概论》由神州国光社出版。钱书乃在中学校实际所用之教本，而王书则为大学校（南京中央大学）讲授所用。两书均迫于实地需要而产生。而两书之编写，亦均历相当之时期，并非书贾牟利，草促成书之比。惟两书体例，颇有不同，因此内容亦复迥异。可见所谓"国学概论"一科目，其所应讲述之内容究应若何始为完备，其在大学中学程度之划分，又应若何始为适当，现在尚未得一比较明定之标准。读者试比观两书，即其取材详略出入之间可知。若继此更有作者，庶乎创始者难为功，继承者易为力，斟酌二书，舍短取长，逐渐进步，可得一比较完备适当之"国学概论"，实不仅为今日大学中学教科所需要，亦一般青年学人所极盼望而应有之读物也……

国学一语，本属漫无畔岸，极难界说。其范围之广，品质之杂，诚如著者所云。而若以近世学者眼光观之，则经史子集，无大无小，随拈一处，可成问题。欲以平铺直叙之笔，写数千年来之国学，为之分本末，辨真伪，定有用无用，谅哉其难。此书虽云"择要论列，借识大凡"，然固已搬拾浩博，包罗广大，令读者有望洋向若之想矣。然其采撷既富，行文主洁。论务持平，辞不支蔓。故能博收众说，归之条贯。决非率尔下笔，漫辞成文之比。故粗为评骘，使读者知其体例，循此推求，未尝不足"资深造之基"。若掉以轻心率见，翻阅一过，即认为国学之概要不过如是，则恐著者亦决不谓然耳。（师夷：《评王易国学概论》，天津《大公报》，1932年10月17日，第8版）

△ 《申报》报道中华职业教育社开设国学讲座与教育学，已聘定沈信卿专讲国学大意。（《职教社添设教育学讲座》，《申报》，1932年10月17日，"本埠增刊"第3版）

10月20日　《大公报》报道薛正清经刘蠡真介绍，在中州国学社讲演"儒家的伦理思想"。

薛正清自称：

很欢喜讲国学，但不是为讲国学而讲国学，因为学乃是讲学的材料中之一种，兄弟把它与现今各国的各种学问，都平等视之，也不格外抬高它，也不有意轻视它。凡人讲学须以求真理为目的，须以有益于身心社会为归宿，譬之入市购物，古董铺洋货铺的东西，都可就我所需，随意购买，其主要目的，在可供给吾人的生活，不是见了古董，便垂涎三尺，投入古董铺里作使用人，或则见了洋货，便目眩神颠，进了洋货铺作买办，有时洋买办与古董老板，互相攻击，乌烟瘴气，实在可笑。这些人都是忘掉了自己，与有精神病一般，譬如讲学的人，或为古人作奴隶，或为今人作奴隶，与此何异呢？

儒家的伦理思想，在中国学术界以及社会上，均有极悠久极深入的印象，诚有可研究的价值。因为欲彻底改造现今的社会，须先将它素日的内涵，一加研究，以为改进之途径，诚今日之急务，亦今日之最大问题。儒家学说的立场，多在人生行为方面着想，至于性与天道，实罕言及。近二十年来中国学者，开口谈哲学，闭口谈哲学，将孔子的学说，都牵入哲学范围内，殊不知哲学的范围，就是性与天道。宇宙是天道范围，认识洵是性的范围，至儒家所讲的那些孝弟忠信等等名词，都是伦理学范围的东西。这个前提，弄不明白，还讲什么哲学！兄弟向来除研究国学外，仅学过几天商业和经济，至于其他实际科，都无根底。尤不敢拿□理想如阴阳五行之类，去讲哲学，这是兄弟不讲哲学而讲伦理学的理由。（《儒家的伦理思想：薛正清在中州国学社讲演》，天津《大公报》，1932年10月20日，第2张第8版）

10月21日 福建协和学院国文系同学讨论国文系国学研究会的组织法，当场选出王治心教授及郑一絮任干事，林元汉任文书。所分之组计有戏剧、音乐、诗、小说、散文。（《校闻一束·国学研究会》，《协大学生》，第7号，1932年）

10月23日 船山学社董事会开第四次常会。

董事长胡子清缺席，由副董事长代理主席，"讨论修理本社房屋案，议决由正副董事长、副社长、周秘书酌量办理。石董事提议，曾祠、艺芳与本社立界碑案，议决由正副董事长、副社长会同原有交涉代表，克日办理"。（赵启霖著，施明、刘志盛整理：《赵瀞园集》，第425页）

10月28日 中山大学文学院为有助于学生研究国学，敦请曾运乾讲《双声叠韵与文学》。（《文学院布告》，《国立中山大学日报》，1932年10月27日，第2版）

10月31日 吴康在"总理纪念周"上，报告中山大学文学院概况与后续规划，拟组织文科研究院，内附设博物院，下设文史研究所、教育研究所、哲学研究所、社会科学研究所，同时成立中国学院，弘扬中国国学，实现"中国文化之复兴"。

吴康自称以中华民族复兴为贯彻始终的一贯主张："中国国学，为本国固有学术，故宜先设中国学院，以精密考验方法，整理我们固有学术，使中国学，在世界学术史中，成为一种有系统之学问。同时观摩比较，取长补短，以我们将来的努力，为中国文化开一新纪元，是曰'中国文化之复兴'。必达到文化复兴目的，然后才能完成'中华民族之复兴'的伟大事业。"因此，极力主张中山大学成立中国学院，一方面广泛购买西方讨论中国学的图书经籍，并与欧西各大学专门学院联络沟通，另一方面可以聘任海内鸿硕，招收研究生，作专门研究，"务使中国学成为一种吾人理想中'新世纪之科学'，以求'中国文化之复兴'唯一的工具"，并且业已草拟中国学院章程，拟采用一定程序，以求实现。（《文学院吴院长报告》，《国立中山大学日报》，1932年11月1日，第6版）此后，吴康提出"设立中国学院刍议"：

中国学 Sinologie 者，乃西方学士，对于中国语言、文学、民族、制度、哲学、宗教、艺术诸事，为统系研究之总称也。今拟于本大学规设中国学院，在求于南中国建一完美之"中国学"及"东方学"Orientalism 研究院。东方学含义宏大（以东方兼言印度、安南、日本及其他欧洲史策中称为东方之国家民族，如波斯、巴比伦、埃及等，不一而足），此姑不论，论中国学。夫今日中国各学校所授学科，自西方输入之新式科学，几于无一不入"中国学"之范围，别立学院，似违逻辑。不知今日学校中讲授之"中国学"类学科，如中国文学、史学、哲学之流，皆散见于全部课程中，未尝为条理总汇之研究，以是搜辑图书，往往汗漫无归，略无系统。而欧人关于中国学、东方学之著述，亦以旨趣弗专，不能广为购采，其终令吾人探讨国故，于无形中，灭削世界上已往一大部优美成绩之参证，其于学术研究上之损失，乃至于不可思议。欲挽此弊，宜求于中国境内，急增设中国学之研究院。一、可以现代新科学方法，对于本国学术，如史学（史籍、奥地、考古学等），哲学（道德思想、形而上学等），文学，语言，民族，风俗，宗教，政制，社会，天算，医学，美术（图画、音乐、雕刻、建筑等）诸科，为专门分类之研究；二、可于本国经籍外，采购外国学者关于中国学之古今著述，供研究参证之资。欧洲"中国学之研究，盖探源于十七世纪末叶，以耶稣教会 Te ui es 为之前导。入十九世纪，渊源始大。法国雷缪萨 A. Rémurat、儒莲 Stuliun 诸家，奥衍宏博，著述斐然。中国学在欧士学术史中，巍然成一独立之新学科，遂为世所共认。其后如法之毕奥 E. Biot、荷兰之许来格 G. Schlegel、英之威廉士 W. Williams 辈，并有译述，以遗来世。继若英之来吉 J. Legge、法之顾赛芬 S. Couvreur，编译诸经，比于欧土玄奘，庶几无愧。而法国沙畹 E. Chavannes 转译《史记》，考证详博，理解入微，实国际译学界不朽之盛业。（惜只译至孔子世家止）晚近英载尔士 Giles 之传略辞书，法伯希和 P. Pelliot 之语言考古，德傅兰克 Frank 之宗教史传，佛尔克 Farke 之哲学，汉尼士 Haenirch 之蒙古满洲史，瑞典高本汉 Benhard Karlgren 之经传文字，法国马伯乐 Maspiro 之史传批评，葛兰言 Granet 之风俗宗教，社会研究，皆卓然能自树立，凡所述作，并有新解。此皆于吾人未来之"中国学研究"中，为无穷之宝藏，足弥中土金匮石室之阙者也。是以区区之意，拟在本校文学院附设一中国学院，以造成将来南中国对于本国学术文明及东方学研究之中心。使中国文明，借廿世纪科学濯厉之功，于最近未来期，开一新境，成吾人理想中"中国文化复兴"之盛业。借是疏沦民知，砥砺民德，予今后此土四百兆人民，以一庄严灿烂之新生命则"中华民族复兴"之业，于是乎成。而吾人于中国学为纯科学研究外，兼得远收发扬民族文化之宏效，则区区此日主立中国学院之意，于是为不朽矣。爰述始末，借白愚诚，谨草规程，敬待众议。（《文学院本年度第六次教授会议纪》，《国立中山大学日报》，1932年12月7日，第2—3版）

10月　鉴于学界"鄙易国故，尽革旧文"，东方文化学会征求会员。

东方文化学会为中国、叙利亚、阿拉伯、土耳其四国人所发起，以倡导东亚文化，征集东方各国史料为宗旨。1924年春，发起于法国南部历司地方。1925年3月20日，在法国巴黎召开成立大会，印度、波斯、安南、朝鲜纷纷加入，共同拟具宣言与会章，组织干事部，安南潘周桢、印度巴格失、叙利亚巴克利、中国丁肇青、朝鲜李浩五、波斯哈古宾等为干事。暹罗、真腊（即今甘包直，又名金边）、缅甸、爪哇、阿尔美利亚、高加索、伊拉克、阿富汗、俄罗斯、埃及、巴列斯登等国人先后加入成为会员。1927年3月，在巴黎开会修改会章，采用会长制，选定李鸿章之孙李国杰为第一任会长，照章在各国设立国籍分会，中国分会起初设在巴黎，后迁至上海。据1932年采访：会址在上海福煦路五百三十七号，由程演生主持会务，会员一百六十余人。（胡怀琛：《上海的学艺团体》，《上海市通志馆期刊》，第2卷第3期，1934年12月）

东方文化学会宗旨：（一）征集东方各国之历史；（二）考订东方各国之古物；（三）研究东方文化之流别（如美术文学宗教哲学等）。会务（一）演讲。（甲）由本会敦请东西各国研究东方文化之学者演讲；（乙）由本会会员提出问题讨论。（二）发行杂志。（甲）译录东西各国学者关于东方文化有系统之著作及演讲原稿；（乙）由本会会员义务投稿（互译之文字皆以杂志出版所在国为标准）。（三）开设展览会，如美术品、书籍、古物、照片、古物模型等展览。（四）组织旅行团，以便会员游历东方各国实地考察。（五）举行东方各国重要庆典，如波斯、阿拉伯、中国、印度等国之重要节期。（六）建设分会，凡本会员有五人以上，于所在国得按照本会章程建设分会，协助本会之发展（如通信研究及招待会员旅行）。会址暂设于：Association Pour L'étude des Civilisations Orientales。

东方文化学会征求会员启：

凡一民族，有其伟大之文化及其长久之历史，遽自弃置，无以恢张，斯一衰敝之民族也。凡一民族，有其文化及其历史，而为他一民族所慑服容纳，乃自体反无以存亡继绝，斯一堕落之民族也。凡一民族与他一种文化接触，而故步自封，不克探讨吸取，互相奂发，斯一固陋之民族也。我东方诸国，民族肇生，画区殊别。然叙稽往古，其先民先德，莫不各崇天赋之机能，菅启宇宙，昭宣文化，群生则之，利用无穷。若埃及，若加尔底亚，若亚西利亚，若腓力基，若犹太，若中国，若印度，若波斯，若阿拉伯，皆其主人。推厥文化，匪惟自足已也。又且各能辩同校异，抉择传扬。若腓力基取埃及之文，造作字母，希腊、罗马、突厥、阿拉伯，咸承用之，遂为西亚及欧洲文字之本始。若犹太采埃及丧经于己族，实开基督，遂化欧美。若埃及宗教万物一主之说，希腊哲人，多被影响。若中国中古，印度佛说输入，而哲学思想，回生变化，图像建筑，颇增法式。至若亚西利亚、埃及之艺术，流于希腊罗马，雕刻制器，爰致精微，若日本于近古，得中夏之隶草，列平片假名，始仿文言。若中国之指南针，于中世纪传之欧土，于是航海之术，日益昌明。斯皆文化史上显著之成绩，吾人所共知者。

晚近欧洲列强，百数十年来，科学发达，政法修明，风声之盛，直欲凌盖五洲，侔造天地。而东方之名邦旧族，又久已播迁板荡，流风寝衰。除中国之能续承祖德，阿拉伯、波斯、印度之仅保遗徽，殆无不为之摧服，愿从驱役。即中国阿拉伯诸域，其震惊强大之士，亦几欲鄙易国故，尽革旧文，举一切以仪刑之，是亦一世会之大变也。

然科学之所攻，声光化电而已，要其方术，穷以物质，导以机械，率循原则，因程而进，必日新而月异。其收功也盖三十年可小成，六十年可大成矣。美利坚、日本，皆其大效者。乃若礼教民德之美，文章艺术之精，殆非千年亭毒之，五百年含濡之。固无以登其极而窥其奥，斯东西古今文化之进程，辙迹昭然，悠悠而不可掩抑者焉。

今当万方交通，社会促进，人群之争长益弱，端赖利器，庶习科学，吸收欧化，此自吾人所应力图。惟贷金樽之于市者，曷可碎家之玉斗也。譬如爱尔兰之于英，比利时之于法，希腊之于伊大利，瑞典之于那威，皆唇齿之邦，褰裳可至。然其人对于旧有遗俗，犹各竞竞自守，不肯妄同，务存特性，乃我东方诸国，奚诎以乞物质器数之为用，惧威武强力之相加，而遂至淫滥无归，伏首仰息，放弃其一民族固有之文化乎。且欧洲文字艺术以及哲学政教，前已略言，固近取诸希腊、罗马，而远绍之亚西利亚、犹太、腓力基、埃及者也。其能跻致于此，亦以滋殖有素，今借科学而愈晋耳。故其承学之士，皆多方溯其文化之原，搜集散佚，掘尼泥微之废宫，发埃及王之古墓，抢残守缺，钩深阐微，陈之国学，无不原原本本，条理毕具，迩来且汲汲网罗东亚矣。

本会同人，不揣娸陋，窃为伤之，爰集斯会，敢云继前修开来哲。盖以历史与文化也，乃一民族总其千万年精神之所寄，即一民族生命永远继续之所在也。苟失其历史，亡其文化，斯岂徒一民族之耻辱哉，实诚自沦灭其民族尔。我东方文明旧裔，宁能不自珍贵，一任湮没，而罔所愤惟，悉心以研索之耶。专此通启，愿结合列邦材俊，共相努力，各征其民族之文献，忧其宗国之旧声，庶不负圆舆之育，蒸民之则，而知所以网维矣。呜呼！我东方志学之士，宝其先民之贻者，曷兴起乎。东方文化学会启东方文化学会征求会员及赞助会员，名誉会员规程。依据本会会章第四条，应于每年三月十日各征求会员一次，兹订定征求会员规程如下：一、本会由干事会推举征求会员干事十人，以办理征求会员事宜。二、本会会长及干事会干事为当然征求会员干事。三、征求会员干事任期以三月一日起至三月三十一日止，十月一日起至十月三十一日止（征求赞助会员，名誉会员时期不受此强制）。四、征求会员干事由干事会各寄与空白会员履历表三十张，以备入会人填写。至征求期满时，即将该表连同入会费五元，常年会费五元，汇寄干事会登记，乃始发给会证。五、征求会员干事所征求会员如超过三十名，其履历表可再向干事会领取，有未及三十名者，余表仍须交回干事会收讫。六、凡非本会会员，有以款项、书籍、古物捐助本会者，本会应备函敦请为本会赞助会员。七、本会会员有以款项、书籍、古物捐助本会者，本会亦得备函敦请为本会赞助会员。八、本会赞助会员，以款项捐助者暂分三项。凡一次捐助一百元以上者，得为本会普通赞助会员，应赠以本会出版书报，并纪念银牌一件。凡一次捐助五百元以上者，得为本会特别赞助会员，应照赠普通赞助会员赠品外，并赠纪念银鼎一座。凡一次捐助千元以上者，得为本会永久赞助会员，应照赠特别赞助会员赠品外，并赠纪念匾额一方。凡以书籍、古物捐助本会者，可视上列三项分别照赠。九、赞助会员捐助款项、书籍、古物时，由本会干事会分别登记缮写收据，并由本会会长签字盖章为凭。十、凡研究东方文化，成绩斐然及声誉卓著，热心本会会务者，本会应备函敦请为本会名誉会员。（中国第二历史档案馆编：《中华民国史档案资料汇编·第五辑·第一编·文化（二）》，第736—740页）

　△　私立齐鲁大学文学院国学研究所编辑的《国学汇编》第一册，由国学研究所出版部发行。

有评论称该刊"研究国学者，诚不可不阅"。（《新书介绍》，《中华图书馆协会会报》，第8卷第3期，1932年12月30日）

11月3日　《申报》报道上海江西路亚美无线电公司以无线电教授国学，"俾于娱乐之余，利用科学，以宣传文学"。（《无线电教授国学》，《申报》，1932年11月3日，第4张第16版）

11月15日　上海《青鹤》杂志创刊。

该刊由陈灨一主编，到1937年7月30日因抗战爆发而停刊，总计刊出114期。创刊号刊布的"本志特约撰述"，共105人，计有陈石遗、丁福保、王西神、于右任、刘承幹、梁鸿志、周瘦鹃、黄秋岳、傅增湘、孟心史、章士钊、蒋维乔、夏仁虎、吴湖帆、冒鹤亭、钱基博、曾虚白、吴稚晖、高梦旦、陈巨来等。汤斐予在《青鹤别叙》中，称：

> 《青鹤》在文艺界居何位置，有何影响，无从预测。然自始克保，其固有之领域而出之以宣明之态度，则亦一特色也。以余所闻，其内容主要成分，将为国学谋硕果之存，其于诗词以声律所关，不录语体散文，则语体与文言并存不废，此其大较也。以此与他刊之特标新义昌言创作者，两相对勘，不特思辨所逞。有异曲同工之致，即其观感之效中，于人心而互为消长者，亦将由是而益彰可断言也。譬诸耕者或求新亩以拓其天然之富源，或就荒野以尽地力之所宜，勤动不殊，则将各有所获而已。（汤斐予：《青鹤别叙》，《青鹤》，第1卷第1期，1932年）

陈灂一在《本志出世之微旨》中，称：

　　本志之作，新旧相参，颇思于吾国固有之声名文物稍稍发挥，而于世界思想潮流亦复融会贯通。勤求理论，不植党援，不画畛域，不纳货利，不阿时好，定例曰论评，曰专载，曰中外大事记，曰名著，曰丛录，曰文荟，曰词林，曰考据，曰杂纂，曰谐作，曰小说。论一事公允为断，考一制详实为先，采一文雅洁为上，治一学本末为归。凡政治、外交、社会、经济、实业、地理、文词、金石、书画、目录诸学，靡不兼收并蓄，而孤本未刊本之纯粹者，俱致力搜罗，期与国人交相讨论，当此士不悦学人怀悻进之秋，傥有人焉。手此一编，或将笑吾为迂腐。吾则欲吾心之所安，奋一室之言，求千里之应，谓之不自谅也。不亦可乎？虽然是非得失，终有公论也。愿与同人共勉焉。（陈灂一：《本志出世之微旨》，《青鹤》，第1卷第1期，1932年11月15日）

　　本刊特约撰述：丁仲祐（福保）、王西神（蕴章）、汪旭初（东）、吴向之（廷燮）、周梅泉（达）、柯凤孙（绍忞）、徐姜厂（沅）、孙师郑（雄）、许思潜（闻武）、陈石遗（衍）、陈裕祺（裕祺）、费四桥（保彦）、杨云史（圻）、贾果伯（士毅）、钱须弥（芥尘）、丁宣之（以布）、王乐三（毓英）、汪叔贤（馥炎）、吴董卿（用威）、周瘦鹃（国贤）、宣古愚（哲）、徐振飞（新六）、孙公达（宣）、许源来（闻泉）、陈子言（诗）、梁众异（鸿志）、黄晦闻（节）、杨昀谷（增荦）、潘兰史（飞声）、龙达夫（达夫）、于右任（右任）、王削颖（英烈）、余大雄（洵）、吴德生（经熊）、林切庵（葆恒）、胡绥之（玉缙）、夏映庵（敬观）、孙东吴（雷）、傅沅叔（增湘）、陈彦通（方恪）、梅撷云（光羲）、黄秋岳（濬）、杨晴川（毓瑊）、刘翰怡（承幹）、谢霖甫（霖）、文公达（永誉）、宋公威（育德）、李新吾（经畲）、吴湖帆（翼）、孟心史（森）、胡改庵（朝宗）、夏蔚如（仁虎）、孙拔僧（寿镛）、张勺圃（伯英）、陈仲骞（任中）、章行严（士钊）、黄公渚（孝纾）、杨季子（敞）、蒋竹庄（维乔）、谢抗白（祖元）、方药雨（若）、江叔海（瀚）、李拔可（宣龚）、吴眉荪（庠）、冒鹤亭（广生）、郁宪章（嶷）、夏叔美（偁）、孙斯可（再）、张丹斧（国宬）、陈霆锐（霆锐）、汤斐予（漪）、黄君坦（孝平）、叶玉虎（恭绰）、钱子泉（基博）、罗复堪（惇㬊）、王晋卿（树枏）、吕贞白（傅元）、李凤亭（祖徽）、吴寒匏（定）、邵伯絅（章）、秦曼青（更年）、曾虚白（煦）、袁伯夔（思亮）、张季馥（肇棻）、陈彦衡（鉴）、程十发（颂万）、黄适园（中彊）、叶伯皋（尔恺）、钱孙庵（基厚）、谭瑑青（祖任）、王孟群（荫泰）、汪衮甫（荣宝）、吴稚晖（敬恒）、周立之（学渊）、祁鞠谷（景颐）、高梦旦（凤谦）、孙益庵（德谦）、袁文薮（毓麟）、张子厚（万禄）、陈巨来（斝）、程伯衡（希文）、黄少牧（廷荣）、叶浦荪（玉麟）、钱轶群（承绪）、关颖人（赓麟）。（《本志特约撰述》，《青鹤》，第1卷第1期，1932年）

11月 顾荩丞编著《国学研究》（第4册集部），由上海世界书局出版。

12月1日 王德林发表《中国国学分类之蠡测》，提出以赋、比、兴三种方式给国学分类。

王德林认为：

人类认识的本能，只有三种。一是记忆的能力，眼看见红，记得是红；眼看见蓝，记得是蓝；人们的两个眼睛，虽则同镜子一样能照，但是不像镜子一样不能受。佛经里"末那识"（八识中第七识），是指人们的受性，亦即所谓习染性也。二是了悟的能力，看见了红，再看见蓝，知道非红；看见了白，再看黑，知道非白；睹此知彼，是人们差别的本能。三是幻想的能力，看见了山，又看见了黄金，把山与黄金联合起来，便成为黄金之山；看见了高飞之鸟，又看见了人，把飞鸟与人联合起来，便成了高飞之人；这因为人们有习染性与差别性，把他所记得的或分拆，或联结，这就是幻想的构成。"记忆的"本能，达之于文字，是赋的方式。"了悟的"本能，达之于文学，是兴的方式。"幻想的"本能，达之于文字，是比的方式。"赋"是记述的文字，"兴"是理论的文字，"比"是描写的文字，人世间往古来今一切的文字，不能逃乎这三种方式以外。中国国学当然在这三种方式之中，所以我主张根据这种原则去分类，但是不必提明史学，文学，哲学之名。我以为荀勖的"暗记法"最无流弊，现在相沿的"史"，仍入"乙部"，子仍入"丙部"，集仍入"丁部"，把"丛书杂抄"代"经"入"甲"，仍存四部之名，而革其应革之弊。离经叛道，在所不辞，一管之窥，敢告愚虑。（王德林：《中国国学分类之蠡测》，《江苏学生》，1932年第3期）

12 月 6 日　"佛"发表《国文课》，称："我因为'国文课'三字，而联想到我国国学的衰落"，提出国文课程的问题与改良意见。

文中称："我也曾吃过开口饭，当过几年中学大学里国文教师，因为我是以老卖老的关系，学生虽买我面子不敢替我捣蛋，然我细细地考察，根本信仰国文与喜欢研究国文的学生，真是少数的少数，我看了这样情形，心中十分难过。因为言语文字为立国的根本，是以文化侵略，为帝国主义者惟一的武器，故欲灭人之国，当先灭其言语文字为主要条件。现在他国既有浸浸以文化侵略我国的趋势，而文化落后的我国，天然无法抵抗。然亦不应数典忘祖，先将言语文字自己灭亡，因为我国的文化虽有不合时宜的地方，而言语文字究竟不在吐弃之列。"国文课程应当改革，"一、当国文教师的，须要研究教授的方法，与教课的材料，使学生引起对于国文研究的兴趣。一、学校当局支配课程，不能专门注重英算，必定要使各种科目，平均发展。一、要减少各种无聊的课程，使学生的脑筋，专注力于各种重要科目"。（佛：《国文课》，《申报》，1932 年 12 月 6 日，本埠增刊第 1 版）

12 月 8 日　鸡晨发表《标点是国粹吗？》，指出标点并不是国粹。

文中称：

标点，我国本来没有这名辞的。假使一定要说有，那么只有在读书时，教师在《大学》《中庸》上，用着朱笔，圈个圆圈，就是一句，点个三角点，就是一读。在作文时，一句最妙的句子，那么老师替你圈上几个"密圈"，或者点上几点"密点"。稍好者"双圈"，通者"单圈"。不通者一点，极不通者或用丨或用×而已。我记得这个名辞之来，正是国粹——指文言文——消沉之日，并且种种的标点，大一半是舶来品，一小部分是仿制的。（鸡晨：《标点是国粹吗？》，《新闻报》，1932年12月8日，第5张第17版）

12月19日　陈啸江时在厦门大学历史社会学系就读，后来转学国立中山大学史学系，跟随朱谦之鼓吹"现代史学运动"，在《厦大周刊》发表《新中国的新史学运动》，指出新史学运动与整理国故运动的区别。

该文分十二部分：（一）前奏：从中国现代环境之下所产生的新史学运动；（二）过去中国史学界的总结算；（三）现代中国史学界的总结算（本节所述，多触时忌，兹征得作者同意，略去之。——编者）；（四）新史学运动的根据一：史的社会；（五）新史学运动的根据二：社会的史；（六）相对论与新史学；（七）唯物论的辩证法与新史学；（八）统计的研究法与新史学；（九）新史学的新领域；（十）新史学的新意义；（十一）新史学的新研究法；（十二）尾声：我与新史学。作者在"前奏"中说：

在几年前，大家感着"数典忘祖"的可怕，有整理国故的要求。一时国故先生们风起云涌，你来一篇国故文章，我也来一本国学著作。闹到这几年，光阴总算花了不少，其实他们的成绩又在那里？不用说那些无聊的作品，不值一噢，即是那鼎鼎大名的《中国哲学史大纲》，尚有人评为"几曾摸着一些儿边际"，尚有人著着专书来驳斥他。这并不是妄评！因为他们在布尔乔亚的思想模式之下制造出来的东西，除凭主观来排列一些旧书里的材料外，当然不会有什么结果——我们在新史学运动领导下，虽然也主张研究旧书，并整理旧事，但我们的立场，观点，方法，对象，目的完全与他们两样。最要的，他们研究的结果，只是书肆里多出版一两本新书，而我们研究的结果，则能立即与现［实］生活发生关系，这便是新史学运动与国故学运动分歧的地方！（陈啸江：《新中国的新史学运动》，《厦大周刊》，第12卷第13期"历史学会历史专刊"，1932年12月19日）

12月20日 乐悌发表评论文章《提倡国学？》，针对政府提倡国学，近来各项专门考试以国文优劣为取舍，指出国文为提倡国学的工具，呼吁当局果有提倡国学之意，"最低限度亦应在学校之中添经学一科，语体之外兼作文体文"。（乐悌：《提倡国学？》，《新天津》，1932年11月20日，第14版）

本年中 陈中凡应邀到无锡国专作"中国近三十年学术史"的学术讲座。

张尊五称此次讲座"从晚清魏源、梁启超、严复、刘师培、章太炎等学术革新，'五四'运动所推动的文学革命，到当时的革命思潮，唯物史观和马克思主义"，这是无锡国专的讲台上，"第一次出现了'唯物史观'，'普罗文学'等名词，第一次向学生介绍了新文学流派创造社，太阳社，文学研究会等。原来是为三年级学生开的学术讲座，却轰动了全校，每次上课，尊经阁楼下大教室内座无虚席"。（张尊五：《三十年代的无锡国专》，《江苏文史资料选

辑》第19辑，江苏古籍出版社，1987年，第156—163页）

12月　续刊《船山学报》第一册出版发行。

《船山学报》续刊着重介绍船山遗著及湖南其他先贤遗著，今后介绍名著，应"先尽本社同人已刻未刻之著作或评述；次搜罗湖南全省先贤遗著，次本省政学各界名人愿以著述托为介绍者，次全国人士愿以著作托为介绍者；次通行名著，本社认为于当代教育、政治、军事、实业最有裨益者"。所刊发文章分为："一、经学家言；二、史学家言；三、道家者言；四、墨家者言；五、法家者言；六、名家者言；七、政学家言；八、计学家言；九、教育家言；十、佛学家言；十一、文学家言；十二、农学家言；十三、工商家言；十四、兵事家言；十五、艺术家言。"该刊弁言称：

> 《船山学报》第一期刊行于民国四年乙卯岁八月二十日，其时距学报（社）成立两阅春秋。自甲寅六月十四日社友会讲以来，月圆十四度矣。当筹备之初，征材斠文，至蕲矜慎，重以时政杌楻。戕呴之下，动则生戒，洪宪发端，言禁愈厉。蔚庐刘先生以为此民气生死之秋，人心之存亡，学说虽微，与有力焉，慨然主持为发刊学报之举。未久，滇、桂军兴，项城愤殪，国复其轨，而蔚老以湘、桂公推，晋主湘政，未几入都。本社学报失其重心，亦遂至第八期而中辍。世变益亟，燕粤分鼎，劣阋起伏，死党偾兴，民失攸宗，士夺厥气，国既易揆，学亦多端。杨泣歧羊，墨悲素染。自赤化扬氛，玄黄战野，七八年来，横议风生，群蚩刺天，何学可言，遑敢云报。报

者，所以广声气、通意志、贡知识以资商榷者也。报以学冠，所学伊何，巷议途说，便成鬼趣，断烂朝报。或且以讥春秋，朱陆异同，汉宋商兑，议礼成讼，怙文相轻，积习靡更，奚取舌战？矧如道器分端，物质精神，匪可畸废，玄言墨辩，多孕新理，希罗往哲，适契禅宗，古今运殊，东西揆一。倘如执一先生之说，闭户造车，抑或由东涂西抹而来，不知而作，明眼者笑，自省亦欺，学者之名未易假也。准上所云。

举世多贤，每发一端，义资众擎，庶衷壹是。吾湘学派，自鬻熊垂耄师岐，实先犹龙，为道家言。二《南》遗风，嗣以《九歌》《橘颂》《离骚》，忠义奋发，沅澧湘潭，有坠绪焉。长沙谪傅，首策治安，湘东文宴，座多宾客，下及临湘法楷，并驾颜虞，绿天草书，允轶芝旭，载稽文献，奕奕可观。自濂溪周子以道学开宗，《太极》《通书》精极天人，妙解心性，洛闽承武，大畅儒风。宋明逮清，未之有改。其间坚苦精卓，远挹微言，高踞群流，毅然以六经生面之开自任者，衡阳王船山先师，一人而已。先师生明清鼎革之交，匿迹荒山，食薇茹辛，自号姜斋。《黄书》一篇，洞抉三畛，人禽彝夏，防戒蚁堤。三古典制，形诸《噩梦》。《春秋》大义，《周易》精言，读史幽忧，说诗沈切。凡诸缵述，独辟町畦，心印横渠，精深博大。当代如南雷《待访》、昆山《日知》、习斋《四存》，方当退舍。然而诸贤觥觥，邱园干旌，避声无地，而先生则苍藤槲径，瓮牖绳床，燃炬写书，荷锄种菜，等身之著，散置生朋，观生之居，自铭幽圹。所南皋羽，逊此精诚；魏野严光，宁堪拟议。高澹坚贞，思深行绝，孤诚不死，历远弥新。天柱苍撑，望衡九转，湘流不竭，石船中横，幽月长风，先生精魂时往来焉。后学承流，撷厥清芬，以濯肺肝，懦立顽廉，差可以维系人极。神州弗沉，良知各具，公诸来世，含生禀气，或未悬殊，为先哲存一脉精诚，即可为群伦消无限沴戾。谓余不信，请视来兹。迩者外舶风狂，变教易俗，自蹂国粹，渐毁人伦，侈谈生计，则争夺风行，误解自由而廉耻道绝。政亡其本，谓治平无取修齐；学失厥宗，谓文化无须礼义。兵不卫国，官不恤民，吏不勤公，士不修学，朝比一哄之市，校如百戏之场。政今多歧，法律无效，兵匪之途久混，经济之源早枯，邻警频来，束手待毙，内讧交煽，流血未已。哀兹元元，适丁多难，未遑朝夕，宁计国家！纬萧哀周，漆女恤鲁，于古有之，今后奚如？巨栋之折，奚仅崩榱，危巢既破，讵有完卵？此本社同人所为汲汲焉求伐木之友声，效鸡鸣于风雨，不揣谫陋，而为续刊学报之谋，期以就正当代诸君子者也。

　　是报也，首重师说，志所自，戒妄作也；次搜罗三湘文献，居是邦，先正典型，勿忍堕也；次通论政教典制，官失学夷，礼失求野，广知识也；次专论专著，一艺之长，一家之言，与世有裨，夏葛冬裘，各有当也；次文苑，文词诗赋，足以考事，足以观时，觇文化者，胥于是焉；次讲演，研经辅史，赏奇析疑，君子以朋友讲习，循古谊也；次札记，次诗话、词话，碎金片玉，出风入雅，绩学多闻之士，所以稽古，所以存今，亦以合群而写心也；次说苑、逸闻、小说、俚俗、卮言，谈笑解纷，寓言十九，九流之末，所不废也；次从录，本社历年大事本末、文牍专件、规章学约，概宜最集，以公当代，其他要目，以时变通，或减或增，宁缺无滥。方今刊物，充栋汗牛，学术攸关，东西辐辏，义凭重译，文袭旁行，往哲时英，望尘奚及？以兹蠡管，放诸裨瀛，向若而惊，良侪秋水。即以国学论，捧土一抔，焉知泰岱，贡芹献曝，适成野人。或如买椟遗珠，赘冠适越，为当代笑，势无幸免。所冀各方宿学、方闻、嗜古之士，时锡箴铭，开示义法，惠以伟著，广之国闻。倘如往哲遗书，未刊名作，整理故籍，商榷群疑，琅篇下颁，本报生色，所拜嘉也。壬申嘉平月古昭陵苍石山民谨序（《续刊船山学报弁言》，《船山学报》，1932年第1册；周发源、刘晓敏、王泽应主编：《船山学刊百年文选》，岳麓书社，2015年，第3—5页）

湖南船山学社成员构成情况见表6—9。

表6　湖南船山学社名誉董事一览表

职别	姓名	别号	年龄	籍贯	现任职务
董事长	何键	芸樵		醴陵	湖南省政府主席
董事	曹伯闻			长沙	湖南省民政厅厅长
董事	张开琏	慕舟		醴陵	湖南省财政厅厅长
董事	朱经农				湖南省教育厅厅长
董事	谭常恺	九思		长沙	湖南省建设厅厅长
董事	曹典球	籽谷		长沙	文艺中学校长
董事	陈嘉言	梅生	八四	衡山	
董事	彭清黎	少湘	八二	长沙	孔道学校校长
董事	黄凤岐	芳久	八三	安化	

续表

职别	姓名	别号	年龄	籍贯	现任职务
董事	谢维岳	龙山	八一	邵阳	
董事	刘岳峙	梅斋		衡山	
董事	陈润霖	夙荒		长沙	楚怡学校校长
董事	马邻冀	振吾		长沙	
董事	胡庶华	春藻		攸县	湖南大学校长
董事	刘仲迈			浏阳	
董事	王代懿	季果		湘潭	
董事	黄赞元	镜人		长沙	
董事	胡元倓	子靖		湘潭	明德学校校长
董事	陶广	思安		醴陵	
董事	陈光中	桂生		邵阳	
董事	王东原			安徽	
董事	毛炳文	次亨		邵阳	
董事	刘建绪	恢先			
董事	赵恒	直愚		邵阳	湖南银行行长

表7　湖南船山学社董事一览表

职别	姓名	别号	年龄	籍贯
董事长	胡子清	少潜	六五	湘乡
副董事长	萧度	叔康	六二	衡阳
董事	彭兆璜	公望	六十	湘阴
董事	方克刚	筱川	四七	平江
董事	周逸	木崖	五十	湘潭
董事	石广权	蕴山	六十	邵阳

续表

职别	姓名	别号	年龄	籍贯
董事	张定	叔丹	四六	平江
董事	傅绍岩	梅根	六七	宁乡
董事	任福黎	寿国	六二	长沙
董事	黄士衡	剑平	四二	郴县
董事	易书竹	铭勋		醴陵
董事	雷铸寰	孟强	四八	东安
董事	辜天祐	兰生	五六	长沙
董事	刘策成		四九	邵阳
董事	杨树谷	芎诒	五七	长沙
董事	曾毅	松樵	五六	汉寿
董事	罗傅矩	立侯	四七	衡阳

表8 湖南船山学社职员一览表

职别	姓名	别号	年龄	籍贯
社长	赵启霖	芷荪	七四	湘潭
副社长	陶思曾	叔惠	五五	安化
秘书	周逸	木崖	五一	湘潭
研究主任	颜昌峣	息盦	六四	湘乡
讲演主任	石广权	一参	六十	邵阳
编辑主任	周逸	木崖	五一	湘潭
庶务	郑家淑		四三	长沙
书记	李印		二七	宁乡
	王扬道	用中	二三	湘潭

表9 湖南船山学社社员一览表

姓名	别号	年龄	籍贯
黄凤岐	芳久	八四	安化
彭清黎	少湘	八二	长沙
郭人作	梓宇	八十	湘潭
傅绍岩	梅根	六七	宁乡
彭兆璜	公望	六十	湘阴
石广权	一参	六十一	邵阳
方克刚	筱川	四七	平江
刘辅宣	公元		醴陵
余鲲	华凫	五二	平江
陶思曾	叔惠	五四	安化
王代懿	文育	五七	湘潭
黄赞元	镜人	五六	长沙
陈嘉言	梅生	八四	衡山
谢维岳	龙山	八二	邵阳
赵启霖	芷荪	七四	湘潭
萧度	叔康	六二	衡阳
任福黎	寿国	六五	长沙
周逸	木崖	五十	湘潭
张定	叔丹	四六	平江
雷铸寰	孟强	四八	东安
胡子清	少潜	六十	湘乡
刘岳峙	梅斋	五七	衡山

续表

姓名	别号	年龄	籍贯
颜昌峣	息盦	六五	湘乡
石崇鼎	达夫	四十	邵阳
谢鸿熙	同甫	四三	长沙
张湘焘	神山	六十	邵阳
李开运	谪凡	七十	长沙
韩景苏	君剑	五十	长沙
鲁兆庆	禹昌	四七	桃源
赵恒	直愚	五一	邵阳
任壬	九鹏	四八	长沙
吴恭亨	悔晦	七四	慈利
任震	祇存	五三	岳阳
谢亮宇		四八	衡阳
曾铨	慎斋	六三	衡阳
曾祖桢	叔榆	七三	邵阳
唐正恒	务成	四五	衡阳
黄贞元	静谦	四六	澧县
汪恩至	孟莱	五二	长沙
黄濬	仲深	六十	长沙
黄士衡	剑平	四三	郴县
郭尺岩	以字行	六十	湘阴
李澄宇	洞庭	五十	岳阳
宾步程	敏斋	五十	东安

续表

姓名	别号	年龄	籍贯
辜天祐	兰生	五六	长沙
欧阳之钧	重衡	五七	平江
王舒	麓荪	三五	湘潭
谢鼎庸	涤泉	七十	湘潭
程子枢	雳生	六十	资兴
曹瀛	海洲	五二	永兴
陈尔锡	壬林	六十	湘乡
易书竹	铭勋		醴陵
欧阳谷	泰阶	五一	常宁
李汉超	涤元	三八	安化
柳敏权		四七	湘阴
张通焕	斗衡	五九	湘乡
罗傅矩	立侯	四七	衡阳
谢凤冈		四七	岳阳
曾沛霖	泽溥	六十	武冈
罗任	己仁	五二	衡山
蔡人龙	渔春	四九	衡阳
廖廷铨	俊珊	七四	衡阳
陈继训	杏骢	五六	长沙
曾毅	松樵	五六	汉寿
刘策成		四九	邵阳
孙道和	鸣珂	三十	湘乡

续表

姓名	别号	年龄	籍贯
马承坚	颂高	四四	衡阳
何元文	少梯	四五	醴陵
彭昺	焌文	三十	湘阴
方永惕	乾九	五一	岳阳
陈健民		二七	攸县
彭运斌	镜芙		攸县
向玉楷	立庭	五五	麻阳
陈绳威	伯豪	四一	黔阳
周安汉	勃丞	四四	衡山
王礼培	佩初	六二	湘乡
刘寿昌	菱村	六十	长沙
刘揆一	霖生	五五	湘潭
刘蕊	明荪	五二	浏阳
刘先庚	茂侯	五十	衡阳
杨卓新	华一	四八	新化
刘固岩	叠珉	五五	邵阳
袁矞鸿	胪初	五十	资兴
萧沛霖	甘溪	五一	湘乡
王寿慈	澍芝	七一	长沙
戴士颖	韵珂	四五	益阳
朱应祺	子山	四十	汝城
谢晓钟		四五	衡阳

续表

姓名	别号	年龄	籍贯
彭施涤	惺筌	六三	永顺
冯天柱	一擎	五五	零陵
赵家宏	慎之	四三	湘潭
刘国逸		五三	衡阳
陈长簇	右钧	五四	平江
王季范		四五	湘乡
黄济	骏德	三四	零陵
刘谦	约真	四九	醴陵
杨哲	蕉园	四四	衡阳
瞿方书	苏楼	五十	保靖
卢质	泮珊	五四	邵阳
邓兆贤	醒盦	六三	武冈
李炑	葵午	六二	安仁
郑芳	惕予	六六	长沙
毛树骏	觉民	五四	长沙
言汝昌	峙方	五十	湘潭
陈嘉会	凤光	五八	湘乡
朱肇干	碧松	五〇	湘潭
席启驷	鲁思	三八	东安
梁觉	竞魂	四二	安化
龙绂慈	达夫	四七	攸县
曾约农		四十	湘乡

续表

姓名	别号	年龄	籍贯
胡庶华	春藻	四七	攸县
葛鼎甫	遂铭	六〇	湘潭
吴夷吾	椒庵	五六	湘乡

（《湖南船山学社名誉董事一览表》，《船山学报》，1932 年第 1 册）

是年底　清华大学中国文学系教授会通过了《中国文学系改定必修选修科目案》，于下年起施行。

这个方案保留新文学方面的课程和外文课程，开始偏重于古典文学的研究，新开设"国学要籍"等课程，并将全部课程大致分为中国文学与中国语言文字两组，以此培养古典文学和语言文字学方向的研究人才。（齐家莹编著：《清华人文学科年谱》，清华大学出版社，1999 年，第 124 页）

△　章太炎初刻《章门弟子录》。

钱玄同在 1933 年 1 月 2 日记载《弟子录》事宜：

十二日约建功雅于东华春。他示我以潘□□致顾□□□。因我托顾探老夫子自开之弟子录□□□□□廿二人，十九生、三死，如左：黄侃（蕲州）、吴承仕（歙）、钱玄同、汪东（吴）、朱希祖、马裕藻、沈兼士、□□□、马宗芗（奉天）、贺孝齐（重庆）、□□□、陈同煌（新尼）（四川）、钟正楸（四川）、马宗霍（渝阳）、马根宝（文季）（桐城）、黄人望（金华）、潘承弼（景郑）（吴县）、徐耘畚（四川南部）、孙至诚（河南），共十九人。已故三人：袁丕钧（伯举）、潘大道（四川）、康宝忠。不但周氏兄弟、季市失，一批不与，连龚未生、范公农、张卓身、张敬铭也不在内，甚至连景梅九、景太昭也不在内。断烂朝报乎？微言大义乎？殊难分。

钱玄同在该年日记首页空白处列举人名有："黄子通、幼渔、兼士、启明、遏先、□上、大招、叔永、季茀、豫才、均甫、□□□、旭初。"（杨天石主编：《钱玄同日记（整理本）》，第896页）

是年　美国哈佛大学汉和图书馆征求国学及图书馆学刊物启事，"敝馆为提倡东方文化，发扬中国学术起见，拟征集中国各图书馆及其他学术机关出版关于国学及图学刊物，以资参考"。（《美国哈佛大学汉和图书馆征求国学及图书馆学刊物启事》，《燕京大学图书馆报》，1932年第29期）

△　暨南大学招生丙编试题二三年级公布，其中列有《国学大纲》科目考题。

国学大纲（第一次）：

甲、试将下列五项，一一举出其细目。孔子六经、《春秋三传》、保氏六书、刘歆《七略》、《汉书·艺文志》之九流十家。乙、在下列各句中空白处，以一适当辞语填入之。诗经集传是（　）所作；天下是（　）书中的一篇；三十六字母为（　）所创；姚江学派的首领是（　）；申不害韩非属于（　）家。丙、就下列各条中所包含辞语，择其是者，书一直线于右旁以志之（认为非者不作记号）：唐代翻译佛经最著者，是（韩愈）（法显）（陆象山）（玄奘）（鸠摩罗什）;《说文解字》分（二百六部）（五百四十部）（一百七部）;《公羊解诂》为（郑玄）（贾逵）（杜预）（何休）（左丘明）所作；许慎作《五经异义》《广韵》《白虎通》《论衡》；研究甲骨学最重要的书籍，是（吴大澂《说文古籀补》）、（王念孙《广雅疏证》）、（罗振玉《[殷]虚书契考释》）、章炳麟《国故论衡》）。丁、试将下列各种辞语，约略释明其意义。"双声""叠韵"；《诗经》之"四始""六义"；老子的"无为"主义；史书的"编年"体与"纪传"体；《易经》的"易"。

国学大纲（第二次）：

略述孟荀学说之异同；周秦诸子之研究"名学"者共有几人？试举出其姓名，及其著作；略述魏晋间学术界概况；朱陆两家学说，根本不同之点何在？试为分别言之；声韵文字，训诂之学，各有专书，试为分别言其源流，及其重要篇籍；四声之说，起自何人？三十六字母，何人所定？《春秋左氏传》与《史记》《汉书》，体例各有不同，试言其概；《史通》为何人所作？内容若何？四书为何人所定？影响于我国学术界如何？清代学术界，有汉宋之争，试分别言其旨趣。（国立暨南大学招生委员会编：《国立暨南大学招生报告总编（1932学年度）》，国立暨南大学招生委员会，1933年，第12—13页）

△ 北平私立中国学院国学系毕业学生名单。

陈定芬，河北曲阳；赵金斗，河北曲阳；桑仁发，山东濮县；王来秋，河南焦作；胡经纶，河北雄县；王鹏飞，河南夏邑；顾宏毅，山东临淄；赵岑鸾，河北定县，女；边崇信，山东临淄；李步洲，河北博野；王植修，河北曲阳；刘崇义，河北邢台；宋丕显，山东栖霞；赵宗贤，河北曲阳；贾廷珍，河南封丘；赵拔萃，河北定县；孙祥骏，山东历城；侯镇远，河北安阳；潘增荣，河北行唐；翟宝书，河北宁晋；于乐溱，山东潍县；冯名元，湖北黄陂；刘席珍，山东济阳；张汉昌，河北安新；王丽文，河北曲阳，女；任熹，山东历城；马国栋，河北藁城；张寿卿，山东阳谷。(《北平私立中国学院1932年度国学系毕业证书》，北京市档案馆藏，档案号J135-001-00006)

△　私立华南女子学院开设《国学概要》课程："讲述中国历代学术思想之派别，及其变迁之大概，并注重讨论与批评，以为独立研究之基础。"（私立华南女子学院编：《私立华南女子学院一览（1932年）》，私立华南女子学院，1932年，第46页）

1933年（民国二十二年　癸酉）

1月1日　《东方杂志》新年特大号刊登"新年的梦想"栏目，《东方杂志》文艺栏目编辑徐调孚称："我梦想中的未来中国没有国学、国医、国术……国耻、国难等名辞。"（《新年的梦想》，《东方杂志》，第30卷第1期，1933年1月1日）

1月16日　哈佛燕京学社干事博晨光、燕京大学史学系教授洪业、顾颉刚，国文系教授马鉴，宴请伯希和，伯希和希望中西学术开展分工合作。（《哈佛燕京学社昨日欢宴伯希和》，《燕京报》，1933年1月17日，第2版）

1月28日　船山学社组织讲友会，石广权此后发布会讲宣言。

　　癸酉夏正初三日，实民国二十二年二月。本社董事会月终常会。同人等以本社为讲学之地，创自前清光绪初元，湘阴郭筠仙侍郎谢仕归里，建议就省垣小吴门正街公立船山先生祠，附设思贤讲舍，以景仰先师王而农先生之道德学问为宗。鼎革之交，弦歌辍响。民国癸丑，浏阳刘蔚庐先生发起学社，定聘主讲三人，分任哲学政学文学三科，以星期日讲演。时变纷乘，社友星散。壬申之秋，本社改组，乃复旧物，以缵先贤。佥谓湔被人心，亟宜讲学。移风习俗，责在师儒。本社对于民族文化，有阐扬国故之责，对于乡国庠序，有补助风教之义。惟是讲学之事，良未易言。在昔三代盛时，政教同源，官师合一。《汉书·艺文志》，谓九流皆官书。如道家者流出于史官，儒家者流出于司徒之官，墨家者流出于清庙之官云云，是也。周之东迁，国异政，家异俗，士异教。尼山一老，周流息辙，退而讲学，然犹问礼老聃，访乐苌弘。学然后知不足，教然后知困，斯言信也。仲尼没而微言绝。孟子以为天下之言不归杨，则归墨。《韩非子·显学篇》，谓儒分为八，墨离为三。即如一《论语》也，而齐鲁所记，章句各殊。一《春秋》也，而公、穀、左氏，三传异趣。最著者，如孟荀二氏，同师孔子，而主张各别。《荀卿·非十二子篇》，于惠施邓析，墨翟宋銒，慎到田骈，皆以为持之有故，言之成理，尚多恕词。独掊击思孟游夏诸儒，不留余地，殊难索解。又何怪汉末太学，有南北之交讧。宋代诸贤，有洛朔蜀之分党。明季东林复社，国命既沦，相寻未已。非但程朱陆王学理上主张之判别已也。善夫昌黎韩子之言曰：儒墨同是尧舜，同非桀纣，同修身正心以治天下国家，希有所不相悦哉。余以为辩生于末学，各互售其师说，非二师之道本然也。信是言也，学说万殊，各尊所闻，各行所知，殊途同归，本不足异。孔子之言有之曰：道不同不相为谋。老氏之言曰：反者道之动。异议蓬生，真理益出。此讲学家必有之对象，亦学理上进化之征兆。惟万不容以意气参之。漆园暖姝曲士之诮，兰陵沟犹瞀儒之辱，不可蹈也。此就讲学家溥通应有之常识言之也。本社师仰船山，先师生平学术，具见遗书。按而求之，但令竭旬月之功，当得崖略。同人等既列社籍，在治学真理一面，不妨存疑。而尊师笃行一面，必先起信。今请缪举先师学说之概，而略述筠老蔚老二先生建舍创社之经过，为同人陈之。先师于《易》《春秋》，特有契于天人象征治乱隐见之理。于书礼断断于三古淳制，而深有警于内外小大人禽文野之大防。于文史评论著述之所及，古代文明、民族精神，言之有物。其学不囿于一先生之说，百家诸子，若老庄吕览淮南之书，皆遍加注释。博学明辨，持论阂通。于理学精极宋明诸儒之说，对于阳明，弗取苟同。而对于洛闽，亦尚不如其服膺关学之挚且笃。关学钜子，张邵并称。劭数精深，张量宏大。先师希横渠之正学，自题墓石，尚自以为力不及，旨可知也。尝忆湘阴郭玉池老人，当创建讲舍，躬亲讲席之初，时论大哗，谓不合于当代各书院山长所以课试诸生之制，有投石舆后者。然吾湘近百年来，人文崛起，说者以为常为全国重心。维新先觉，三杰并称，玉池老人与邵阳魏默深先生，其最著也。船山先师以明末遗老，义不贬节。民国既建，谈民族者多援引师说。而倾注民权者，率据孟子民贵君轻及犬马土芥寇仇之言，转相濡染，以为船山之说，即孔孟之说，迩近民族革命之说，即船山之说。微论孔孟当时言论气象早已大殊，即以船山先师之言征之。尝曰：六经自我开生面。生面之开云何，自小儒之眼光观之，浅者不免大惊，妄者或且大笑，所必至也，时代推迁，观念各别。就湘言湘，即如咸同勋阀。光宣民党，交迭废兴。而论者以为湘人士思想事业，尝处全国政教风气之先、殆举国所公认也。当蔚庐先生创立本社之初，湘政府暨旧社会，咸不无后言，怀疑之不已，而思所以抑限之，抑限之不已，又进思所以消灭之。展转廿年，毁之者既失其真，护之者亦且鲜能自信。同人等以为如玉池蔚庐二老之德望学识，尚难悉满于流俗悠悠之口，何况末学。欲以不胜秋毫之力，而肩讲学翌道、承先启后之任，非妄则愚，用是兢兢，而不容不集思广益，以期众擎而易举者也。虽然，孔氏有言："德之不修，学之不讲，闻义不能徙，不善不能改，是吾忧也。"修德不可离群而索居，讲学重在质疑而辨难，徙义必先明辨其途径，改过尤资责善于朋友。今者世变极矣，千钧一发，系于人心。生心害政，冥心废事，两俱失之。师心自用，既决不合于时宜，放心纵欲，尤可哀悼。同人等量力度德，对于天下存亡各以为有匹夫之责。义不可不知而作，又不可以知而不言。此讲友会之所以组织也。是会也，由同人轮周值讲，变从前专任主讲之制，而各罄其长，枕经葄史。征文考献，辅世翌教。于讲题不拘学派异同，而一以讲习讨论研求真理为主。凡涉当代一地方一部分及关于个人所表现于政象上之是非得失，不在本社讲论之范围。《易》曰：君子以朋友讲习。吾会之组织，窃取斯义焉。广权受同人之敦促，使主讲务。谨为宣言。时民国癸酉春三月。（石广权：《本社组织讲友会会讲宣言》，《船山学报》，1933年第2期）

船山学社讲友会会讲规约

第一条：本会依据社章第十九条组织讲友会，每周于日曜日集社会讲，如有特别事故缺讲时由社先行通告。第二条：讲友以同社社员组织之遵照社章，于哲学、政学、文学三科中各自认定一科，其讲题临时自定之。国内外名人有承允莅社讲演者，得临时延任讲友。第三条：每周暂定二小时为会讲时间，其讲题函义较宏，有延长时间之必要时，酌延之。第四条：讲友轮周值讲，每周之值讲员于前二星期会讲散会时以抽签定之。第五条：会讲时不限于预定之讲题，遇会友多数之同意时，可变更讲题，随时推员赓续讲衍。第六条：讲员为本会推任长期讲演者，月终由社酌送夫马。第七条：讲稿须先时于一周前寄社，但有声明，须讲后整理讲稿者听。第八条：除按期会讲外，如有特别讲演，得变更定期将讲题及主讲人先期通告。第九条：讲演部设主任室，掌管印发讲义，存记讲友往来函牍，签到、请假暨每次到本社听讲者之姓名录。第十条：听讲者不限于本社社员，但初至者应自行登记姓名及职业住址。第十一条：会讲时不得喧哗私语，遇有疑难，罢讲，后以书面函交本会商榷。第十二条：本会遵章以社长及讲演部主任为长期主讲，每次会讲时由社长或主任领导之并维持讲场秩序。

（《船山学社讲友会会讲规约》，《船山学报》，1933 年第 2 期）

船山学社历次演讲，如表 10 所示。

表10　船山学社1932年至1935年讲演列表

讲演时间	讲演者	讲演题目
1932年第一期	陶思曾	《船山先生诞日讲演一》
	何键	《船山先生诞日讲演二》
	石广权	《船山先生诞日讲演三》
1933年第二期	石广权	《本社组织讲友会会讲宣言》
1933年第三期	石广权	《易学之哲理观》
	颜昌峣	《申陆象山讲君子喻于义小人喻于利一章义》
	黄凤岐	《说养生惜物之旨》
	王礼培	《历代文学统系》
	颜昌峣	《桐城派古文之建立及其流别》
	黄凤岐	《礼教于世道人心之关系》
	黄凤岐	《勤俭为兴家治国之本》
	陈嘉会	《申张蒿庵先生辨志之义》
	颜昌峣	《论语以约失之者鲜矣义》
	颜昌峣	《正谊明道说》
1934年第四期	王猷嘉	《法比教育与中国教育之比较》
	何键	《主忠信》
	杨卓新	《国学与西学》
	勒云鹗	《人生的真意义》
	张元夫	《中国文化复兴之商榷》
	黄凤岐	《子产为救时之相》
	颜昌峣	《论语论管仲相桓公之义》
	颜昌峣	《管子之政治学说》
1934年第五期	任福黎	《孔道与国家及人生之关系》

续表

讲演时间	讲演者	讲演题目
	何键	《君子与仁》
	颜昌峣	《古今学制之异同》
	何键	《女为君子儒毋为小人儒》
	何键	《先进于礼乐章》
	王礼培	《唐宋诗派》
	颜昌峣	《汉代学术》
1934 年第六期（9 月）	何键	《大哉尧之为君章》
	黄巩	《船山礼记章句第一次》
	黄巩	《船山礼记章句第二次》
	黄巩	《船山礼记章句第三次》
	黄巩	《船山礼记章句第四次》
	黄巩	《船山礼记章句第五次》
	黄巩	《船山礼记章句第六次》
	黄巩	《船山礼记章句第七次》
	何键	《申述孟子辟杨墨之意义》
	黄巩	《曲礼为人臣之礼不显谏与檀弓事君有犯而无隐讲义》
	黄巩	《岣嵝禹碑译文合书经禹贡解》
	何键	《女为君子儒毋为小人儒》
1935 年第 7 期	黄巩	《船山先生于诸子百家中独注老庄讲义》
	黄巩	《伊尹放太甲周公诛管仲讲义》
	黄巩	《五经一贯于礼讲义》
	黄巩	《天人一贯讲义》

续表

讲演时间	讲演者	讲演题目
	黄巩	《圣人法天地养生以卫众生讲义》
	罗正维	《读经尊孔发扬民族精神讲义》
	王礼培	《论唐宋已下诗派》
1935年第8期	黄巩	《船山黄书原极篇演义》
	黄巩	《船山黄书原极篇第二演义》
	黄巩	《船山黄书古仪宰制篇演义》
	黄巩	《船山黄书大正篇演义》
	何键	《人能弘道非道弘人》
1935年第9期	黄巩	《子路使门人为臣曾子易箦为圣贤礼以奉尊义以立身解》
	黄巩	《读经宜知体要义》
	黄巩	《申读经宜知体要义》
	黄巩	《船山注重五经说》
	王礼培	《论宋代诗派》
	何键	《保全民族应崇尚气节》

（参见《船山学报》，第 2 卷第 1—9 期，1932—1935 年，转引自薛宸宇：《何键主湘期间的文化主张及实践（1929—1937）》，湖南大学，硕士学位论文，2020 年，第 40—41 页；罗玉明：《湖湘文化与湖南的尊孔读经（1927—1937）》，湖南人民出版社，2004 年，第 132—133 页）

　　1月　金天翮、陈衍等学人在苏州发起成立国学会，集结诗人词客，文士名流，研究诗文、天文、历算、甲骨、经史、小学。（《国学会会员姓名一览表》，《国学论衡》，第 2 期，1933 年）

　　2月28日　《大公报》刊登"球场漫话：整理国故"，提出发展乡间体育，唯有采用整理国故的方法。

评论指出现在中国的体育，由形式上来看，可以分出"土"体育和"洋"体育，土体育指国术，洋体育指球类和田径，"前者是中国固有的国粹，后者是舶来品的精华，但是假若我们由实质来看，体育实在不能分土洋。因为二者的目的，都是锻炼体格，不过方法有些不同罢了"，我们对于目前乡间的体育，"惟有采取'整理国故'的方法。至于如何在'国故'里抽出'国粹'而排去'国渣'，那是现今体育家应当注意的一个严重问题"。（《球场漫话：整理国故》，《大公报》1933年2月28日，第10版）

2月　徐英编《国学大纲》，作为"天风阁丛书"之一，由上海华通书局出版。

该书分书籍制度、书籍类别、群经源流、群经略说、汉学派别、汉学传授、宋学派别、宋学传授、字学音学、史学源流、诸子源流、诸子派别等16章。徐英撰该书《序例》，指出：

国学之名，自近代始。《礼》国有学，则庠序之称。此言诸夏之学，所以别于客说。自经史子集，无专门之业，后生年少，失治学之方。复以学校科目，中西并进。士子习业，新旧聿修。中人之资，罕能兼通。而九流六艺，谊理环深，俗学浅士，皓首难穷。晚近学校期程，高级中学仅三年，且遍习群科。大学专修，亦仅四载。求通一艺，已不可得。何况群经诸子而外，百家文史，浩如烟海。若不获其津逮，实难窥厥涯略。津逮维何，曰通其大纲。近年学程，有国学一科，而讲贯肄习，未有成书。书贾缀拾，终乏善本。教者学者，交相苦之。辛未之秋，避地扈上，为诸生讲国学，辄述其源流，演其派别，论其得失，详其变迁。凡为大纲，十有八卷。虽蒇事于旬月之间，未极采当，然学者从此问津，庶不致迷途忘返。

近日讲国学者，或略史部，或退文集。或出小学于经学之外，或沦宣圣于诸子之中。偏驳不伦，不可为训。今案四部之序，以次论列。庶有脊而有伦，虽不中亦不远。然治古学而不知古书制作之源，是为数典忘祖，不知古书类别之歧，每易失其伦次。兹编先制度而次以类别，溯源始而清眉目也。

经学派别，不始于汉。汉学之先，源流已异。派别之争，极于隋唐。北宋已后，变为义理之学。近人讲国学者，或别为宋元哲学，附于诸子之后，以与汉学隔绝。实则流变虽远，犹是汉人之遗。渊源所自，尚不可诬。今以次论列于经学之后。

史公之书，有旁行斜上之表。是古人表谱，已在著述之中。今本其义，为分类传授诸表，以便省览，而补缺略。

讲国学而略去史部者，以史学无派别也。不知史学自有源流，变迁之迹，尤宜通晓。今论次大纲，亦略具焉。

百家之学，各有精妙。老为孔师，庄亦孟友。下逮荀韩，皆成巨观。贾董已后，则诸子之游魂余气，虽不足数，亦论其略。

文学流派至繁，类别亦伙。兹编先明文学之定谊，而以诗赋骈散，分述流变。论其得失，迹其盛衰。谓之文学史略，亦无不可。

是书原为初学津逮，初学从此，略识途径，非谓国学之业，竟于此也。读此书后，以次研讨经史百家，尤贵治之有方。述治学要略，以殿群篇之后。

是书十有八卷，前后文体，或不一致。随手纂述，不主故常。然荀子著书，杂以成相，实斋文史，亦入词赋。是知著述之体，初无避就，拘墟之论，原不通方。

珍裘以众腋成温，广厦以群材合构。盖自昔作者，悉采群言。今兹所辑，亦犹是夫。古人有言公之例，不必言之自我出也。或者如郑仲渔之诮班固，则又章实斋之所谓陋矣。（徐英编：《国学大纲》，华通书局，1933年，第1—4页）

《申报》评述：

国学家徐澄宇，讲学南北，久负时名，新著《国学大纲》一书，取材精审，陈说赡富，在近世述作之林，实所罕觏。举凡书籍制作之原，类族之分，经史流别，汉宋脉络，莫不考详同异，辨章得失。论诸子百家，尤多特识。美言络绎，胜谊纷陈。文学以诗赋骈散，分述流变。群山万壑，总赴荆门。龙衮九章，惟絜一领。而治学一篇，尤为体要。统观全书，如网在纲。条分缕析，皎若列眉。治国学者，手此一编，升堂入室，斯为阶陛。至于文章之雅驯，体例之精严，又余事耳。全书一册，凡十二万言，由四马路华通书局出版，实价大洋一元一角。（《徐澄宇新著国学大纲出版》，《申报》，1933年2月19日，第4张第16版）

△　范苗诲著《青年国学的需要》（麈笔双挥甲编），由上海青年协会书局出版。

该书收《青年国学的需要》《二千五百年之国学》《治国学的门

径》《我们怎样读中国书》《国学的两条路》《谈国学及其初步》《要研究国学的读书法答邬云石》《国学非国故答曹之竞》八篇文章。

3月1日 徐英发表《论近代国学》，评述近三十年国学衰微源自同光之际今文学兴起。

汪洪死而文章散，龚魏出而朴学亡，而清二百六十年之学术微矣。近三十年，益无学术之可言，必不得已而言之，则披叶寻根。盖在同光之际，以其影响所及，至今未衰也。

康有为倔起南海，袭廖平之学，而尽弃前法，一凭臆造。《新学伪经考》谓汉代古文皆刘歆伪作，祖龙焚书，不及六经。博士所传，并无残缺，其凭虚妄断，盖已前无古人。《孔子改制考》更谓六经皆孔子所作，并非删述，尧舜皆孔子伪托，实无其人。即周秦诸子亦罔不托古改制，黄帝神农大禹皆所托之人，并耕尚俭清虚，皆所改之制。盖益卤莽灭裂，荒唐放肆，无所忌惮矣。《大同书》取《礼运篇》横生枝节，而……悖礼伤教之谈出焉。纰缪猖狂，妄言变法，亡命不死，亦云幸矣。（自来讲经者，未敢臆造，有为始大肆猖獗。）

谭嗣同者，初好汪中、魏源、龚自珍之文，缘是以窥今文学。又好王夫之学，妄谈名理。闻杨文会之说，浅尝佛法，然皆无所得。及著《仁学》则又嘘《大同书》之余焰而为之者也，其诋名教，辨是非，立说诡异，肆情剽悍。所云"二千年之政，秦政也，皆大盗也。二千年之学，荀学也，皆乡愿也。惟大盗利用乡愿，惟乡愿工媚大盗"，大言欺世徒惊俗耳。

有为之徒有梁启超者，初从其师治今文学，共言变法。亡命之后，昌言民权。民国新造遂婴宠命，操守之节，远愧师门。为文章杂以俚语及欧西文法，散漫杂沓，略无检束，遗害之烈，至今未息。治学喜偏涉而无深造，自云："学问欲极炽，其所嗜之种类木繁，每治一业，则沈溺焉。集中精力，尽抛其他。历若干时日，移于他业，则又抛其前所治者，故常有所得，而入焉不深。"其自知盖亦明矣。又喜治新说，绍介西学，不求子而爱蒲，宝燕石而弃玉。至今学术界之浅薄荒谬，皆启超启之。归狱定罪，庸可逃乎？

康梁诸人并治今文学，余杭章炳麟独治古文学。康梁之今文学及其文章，并不足道，而章之古文学颇能深造，文章亦安雅可观。文字声均之学尤所擅场，又以佛学解老庄。虽云牵合，亦有理致。惟笃信汉儒，而好诋仲尼，数典忘祖，斯为不伦。论诸子好逞怪说，辩文章亦多纰缪，经生之见所不免耳。他如强尊小学，奉为正宗，又第极于许氏，力斥钟鼎龟甲之谬。治经学则力斥今文，泥于是非。谨守家法，一落边见，便不可通。

宋濂《元史》，世称疏略。良以蒙古入统，文言阻隔，加以仓卒成书，纰缪尤多。武进屠寄，亲历塞外，览其山川之形，考其兴废之迹，参以元秘史及西方载记，著《蒙兀儿史记》五十卷。（《史记》谓史官所记之书也，司马迁身为史官，其书本名《太史公书》，后称《史记》。班固以下，多非史官，故不言《史记》而别立新名。或曰志，或曰书，或单曰史，非偶然也。屠氏称《史记》，谬矣）于《元史》多所补订，厥功甚伟，某之所为，盖袭而取之矣。

　　杨守敬起自阛阓，好学不倦。强记博闻，遂成硕学。精考
证，善鉴别，于地理、金石、校勘、目录之学，特擅绝长，所
著地理诸书，凡百六十卷，并多精造，而《水经注疏》，尤为
伟制。论者推其纠正全、戴、赵三家之失，创获真谛，可与王
段之小学、李壬叔之算学，并为千秋绝业。《历代舆地沿革险
要图》远非六严旧图所及，《水经注图》亦较汪士铎所作为佳，
洵士林之环宝，史家之要籍已。金石目录诸书，约二百卷，在
近时可称大家。

　　光绪二十五年，河南安阳洹水之南，殷之故墟，土中所得
大龟甲甚多。率有文字，与金文、《说文》，或有离合。刘鹗、
孙诒让并有论列，而罗振玉、王国维尤竭毕生之力以赴之。附
庸小邦，僭称大国。诶闻未见，无关闳旨。或谓可以正经籍之
讹，则又沧海一粟。谈何容易耶？

　　启超治学芜杂，然其才力尚足以驭之。皖人有某者，闻其
风而说之，而庸钝薄劣。益无以自立，矜考证以炫时，止于红
楼一梦。谈谊理以骇俗，误于《庄子》七篇（其所编哲学史述
庄最谬），轻诋孔孟，妄肆邪说，浅论诸子，昧厥原流（其所
著《诸子不出于王官论》，极纰缪，读书不多，妄生臆见）。或
剽剥旧学，依傍新知，皆诬古以惑今，咸罔人而欺己。又不能
缀文，转效语录，不解诗律，妄作新体。晚近百学废弃。儇薄
年少，趋易畏难，某逐臭应声，窥时俯仰，承风相扇。欲变国
俗，然世有真知，未可妄夺。而谬欲假政权以废文章，斯又昧
于势而不知量已。（曩岁某及其党徒欲借政府明令，禁学生读
文言书，卒不可行。）

论学术之作，曩无所谓哲学史、文学史、文学概论诸书。近日始有治之者，然国人不能自治其学，往往译自他籍，缪误纷道。因仍不改，后生喜习客说，肆言西学，舍己耘人，吁可伤已。

大抵近人治学，喜剽剥往籍，苟弋时誉，学殖尚浅，撰述已博通论韵文，或误解《毛诗》，专研《楚辞》，实不审音律。高谈名学，缀词未能正名。尚论曲律，操觚艰于制曲，才谢惠旋，编为万物之说。辨非鲁连，欲杜田巴之口，或轻疑古籍，妄骋异议。大禹或无其人，屈原可以伪作。或阴用前言，巧取豪夺。或直抄旧说，盗袭无耻，文字取其盈卷著述，等于懋迁康梁启其端，而某承其流，薄古爱今，好奇尚异，流风所荡，一世靡然。若夫冥心孤诣，盖在豪杰之士矣。（徐英：《论近代国学》，《青鹤》，第1卷第8期，1933年3月1日）

吴宓尝评价徐英，"澄宇治学精勤，著书矜炼"，"有《近三十年国学概评》一文，语颇惊众。其实真有心人，好学爱国，而志于道者，多年厕身学术教育界，目击种种，未有不深切悲感伤怀者也"。（吴学昭整理：《吴宓诗话》，商务印书馆，2007年，第222页）

3月3日，吴康布告文学院本届毕业生，按国学考试委员会决议案，应参加国学考试，在所开列《诗经》《周易》《论语》《孟子》《老子》《庄子》《荀子》《墨子》《韩非子》《左传》《史记》《前汉书》《后汉书》《三国志》《资治通鉴》、三通、《昭明文选》等书目中，自行认定一种，撰写札记或论文，早日缴送文学院，请国学教授评定成绩。（《文学院布告》，《国立中山大学日报》，1933年3月4日，

第1—2版；转引自刘小云：《学术风气与现代转型：中山大学人文学科述论（1926—1949）》，第139—140页）

3月7日　《新天津》报道关伯益在开封主持中州国学社，以洛阳为中国行都所在，人文荟萃之区，拟在洛阳设一国学分社，聘请豫西国学家许石衡主持该社。许石衡等人遂发起河洛国学专修馆。（《人文荟萃之区，筹设国学分社》，《新天津》，1933年3月7日，第9版）

河洛国学专修馆后在洛阳老城集道街成立。（杨文正：《记河洛国学专修馆》，中国人民政治协商会议河南省洛阳市委员会文史资料研究委员会编：《洛阳文史资料》第1辑，中国人民政治协商会议河南省洛阳市委员会文史资料研究委员会，1985年，第116—119页）

3月11日　章太炎在苏州国学会讲《中国历代之兴亡》。（汤志钧编：《章太炎年谱长编（增订本）》下册，第843页）

3月12日　国民革命军第八十八师师长孙元良应唐文治之邀，到无锡国专作《新时代青年的修养》的演讲。

孙元良提出："要做一个新时代的青年，须要用礼义廉耻，和有冷静的头脑，坚决的意志，强健的身体，去修养。还要认清时代的环境，去求全国的精诚团结。"（孙元良：《新时代青年的修养》，《新无锡》，1933年3月12日，第3版；转引自刘桂秋：《无锡国专编年事辑》，第148页）

3月13日　应唐文治邀请，章太炎、陈衍、李根源、陈柱、蒙文通赴无锡国专。下午，章太炎在无锡国专大礼堂作第一次演讲，章太炎演讲时"未有讲题"，当时有章氏弟子和无锡国专学生各自记录，分别取题作《国学之统宗》和《章太炎先生讲"经学"》。章太炎演讲结束后，李根源作简短演讲介绍云南兵要地理。

章太炎认为今日国学之要点，在于一《孝经》，二《大学》，三《儒行》，四《丧服》，四篇文章总不过一万字，应当"以之讲诵，以之躬行"，修己治人之道汇聚于此：

今欲改良社会，不宜单讲理学。坐而言，要在起而能行。周，孔之道，不外修己治人，其要归于六经。六经散漫，必以约持之道，为之统宗。余友桐城马通伯，主张读三部书，一《孝经》，二《大学》，三《中庸》。身于三书均有注解。余寓书正之，谓三书有不够，有不必。《孝经》《大学》固当，《中庸》则不必取。盖《中庸》者，天学也。自"天命之谓性起，至上天之载无声无臭"止，无一语不言天学。以佛法譬之，佛法五乘，佛法以内者，有大乘、小乘、声闻独觉乘。佛法以外者，有天乘、人乘。天乘者，婆罗门之言也。人乘者，儒家之言也。今言修己治人，只须阐明人乘，不必涉及天乘，故余以为《中庸》不必讲也。不够者，社会腐败，至今而极。救之之道，首须崇尚气节。五代之末，气节扫地，范文正出，竭力提倡，世人始知冯道之可耻。其后理学家反以气节为不足道，以文章为病根，此后学之过也。专讲气节之书，于《礼记》则有《儒行》。《儒行》所述十五儒，皆以气节为尚。宋初，尚知尊崇《儒行》，赐新进士以皇帝手书之《儒行》。南宋即不然。高宗信高闶之言，以为非孔子之语，于是改赐《中庸》。大概提倡理学之士，谨饬有余，开展不足。两宋士气之升降，即可为是语之证。今欲卓然自立，余以为非提倡《儒行》不可。《孝经》《大学》《儒行》之外，在今日未亡将亡，而吾辈亟须保存者，厥惟《仪礼》中之《丧服》。此事于人情厚薄，至有关系。中华之异于他族，亦即在此。余以为今日而讲国学，《孝经》，《大学》，《儒行》，《丧服》，实万流之汇归也。不但坐而言，要在起而行矣。（章太炎：《国学之统宗》，《制言》，第54期，1939年3月14日）

3月14日　章太炎在省立无锡师范学校演讲《历史之重要》（或称《章太炎先生讲"史学"》）、《〈春秋〉三传之起源及其得失》，或称《章太炎先生讲〈春秋〉》。下午章太炎演讲结束之后，复由蒙文通演讲"佛教哲学唯识论"，陈柱讲"孟郊诗"。

陈柱为无锡国专诸生讲孟郊诗，旨在"一为孟郊雪冤；二为挽救今日之文澜；而后者之目的尤大"。其称孟郊诗富有"报国精神"，"轻生精神"，"为人精神"，"慈悲精神"，"兼爱精神"。告诫诸生："学诗须注重精神，涵养德行，必视得己身与天下国家忧戚相关，一面多读书以积理，多吟咏以达辞；善学古人者：要不学古人，乃为真能学迟人；若必规规于字句之求似，则陈石遗先生所谓愈似愈伪体者也。"（丁舜年记：《陈柱尊先生讲"孟郊诗"》，《无锡国专季刊》，1933年第1期）蒙文通曾回忆此次无锡之行，并与章太炎讨论经今古文学问题：

昔自沪归金陵，过苏州谒章太炎先生，时陈柱尊等侍先生，无锡国专唐蔚之（芝）邀先生游无锡，先生嘱同往。时人多言先生言谈难会其意，盖先生学问渊博，谈常牵涉过广，而听者往往不能蹑其思路而从之，故有难懂之感。行间，先生每

喜与余谈论，常命近坐，虽饮食亦时命坐旁。昕夕论对，将十
余日，每至废寝忘食，几于无所不言，亦言无不罄。徐以启先
生曰：六经之道同源，何以末流复有今、古之悬别？井研初说
今为孔氏改制，古为从周，此一义也；一变而谓今为孔学，古
始刘歆，此又一义也；再变说一为大统，一为小统，则又一义
也。仪征虽不似井研明张六变之旨，而义亦屡迁。见于《明堂
考》《西汉周官师说考》，或以今古之辨为酆鄗、雒邑之异制，
或又以为西周、东周之殊科。诸持说虽不同，而于今、古学之
内容乃未始有异。要皆究此二学之胡由共树而分条已耳。凡斯
立义，孰为谛解？章氏默然久之，乃曰：今、古皆汉代之学，
吾辈所应究者，则先秦之学也。章氏之说虽如此，然古今文
家，孰不本之先秦以为义，则又何邪？余于此用心既久，在解
梁时，比辑秦制，凡数万言，始恍然于秦之为秦，然后知法家
之说为空言，而秦制其行事也；孔孟之说为空言，而周制其行
事也；周、秦之政殊，而儒、法之论异。既见乎秦制之所以异
于周，遂于今学之所以异于古者，亦了然也。乃见周也、秦也、
春秋一王大法也，截然而为三。（蒙文通：《治学杂语》，蒙默编：《蒙
文通学记（增补本）》，生活·读书·新知三联书店，2006年，第3—4页）

3月18日　福建协和大学国文系编辑《国学杂志》（周刊）创
刊，国文系主任王治心撰写发刊词。

王治心提出：

我们这一班学问还没有成熟的青年，即欲贸然谈到心得，

难免要受学者们嗤为狂妄。但是学问是积累而成的，我们的发表，并不希望在学术界上有什么价值，我们用一种练习性质的写出：一方面具一种请教的态度希望得着抛砖引玉的指导；一方面借互助的精神，留为将来有无进步的自镜。这是我敢代表本系同学们向读者声明的。我们不能否认中国在学术上是落后的，侈言科学救国的人，不过依样葫芦地搬进来一些西洋已经发明的结果；侈言教育救国的人，也不过整个地摹仿东西洋现行的制度；信仰社会主义的，欢迎布尔雪维克的偶像；崇拜新文艺的，搬运普罗利塔利亚的傀儡。一切的一切，莫不以抄袭效颦能事。果然学术是应当世界化的，落后的中国，自然应当追世界先进国的步伐；可是只知道摹仿而不知道创新，落后将终于落后，那一天可以走上世界的前面呢？说也惭愧！科学，教育等等，原是舶来品，尚不可怪，而中国自己土产的国学，也是落在人家之后，这真是一件无可奈何之事了！记得前学期燕大博晨光博士有这样的一句话："有欢喜研究国学的人，可以送他到美国哈佛大学去研究"，研究中国学问而要跑到外国去，请君想一想，这是一种什么样的景象？这不但使我们惭愧，简直叫我们无容身之地。本系的同学们！你们起来洗雪这一种羞耻感！你们起来开创国学的新园地罢！我们是中国人，我们不应当把发扬中国学问的责任叫外国人去担负！（《写在头上的几句话》，《国学杂志》，第1期，1933年3月18日）

3月26日　苏州国学会颁布国学会章程与职员名单。

《国学会简章》如下：

一、主旨及范围。本声应气求之义商讨国学如经史文学艺术等均在其列。二、会员。凡对于国学有相当研究，得会员三人以上之绍介，填具入会志愿书，经常会通过者得为会员。三、职员。本会设主任干事一人主持会务。副主任干事一人协助之，主任干事缺席时，代行其职务。研究部干事若干人，事务部干事若干人，均为义务职，由大会推选任期一年，连举连任。四、讲席。本会对于延请讲师之办法另定之。五、会刊。本会每年出版会刊四次，名曰《国学商兑》，其章程另订之，会员中有专著经本会认为有裨国学者，得由本会专刊发行。六、会期。每年开大会一次，每季开常会一次，每两周开干事会一次，研究会或讲演会无定期，惟每月至少须有二次，由主任干事召集，如有特别事故，经会员十人以上提议者，得召集临时大会。七、经费。本会经费由会员分任之，每人年纳会费六元，在校学生减收半费，如有特别费用得开大会议决征收之。八、会址。暂借吴县图书馆。九、附则。（一）各地如有同样组织时得互相联络，共同发扬国学，即命名为某地国学会，其章程各随时地所宜自行订定，将来各地会务发达时得由各地干事联合开会议定章程组织总会。（二）本简章经大会通过后即生效力，如有未尽事宜，于大会时经会员三分之一以上之提议得议决修改之。

后面为附录职员名单。主任干事：李根源。副主任干事：王謇。研究部干事——经学：戴增元、王大隆。史学：胡焕庸、王乘六。文学：金天翮、诸祖耿。艺术：吴华源、潘承厚。会刊总编辑：陈衍。会刊副编辑：王謇、屈曦。事务部干事——文牍：徐澄、施福绶、金章。会计：金世仁。庶务：许毓骧。（《国学会简章》，《国学商兑》，第1期，1933年6月1日）

3月30日 清华大学中国文学系召开教授会议，议决学生入系及转系标准及新课程修正案。"国学概论"取消，增加"中国哲学史"为二年级必修学程。"国学要籍"中加入《楚辞》，选修学程中不再列该科目。"杜诗"已列入"国学要籍"，"文学专家研究"中"杜甫"一目取消，等等。（齐家莹编撰：《清华人文学科年谱》，清华大学出版社，1999年，第128页）

3月 章太炎开始修订《章门弟子录》。

3月20日，章太炎在致钱玄同函中写道："《弟子录》去岁已刻一纸，今春又增入数人，大氐以东京学会为首，次即陆续增入，至近岁而止。其间有学而不终与绝无成就者，今既不能尽记姓名，不妨阙略。所录约计五十人左右，然亦恐有脱失也。"（章太炎：《与钱玄同》，马勇编：《章太炎书信集》，河北人民出版社，2003年，第153页）

1936年5月22日，章太炎致函钱玄同，认为："弟子籍颇有夺漏，当令补录。"（章太炎：《与钱玄同》，马勇编：《章太炎书信集》，第156页）5月27日，章太炎在致钱玄同、吴承仕函中又提及："玄同前此来书，谓同门名氏多有未备，如蓬仙等，仆但记其字，已忘其名，其他似此者，多望补为录示，以凭将来之添印也。"（章太炎：《与钱玄同、吴承仕》，马勇编：《章太炎书信集》，第157页）

7月3日，钱玄同在日记中写道："晨得检斋信，知伯已于七月一号回平了。并寄来二十二年三月所印《章门弟子录》一看，其中

竟有岂明。十时访检斋。"（杨天石主编：《钱玄同日记（整理本）》中，第941页）

7月4日，钱玄同致信周作人说：

> 此外该老板在老夫人那边携归一张"点鬼簿"，大名赫然在焉，但并无鲁迅、许寿裳、钱均甫、朱蓬仙诸人，且并无其大姑爷，甚至无国学讲习会之发祥人董修武、董鸿诗，则无任叔永与黄子通，更无足怪矣。该老板面询老夫子，去取是否有义？答云，绝无，但凭记忆所及耳。然则此《春秋》者，断烂朝报而已，无微言大义也。（钱玄同：《致周作人》,《钱玄同文集》第6卷，中国人民大学出版社，2001年，第80页）

4月1日　《医学杂志》刊发岳阳吴汉仙来函，驳斥余岩批判中医的言行。

函称：

> 贵会国医同人公鉴：窃以邪说不息，圣道不著，放淫距诐，实为吾党之职责。前者，中卫余岩，以议废国医失败，乃改弦易辙，假《社会医报》为缓进之策，将其所著《余氏医述》一书，扩大宣传，以为消灭国医之唯一利器。且自以为医界之革命家，谓旧医莫敢与之作旗鼓相当之论战，狂瞽荒唐，已达极点。近复有《皇汉医学批评》一书，继《医述》而作，其用意之深，不能不发其隐微以告国人者。《余氏医述》，其目的在推翻灵素，以消灭国医之根本者也。《皇汉医学》，虽为日

人汤本求真氏所作，而其祖述仲圣，实足为国医干城。煌煌巨制，宏我汉京，至理名言，悬为公论。此书一出，则《余氏医述》，必至消灭于无形。故复著《皇汉医学批评》，以为《医述》之羽翼。嘻，亦狡矣哉。夫真理所在，不可混淆。《医述》及《皇汉医学批评》，颠倒是非，变乱黑白，原不值识者一笑。惟社会一般青年，不识医理，恐反为其所麻醉。中国四万万同胞，皆将无所托命，不亦大可危乎。自废止中医案发生以来，海内同人，笔戈墨檄，函电交驰。然对于议案逐条指斥者，固不乏人。而对于《医述》作严正之辨驳，以救国学者，尚属寥寥。吾为此惧，故著《医界之警铎》一书。对于《医述》，虽未逐条指斥，而其扼要，以气化为细胞之母，六淫为细菌之原（见《警铎》下编十三页），并推阐国医气化生菌、气化灭菌之理，为数千年物理经验、人体经验之铁证（见《警铎》上二十四页），而余氏以细菌为直接原因之学说，不攻而自破。细菌为西医学说之中坚，中坚既破，则西医之根本，可以推翻。其余崇正论以辟一偏之私见，举实事以听社会之公评，亦皆义正词严，毫无假借。近复著《皇汉医学批评辨正》，以斥余氏批评之谬。前之《警铎》，所以固国医之根本。后之《辨正》，虽为汤本辨护，亦以其为国医之干城，不能任余氏无理之攻击。区区苦衷，质之海内，当有同情。惟是一人之知识有限，合群策群力而共为之，则无坚不破。余氏各种谬说，尚有为《警铎》所未及纠正者，如谓伤寒等病，由口鼻二阴而进；黑死等病，由皮毛而入；及产后血晕之宜倒悬头部；恶露未尽之禁止行淤。种种邪说，若听其流传海内，必至贻害无穷。所望国医同人鸣鼓而攻，对于《医述》及《皇汉医学批评》之谬说，其他一切治疗之误点，继续纠正，以补《警铎》所未及。此则耿耿寸衷，旦暮之所祈祷者也。夫古今学说之是非，原不妨于辨驳，愈辨驳，则愈进化。余氏之于国医，泥科学以毁哲理，据形质以攻气化，曲词矫辩，狂诋谩骂，其志固不在辨驳，而在根本消灭之也。昔者，孔子以言伪顺非而诛少正卯，孟子以邪说诬民，而距杨墨。余氏小有才，而又善辩，其为害不更甚于少正卯与杨墨耶。望我同人，以放淫距跛为厘正国学之急务，则四万万同胞之生命，其庶几有所保障乎。国医幸甚，黄族幸甚。（吴汉仙：《致山西中医改进研究会距〈余氏医述〉以救国学书》，《医学杂志》，第70期，1933年4月）

4月　君五发表《研究国学之门径》，认为研究国学"泛滥无归，终身无得；得门而入，事半功倍"，将国学别为经、史、子、集四部分类探求，于初学不无小补。

文中提出研究经学、史学、子书与集部的实用方法：（一）治经学之法。治经当自读四书始，且欲治经当先识文字，故许氏《说文》在所必读。（二）治史学之法。欲治史学，宜先看赵翼之《廿二史札记》等书。读史以舆地为最要，《读史方舆纪要》，最为实用。尤当利用工具书，如《史姓韵编》《历代地理志韵编》等。旁通群籍，如《通鉴纪事本末》《通典》《通考》等必读之书也。（三）治子书之法。经史之外，应读子书，唐宋人只取其辞藻，以为文章之资而已，周秦诸子汉人治之者少，欲读其书必先通训诂，明句读。至于杂家杂考，不过以备参考。宋人理学之书不可胜读，取其浅近易晓者而已。（四）治集部之法。文学之书，以《楚辞》《文选》为根底。取古人诗文加以评点，唐以前无之，别集起于东汉，骈体文字开于东京而盛于六朝，说理之文，宜用散行，写情之文，宜用骈体。以上所论，就大体言之，学者如能就所述诸书加以探讨，极为正确也。（君五：《研究国学之门径》，《北辰杂志》，第5卷第7期，1933年4月30日）

　　△　林之棠著《国学概论》，由北平华盛书社出版。该书分小学、核伪、经、子等篇，各篇均有总述及分述，旨在为初学者指出治学门径。

　　《小学篇》从六书释例入手，梳理了文字沿革：象形、象事、象意、象声、转注、假借；音韵举要主要涉及音韵沿革、发音、国内外音标等。《核伪篇》从核伪源起、核伪方法入手，列举伪书、疑书加以说明。《经篇》按照《易》《书》《诗》《周礼》《仪礼》《礼记》《左传》《公羊》《穀梁》《论语》《孝经》《尔雅》《孟子》的顺序逐一说明。《子篇》先总论诸子之学，后展开讨论道、阴阳、儒、墨、名、法、纵横、杂、农、小说十大家及汉代至清代文学大家，对各时代学术发展源流、各学派著名学者作简要梳理。（林之棠：《国学概论》，北平华盛书社，1933年）

　　5月上旬　《苏中校刊》第81期刊登系列学生课业，评述"国故"。**杨学谦首先讨论"'国故学'名称之不合论理"：**

　　　　吾闻学问之能自成一科者，必有其独立之精神及固定之领域焉，既未容他科侵入，亦决不逾越范围，是故物理学为物理学，化学为化学，界限森严，各不相涉，凡百学问，莫不皆然，独"国故学"者异是，许啸天先生云："'国故学'三个字，是一个极不彻底，极无界限，极浪漫，极混乱的假定名词，……这国故学三个字，还算是近来比较头脑清晰的人所发明的，有的称'国学'，有的称'旧学'，有的称'国粹学'，在从前老前辈嘴里常常标榜的什么'经史之学''文献之学''汉学''宋学'那班穷秀才，也要自附风雅，把那烂调的时文时赋，也硬派在'国粹学'的门下，种种名目搜罗起来，便成了今日所称的'国故学'。"实则学无新旧，更无国界与朝代之分，曾有所谓英国学德国学都铎尔朝学加查林朝学吗？所谓"经史之学""文献之学""诸子百家之学"究为何学，亦无明确之界限，其笼统含混，与"国故学"者初无二致，不合逻辑，必须取消。

其次，讨论"所谓'国故学'内容之探讨"：

章太炎在沪演讲，尝标举经学文学哲学为国学三纲。许啸天曰："中国的'国故学'，何尝不是学问……那六经子史，我们一向认为哲学文学的府库的，里面何尝没有科学？……政治学社会学法学军事学，以中国先进国家的资格，研究得格外周到，发明得格外在先，……倘然后代学者，肯用一番苦功，加以整理，把一个囫囵的'国故学'，什么政治学，政治史，社会学，社会史，文学，文学史，以及一切工业农业数理格物，一样一样归并在全世界的学术界里，把这虚无缥渺的学术界上大耻辱的'国故学'这名词取消。"陈独秀先生云："讲哲学可以取材于经书及诸子；讲文学可以取材《诗经》以下古代诗文，讲历史学及社会学更是离不开古书的考证。"是"国故学"

之内容，包括政治社会法律军事文学哲学与夫工农格物数理，实一学问之大渊海也，但是以往一般研究科学者，在故纸堆中获一鳞半爪，加以附会臆说，遂认经书之中，亦有科学，因此包罗万象的国故学内容，也就发生了"排外"的弊病。

再次，讨论"中国以往学术之价值"：

自鸦片以至中日战后，国人目击西人船坚炮利，及至彼邦考察，则见一切庶政，莫不井然，乃知科学制造与科学管理之重要，于是一面造枪炮，一面倩人移译西方格致博物之书，但是一转念间，觉吾华终乃炎黄神明之胄，如许圣经贤传中，岂无踪迹可寻？乃附会古籍，言化学之理，出于《尚书·洪范》与《淮南子》也；物理上三态之变出《亢仓子》也；重学光学出于《墨子》也；声学出于《律吕》也；电学出于《关尹子》，矿学出于《尚书》也……甚至卜筮天道可以附于欧美之宪法，《尚书》"兼弱攻昧取乱侮亡"二语可以比附于达尔文之天演公例，其他如《格致书院课艺》等书中此种类似之傅会尚不一而足，而尤以《十三经西学通义》一书为傅会得最有系统，举西人之学艺政教一切都比于《十三经》中，及今视之，殆如梦呓，盖以四五千年来，惯处农业社会中之中国国民，一旦遭遇西洋科学，欲以过去之知识认识之，诚宜其如堕五里雾中矣。综观以往中国学术实趋于古，真不知故纸堆中，有几许新知可寻，而于现实之人生与大自然——学术之宝藏——则弃而不顾，这样影响于国家社会的前途，岂是浅鲜吗？由此亦足见国故价值之一般。而我国人士如以此种精神研究学术，恐从此永无发展的一日。

最后，分析"中国学术停滞之原因及其补救"，大概有以下几点：

甲、复古之倾向。自两汉考据以迄宋明理学，清代考据复兴，学者所考考矻矻者，无非几部经书而已，认圣人之言，悉有大道，只须学者阐明耳；

乙、认学问悉备于己，故专讲求内心之修养与行为之体验，而于现实之人生与大自然中种种现象，则从不置问，又轻视工艺，以为与大道无关，职是之故，学问乃日趋狭小空虚，离开物质，末流乃侈言精神文明；

丙、自汉以降，中国全部学术思想几全为儒家统一，无与抗衡。

今后补救要点，就新文化运动所提出者，加我个人观察，应如下列所述：

（一）要有自主的而非奴隶的精神，所以主张打倒盲从的忠孝节义等旧道德；

（二）要有进步而非保守的精神，所以对于吾国固有的伦理法律，学术，礼俗，属于封建制度的遗物，主张应归淘汰；

（三）要有进取的而非退隐的精神，所以主张打破闲逸恬淡的风气，欲青年为哥伦布安重根，而不欲其为托尔司泰太戈尔；

（四）要有世界的而非狭义国家主义的精神，所以主张不顾历史和国情，应当顺应潮流；

（五）要有实利而非虚文的精神，以主张打破旧时虚伪之礼节，务与现实社会相适应；

（六）要有科学的而非想象的精神，以主张用科学说真理，事事求实证，而不托于想象。（《杨学谦："国故学"价值平议》，《苏中校刊》，第81期，1933年5月）

张协承认反对国故的原则，"但是有些反对国故的理由，总觉得太偏激些"。说"国故"是有毒的，并非绝对正确，胡适自己说他有"历史癖"，看他作的种种考证文章，可以推想到他是研究国故的。郭沫若研究殷周时代的龟甲文字，但是他自己并不觉得受了国故的遗毒，而学界也没有讥讽他受了国故的毒。以古文的"诘屈聱牙"来做反对国故的工具，这也不对。

因为国故并不一定是诘屈聱牙的，其间也有不少的是很顺适浅显的文字，决不可以一概抹煞。并且我们研究学问的态度，只问这学问是否有研究的价值，如果认为它是有益于个人和群众的，那末无论他是难是易，总不能停止我们的研究工作。以上是他们反对国故的几条谬误的理由，我已简略地加以纠正了，不过有一点，我们不得不承认的，便是许多人在故纸堆里做工夫，荒废了大半世的宝贵的光阴，耗费了大半世的有用的精力，对于国故的方面，仍然弄不清楚，糊涂了一生；并且迷信国故的神圣，怂恿一般的青年，也专向这条路上走去，以致抛弃了其他的更有益的事业，这又的确是受了国故的毒了！

国故诚然是有用的，是足以给我们不少的历史上的知识，来做发现学问的基础，不过这比较研究现在最新式最切要的自然科学，收效小得多了。试想清代的一般国学大师：像陈弟作《毛诗古音考》，注重证据，每个字音，有"本证"和"旁证"。"本证"用《毛诗》中的证据，"旁证"是引用别种古书来说明《毛诗》。如他考"服"字音，共举了本证十四条旁证十条。又像顾炎武的《诗本音》同《唐韵正》都用同样的方法。《诗本音》于"服"字下，举了三十二条证据；《唐韵正》于"服"字下，举了一百六十二条证据。像这样努力的结果，不过是一字一句的真实音义的发现而已。其搜求证据的精神，虽然值得我们佩服和惊叹，但是谈到功用一层，我们敢说是很小很少的。再回过头来，看看和他们同时的外国的人们：葛利赖牛敦所用的方法，和顾炎武阎若璩的方法是一样的；达尔文柏司德所用的方法，和戴震钱大昕的方法又是一样的：都是"尊重证据，注重事实"。他们的成就是如何的伟大呀！他们的影响于全世界，是如何的值得我们佩服和惊叹呀！假使我们中国的这般国学大师，也肯抛弃了范围窄狭的故纸堆，向那广大无边的自然界，去发展，去探求，那我们的成就安见得不驾乎他们之上呢？（张协：《我对于国故的意见》，《苏中校刊》，第81期，1933年5月）

邱应传认为新学术思想绝无突然而来，论其起源，或凭以往之基础而发扬开展，或据前任之学说而加以阐明，是学问进化之道。

胡适之著《中国哲学史大纲》，郭沫若之著《中国古代社会研究》，亦均以研究旧时学术而后成，是国故者虽为过去史迹之记载，然温故知新，实可借鉴，是国故历史之价值也。虽然温故之时，当与古人离成一家言，否则太泥于古，墨守成法，胶柱鼓瑟，非徒无益，反有如下列之弊：（1）易受历史现象之束缚。（2）所得之知识均为回顾的，非是前瞻的。（3）信仰历史太过，辄富于保守性而乏冒险性。惟此亦为研究者自身之错误，可以设法避免，非可据此即以为国故之有毒也。最要者，即研究者当以国故为参考则可耳，若以国故为尽善尽美之学，为东方文明之应永久保存者，以是而抱残守缺，固步自封，则惑矣。（邱应传：《国故价值之我见》，《苏中校刊》，第81期，1933年5月）

谈镐生认为近代科学的分类，非常精细，但没有国故这一类，国故原来是中国特有的东西，其他各国都没有，其他各国已经把那些材料分别归入各类里去了。"作为消灭国故的手段而去研究这东西的，原可以不必加以责难。但为国故而去研究国故，就没有可恕的理由了。国故里的材料，发生价值的时候，是不属于国故的时候。这些材料仍旧是国故时，就根本没有价值可言的。"（谈镐生：《国故》，《苏中校刊》，第81期，1933年5月）

5月27日 中山大学学校教务会议讨论取消毕业生国学考试。

萧冠英报告称："毕业生国学考试，前经本会议决由学校布告执行，自新订组织大纲公布，已无此项规定，并经学生请求免除，由校长饬知照准。"（《二十一年度第四次教务会议记录》，《国立中山大学日

报》，1933年5月31日，第3版）

5月　《国专季刊》由无锡国学专修学校学生自治会出版委员会出版，李崧西编辑。

无锡国学专修学校学生自治会组织《国专季刊》出版委员会，委员长李崧西，委员任毅、徐沂、苏炳奎、石岩、郑高崧、徐振亚、黄源澂、顾迈修、王渊、吴方钧、谢之勃、吴雨项等。该刊刊登《陈石遗先生讲〈国学中应读应看应研究之书目〉》（丁舜年记），文中指出：国学应读之书，其种类有三，曰："有须熟读之者，有须熟看之者，有可读可看之者。""'读'与'看'之别：'读'之功在舌。'看'之功在脑。'读'可不用脑，惟唇吻理会，舌之功也；'看'可不用舌，惟深刻记忆，脑之效也。""须熟读之书"有数，然大约限于经，《论语》《孟子》是其最重要者！《易经》《尚书》《左传》《礼记》《诗经》为国学应读之书。《资治通鉴》《纲鉴易知录》为"须熟看之书"。《史记》《说文》《昭明文选》、郦道元的《水经注》，为"国学应看之书"。秦汉、两晋、六朝唐宋等词章之集是可读可看之书。《汉魏丛书》《唐人说荟》《世说新语》《稗海》为"国学可读可看之书"。"盖凡看书，至少必须经两遍，第一遍须迅速，第二遍才研究，首如走马看山，其奇峰峻岭，容易入目；然后再详加稽考，深为研究，方得其底蕴。"（丁舜年：《陈石遗先生讲〈国学中应读应看应研究之书目〉》，《无锡国专季刊》，1933年第1期）

△　《河南民国日报特刊》之《国学周刊》创刊，该刊1933年5月至1933年10月发刊，邵瑞彭、卢前为主编。（《河南民国日报·国学周刊》，第1期，1933年5月）

△　无锡国学专修学校编《无锡国专第十届毕业刊》出版，刊

有章太炎、蒋维乔、陈三立、柳诒徵、李根源、陈衍、吴梅、姚永朴、胡朴安、陈钟凡、陈柱等人的贺词，鼓励国专毕业生"含英咀华""温故知新""修己治人"。

唐文治撰写序言，鼓励无锡国专学子德行与视野兼备：

吾校第十届毕业诸生，裒集论著诗文为毕业刊，乞序于余。余进诸生而告之曰：人生所以求学者，德行与事业而已！《易》传言进德修业，盖德行体也，事业用也；德行所以修己，事业所以治人，二者相需不相离。《易》之为书：致广大，极精微，而以开物成务为宗旨，故曰：盛德大业至矣哉！《大学》由格致推极于治平，本末一贯，而首揭明德新民为纲领；《中庸》论性命之微，而其要在致中和，以赞天地化育；《论语》始学而终尧曰，由内圣推极于外王；孟子道性善，辨义利，而尤兢兢于王霸之分，四子精义，皆易学之支流，崇德广业之道，靡不橐籥于斯。近世人心，诪张为幻；诋正学为迂疏，视六经若敝屣，臆决唱声，万口附和，机械变诈之风，至于不可究诘！往者顾亭林先生，慨夫风俗人心为治乱之关，谓百年必世养之而不足，一朝一夕败之而有余，可痛也！今兹铜山东崩，洛钟西应，召旻之诗曰：昔先生王受命，有如召公，日辟国百里，今也日蹙国百里。於乎哀哉！维今之人，不尚有旧，郑笺云：哀其不高尚贤者，尊任有旧德之臣，将以丧亡其国也。有心人读之为之零涕沾襟矣！然则何以救之，曰讲明道学而已。自宋五子提倡理学，新建姚江，先后有本心良知之学说。宋明气节之隆，为亘古所莫逮。今士林之品行气节为何如哉。夫逃空虚者，闻人足音，跫然而喜。诸生负笈莅校，三载于兹，余教诸生颂诗读礼，诸生熏陶彝训，于进德修业之功，识其径涂矣，非仅足音已也！嗟夫！天下不能无风气，风气不能无循环，惟望有君子者起，能持世而救偏。今诸生卒业，行将出而问世矣！傥能揭道学之传，振聋发聩，挽末俗之浇漓，而维持世运于不敝，是则余所厚望也夫！诸生其勉之哉！

胡朴安题词："数千年遗传之学术，犹如勤劳所积之资财，只应保存其固有，更吸收外来之资财以扩充之，若外来之资财无滤吸收，而固有之资财放弃无余，顿为穷汉，何以为生。国专诸君，乃能保存而更事扩充者也。"

表11、表12为无锡国专第十届毕业刊相关人员情况。

表11　无锡国专第十届毕业刊·本刊职员表

经济股	屠桢　丁舜年　鲍元豫　钱绪堂
编辑股	王正履　徐义　俞振楣　陈士群
出版股	薛玄鹗　孙谦六　戴宏复　倪志倜
文书股	杨炳方　周兑庵　萧佩三　黄兆裳
交际股	黄奉璋　刘漪　杨全经

表12　无锡国专第十届毕业刊·级友通讯录

姓名	字	籍贯	通讯处
丁舜年	箎孙	浙江长兴	长兴大西街道园里

续表

姓名	字	籍贯	通讯处
王正履	旋伯	江苏江都	镇江嘶马镇南巷
周赟	兑庵	江苏宜兴	宜兴屺亭桥
俞振楣	子石	江苏金山	松江干巷镇
徐义	仁甫	安徽舒城	舒城千人桥镇
倪志儞	瑟仙	江苏盐城	盐城新兴市
陈士群		湖南长沙	安庆张家拐西二号
孙景吉	谦六	山东峄县	徐州壩子街荣茂生药号
屠桢	致祥	江苏武进	常州周线巷七十二号
黄兆裳		江苏宜兴	宜兴和桥
黄奉璋		江苏江阴	无锡西旸桥
杨全经	凌汉	江苏溧阳	溧阳东门茂新号
杨炳方		安徽泾县	安徽泾县幕山
刘漪	簏园	江苏东台	东台溱潼镇王伯记转帅垛
鲍元豫	智孙	江苏镇江	镇江第一楼街四十二号
钱越	绪堂	江苏常熟	无锡合兴镇
薛玄鹗	思明	江苏吴江	苏州同里高地上一号
戴宏复	健实	江苏吴县	苏州胥门柳巷八号
萧佩三	学讷	江苏高淳	高淳沧溪萧家湾

（无锡国学专修学校编：《无锡国专第十届毕业刊》，无锡国学专修学校出版，1933年）

　　△　中国国学会公布会员姓名一览表（见表13）。

表 13　国学会会员姓名一览表

姓名	字	籍贯	通讯处
丁南州		江苏吴县	浒墅关镇
丁趾祥		江苏吴江	盛泽北斗弄
尤敦信	符赤	江苏吴县	苏州北局青年会
王睿	佩诤	江苏吴县	苏州颜家巷六十号
王乘六		江苏吴县	苏州十梓街一八二号
王大隆	欣夫	江苏吴县	苏州西花桥巷三五号
王铨济	巨川	江苏上海	上海华德路宁国路底一号
王国彪	炳文	江苏吴县	苏州古市巷九一号
王灿	惕山	云南昆明	南京大石桥十四号
亢惟恭	寿民	江苏吴县	苏州胡相思巷十九号
毛汶	凤济	安徽歙县	苏州十梓街一八二号王乘六转
史乃康	耐耕	江苏宜兴	苏州三元坊苏州中学
田兴奎	星六	湖南凤皇	湖南凤皇县南城外新缘山庄
田名瑜	个石	湖南凤皇	湖南沅陵杏浒冲一号
朱学浩		江苏上海	苏州清洲观前四七号
朱梅邨		江苏吴县	苏州南仓桥吴宅
朱端	砚英	浙江海盐	金山张堰闲闲山庄
任炯	爽庭	江苏宜兴	宜兴白果巷
汪柏年		浙江桐乡	苏州三多巷四二号
汪己文		安徽歙县	苏州城内南显子巷安徽公学
沈润洲	同文	江苏溧阳	苏州草桥苏州中学
沈联奎	进顷	江苏吴县	苏州司长巷三号
沈之采	梦麟	云南楚雄	苏州养育巷半仙巷四号
邵祖平	潭秋	江西南昌	杭州国立浙江大学工学院
宋复	莘畊	江苏宜兴	宜兴职业中学

续表

姓名	字	籍贯	通讯处
李郁	心庄	福建长乐	上海薛华立路一五五巷内八号
李烈钧	协和	江西武宁	上海马斯南路一二五号
李根源	印泉	云南腾冲	苏州十全街五四号
李根沄	武诚	云南腾冲	苏州平桥直街五十四号
李希纲	邵宋	云南腾冲	苏州十全街五四号
李希泌	季郴	云南腾冲	苏州十全街五四号
李兆民	瑞书	湖南新化	苏州天赐庄东吴大学
李楚石		江苏吴县	苏州北局青年会
李延秋		江苏宜兴	苏州三元坊苏州中学
李元凯	锦章	江苏吴县	吴县善人桥
李崇元	续川	广东梅县	上海金神父路花园坊五五号
贝琪	仲珩	江苏吴县	苏州小王家巷三十一号
吴梅	瞿安	长洲	苏州双林巷廿七号
吴契宁	得一	江苏金坛	苏州三元坊苏州中学
吴华源	子深	江苏吴县	苏州桃花坞二四四号
吴闻天	鹤年	江苏吴县	苏州南石子街十四号
吴诗初		江苏吴县	苏州中张家巷十三号
吴承仕	絸斋	安徽歙县	北平宣武门内油房胡同
周延年	子美	浙江吴兴	苏州泗井巷十八号
周麟书	迦陵	江苏吴江	吴江城内北下塘
周兆麟	玉书	江西临川	南昌系马桩二十三号
金天翮	松岑	江苏吴江	苏州濂溪坊一零四号
金震	东雷	江苏吴县	苏州阔家头巷十七号
金世仁	志守	江苏青浦	苏州多贵桥巷十一号
金元宪	立初	江苏吴江	吴江同里镇永安桥

续表

姓名	字	籍贯	通讯处
金祖泽	砚君	江苏吴江	同里镇永安桥
金章	寿仁	江苏吴县	苏州景德路九五号
金世德	奎荃	江苏青浦	青浦县朱家阁镇西市
屈弹民	伯刚	浙江平湖	苏州大井巷二十一号
范铺	烟桥	江苏吴县	苏州温家岸二四号
许毓骥	千里	江苏武进	苏州幽兰巷三八号
许冰夏	病虎	江苏宜兴	宜兴县立女中
许博明	博明	江苏吴县	苏州高师巷
徐震	哲东	江苏武进	南京中央大学文学院教职员第二宿舍
徐澂	沄秋	浙江杭县	苏州沧浪亭县立中学
徐伟	子为	江苏吴江	吴江震泽
胡焕庸		江苏宜兴	苏州三元坊苏州中学
胡蕴	石予	江苏昆山	安定车站转蓬阆（阆）镇
胡希仲	幼笠	陕西富平	苏州东吴大学中学部
施福绶	纯丞	江苏吴县	苏州铁瓶巷四五号
姚廷杰	俊先	江苏吴县	盛泽九埭弄九号
姚光	凤石	江苏金山	金山县张堰镇
唐长孺		江苏吴江	平望镇西塘街
高燮	吹万	江苏金山	张堰西乡闲闲山庄
马树柏	节高	云南通海	苏州十全街五四号李公馆
马光楣	梅轩	江苏昆山	苏州富郎中巷十七号
马宗霍	宗霍（承堃）	湖南衡阳	南京立法院秘书处
夏承焘	瞿禅	浙江永嘉	杭州闸口之江文理学院

续表

姓名	字	籍贯	通讯处
时希圣	孟麟	江苏吴县	苏州护龙街八七二号
梁津	其钰	四川仁寿	南京实业部矿业司
姜寅清	亮夫	云南昭通	上海老靶上路俭德会
凌景埏	敬言	江苏吴江	苏州天赐庄东吴大学
陈衍	石遗	福建闽侯	苏州胭脂桥毛家巷二号
陈旭旦	雅初	江苏吴江	同里镇红塔埭
陈柱	柱尊	广西北流	上海大夏大学
郭则清	小苏	福建侯官	苏州师古巷四号
傅朝俊	子文	江苏吴县	苏州西支家巷十一号（已故）
章炳麟	太炎	浙江余杭	上海同孚路同福里十号
程适	肖琴	江苏宜兴	宜兴白果巷
黄履思	晓浦	江西南城	湖北黄冈地方法院
黄仿欧		江苏吴县	苏州醋库巷七五号
黄云眉	子亭	浙江余姚	苏州护龙街八七二号世界书局
冯振	振心	广西北流	无锡国学专修学校
惠洪	心可	江苏吴县	苏州曹胡徐巷五十号
杨俊	咏裳	江苏吴县	苏州曹胡徐巷六八号
杨天麟	石卿	江苏高邮	浦口津浦路局文书课
杨立三	又时	江苏金坛	上海闸北明强中学
杨歗谷	句暗	四川大邑	南京高楼门九号
孙宝刚	宝刚	江苏金山	吴江保卫会
孙远	翔仲	江苏常熟	上海爱国女学
孙至诚	思昉	河南浚县	河南林县县政府
鲁元	子真	云南剑川	苏州十全街五四号李公馆

续表

姓名	字	籍贯	通讯处
靳志	仲云	河南开封	南京鼓楼二条巷一号外交部秘书处
张圣瑜		江苏吴江	苏州草桥苏州中学
张一麟	仲仁	江苏吴县	苏州吴殿直巷三二号
张任政	惠衣	浙江海宁	苏州吴衙场振华女学
张绳祖	贡粟	江苏吴江	苏州三元坊苏州中学
赵子立	一峰	河南永城	南京张府园五四号
赵守昕	云青	湖南浏阳	浦口津浦路局车务处
赵应麟		江苏吴县	本埠甫桥西街五十号
廖方新	景初	云南石屏	苏州平江路二九七号
郑伟业	梨邨	江苏吴县	苏州滚绣坊四二号
闻宥	在宥	江苏松江	上海法租界辣斐德路益余坊十号
潘承厚	博山	江苏吴县	苏州南石子街十四号
潘承弼	景郑	江苏吴县	苏州南石子街十四号
诸祖耿	左耕	江苏无锡	苏州三元坊苏州中学
黎绍基	重光	湖北黄陂	山东枣庄中兴公司
刘昌运	笠僧	云南昭通	苏州十全街二六六号
刘治洲	定五	陕西凤翔	北平西单辟才胡同西口外北沟沿五三号
蒋维乔	竹庄	江苏武进	上海新大沽路永庆坊五八号
钱希晋		江苏泰兴	苏州滚绣坊青石弄二号
钱绍武	景肃	江苏吴县	苏州中张家巷八号
谢觐虞	玉岑	江苏武进	上海西门路一六五号
戴增元	镜澂	江苏镇江	苏州燕家巷二号或三元坊苏州中学
戴正诚	亮吉	四川江北	南京财政部钱币司
严庄	健斋	江苏吴县	苏州吴县前纯一中学

续表

姓名	字	籍贯	通讯处
严衍升	南声	江苏吴县	苏州娄门东北街
严烈	沛仁	江苏吴县	苏州盛家带十五号
顾文彪	蔚伯	江苏吴县	苏州胥门外西跨塘兰舟小学校

（《国学会会员姓名一览表》，《国学商兑》，第1卷第1期，1933年6月1日）

6月1日　苏州国学会会刊《国学商兑》创刊，该刊由国学会出版委员会《国学商兑》编纂部负责；章太炎撰写发刊词，讲明国学会源起与宗旨。

章太炎撰发刊宣言：

　　自清末讫今三十有余岁，校官失职，大经斁而贼民兴，其有秉德树惇，不失教本者，盖百不过四五，然犹为众所咻，无以流泽于世。奸言朋兴，罩及校外，察其利害，或不如绝学捐书为愈。余去岁游宛平，见其储藏之富、宫墙之美，赫然为中国冠弁，唯教师亦信有佳者，苦于薰莸杂糅，不可讨理，惜夫圣智之业而为跖者资焉。或劝以学会正之，事绪未就，复改辙而南，深念扶微业，辅绝学之道，诚莫如学会便。其秋，苏州有请讲学者，其地盖范文正，顾宁人之所生产也。今虽学不如古，士大夫犹循礼教，愈于它俗。及夫博学屏守之士，亦往往而见。忾然叹曰："仁贤之化，何其远哉！"顾念文学微眇，或不足以振民志，宜更求其远者。昔范公始以名节厉俗，顾先生亦举"行己有耻"为士行准。此举国所宜取法，微独苏州！顾沐浴膏泽者，莫苏州先也！于是范以四经而表以二贤。四经者，谓《孝经》《大学》《儒行》《丧服》；二贤者，则范，顾二公。其它文献虽无所不说，要以是为其蒉。视夫壹意章句，忽于躬行者，盖有间矣。讲洗月，将还海上，自恐衰老，不能时诣苏州，又念论述古义，学者或不能得其本，效顾先生读经会制，以付与会者主之，其事甚质，而基莫固焉。是于它州或不能举，苏州则有能举之者也。后数月，诸子复定名曰"国学会"，以讨论儒术为主，取读经会隶之。时有所见，录为会刊。乌呼！斯会也，其于中国，犹大山之礨空而已，尚未得比于五季之睢阳，衰晋之凉州诸子也。持以弘毅，何遽不可以行远。凡事有作始甚微，其终甚钜者。仲尼云："人能弘道。"与会诸子，其勉之哉！（《国学会简章》,《国学商兑》，第一卷第1期，1933年6月1日）

国学会出版委员会规程："一、本会根据干事会之决议定名为国学会出版委员会。二、本会由干事会推定之总编辑一人，副编辑二人，编校员十人，事务员三人共同组织之。三、本会进行事宜得随时由总副编辑召集会议决定之。四、本会经费由干事会筹集之。五、本规程如有未尽事宜，得由干事会议推举起草员修正后，交由干事会通过施行之。"

国学会出版委员会总编辑：陈衍；副编辑：王謇、屈曦；编校员：戴增元、诸祖耿、王乘六、潘承弼、徐澄、陈旭旦、郭则清、贝琪、朱学浩、施福绥；事务员：金世仁、金章、许毓骥。（《国学商兑》，第1卷第1期，1933年6月1日）

△ 古直仿效学海堂规制，拟定、发布《国立中山大学招考中

文专课生通告》。

古直企望"澹雅惊绝之才因之而起"，鼓励"海内士流，欲以文章报国者，可受试"。并颁布《中文专课生条例》，规定中文专课生暂设三名，考取者适馆受廪，按月课艺，及第者有奖，每名二十至五十元。入学试分四种：一经，二史，三文，四笔。试经史，以观其根柢；试文笔，以验其思藻。考进诸生必从师命，严守学规，谨执弟子礼，不率教者屏诸。三年毕业，授以"国立中山大学中文专课生"文凭，依其学力所至，任以相当教职。不论是否大学毕业，凡年在二十五岁以内，品端行修，学有根柢者均可报考。国立中山大学招考中文专课生通告如下：

学术万端，文章为难，东原致好于顾氏（戴东原尝言做文章极难，如阎百诗极能考核而不善做文章。顾宁人、汪钝翁文章较好。见戴氏年谱），九江勖志于门人（朱九江云欧阳氏曰文章止于润身，政事可以及物。夫信以文章非及物者乎。君子之学以告告当世以传来者，书以明之，诗以歌之，非文章不达也，皆及物者也。孔子曰：言之无文行而不远。南宋以后古文之道寝衰，天下必当有兴者二三子，其志于斯乎？见朱九江先生年谱）。夫二儒当文盛之日，犹发此慨，况复底的随宜它她强傅之际哉！昔阮文达督粤，启学海堂，提振学风，百年未沫，推其致此，则专课之由（学海堂每二年考选专课生十名，陈兰甫、谭玉生皆学海堂专课生也）。今师其意而设中文专课生，庶几澹雅惊绝之才，因之而起乎？海内士流欲以文章报国者，可受试焉！特此通告。（《国学近讯》，《国学商兑》，第1卷第1

期，1933年6月1日）

古直将通告邮寄中国国学会，金松岑回应古直"举世不为之日，何意得此空谷足音乎？"《国学商兑》编者指出："自国难大作，海内有心人士遂无事不从'国'字著想，如'国术'，'国货'，乃至大刊之'国畜'等等均经人提倡甚力，而老牌'国学'之应受人膜拜自属意想中事。三吴人士，虽手无缚鸡之力，而心雄万夫，以出状元之故地，提振文雅，轻而易举，不言可知；自国学大师接踵来兹讲学后，国学之重要盖已如日中天，于是国学会设焉。"（国学生：《国学近讯》，《论语》，第25期，1933年9月16日）

△ 陈柱尊发表《大学的国文教育问题》，提出国文系与国学系有名异而实同者，有范围大小略有不同者，分析今日大学国文教学的弊端，提出正本清源的解决之道。

陈柱尊认为今日国内大学之国文，可分三类：一为一年级之基本国文，二为国文系或国学系之各学程，三为其他各学系向国文系选读之学程。一年级的基本国文是大学各科的共同必修学程，学校设此学程而要求各科学生必修，以国文须求通畅，无论农工商各科，执笔为文，必须能文从字顺，持之有故，言之成理，而后可以应用。

是故大学一年级之国文，而欲使之文从字顺，持之有故，言之成理，则国文学程以外，最低限度，必读之书，如《四子书》《经子百家杂抄简编》《纲鉴易知录》《唐宋八大家文抄》《唐诗三百首》之类，不特为中国人作文必备之常识，且为言语交际必备之常识。今之为教者，动曰：适合国情，不知如

《四子书》之类，其支配吾国思想几千年，构成吾国之风俗习惯者亦几千年，其书何等重要，宁可漠视之乎？

今日大学国文系教学的弊病，简言之，不外乎："弃本逐末，舍易趋难，去正就偏，贵耳贱目而已！"结果导致学生逐无本之学，世尚好奇之论，士尚偏颇之行，可谓今日大学国文教育的失败：

> 是故今日欲救其弊，则一切悉宜反之，减学程之数目，而增学程之钟点，使学生所习之学程宁少，而所曾习之学程必不能不充实，一也；减去枝节偏僻之学程，专重正大重要之学程，使学生精力不耗于无用，二也；注重纵的研究，不专尚横的讨论，与其舍本逐末，不如弃末取本，三也；各学程不必自编讲义，直用古人之书，如讲孟子则令购孟子注一种，庶几不以编印讲义之迟缓，阻碍教授之速率，四也；每日所讲之书，令学生先自研究，上课时则令学生质问，二十分钟后，则由教员将课本诵读，每毕一章，问学生有无不解，倘无问者，再读下去，每至重要处，教师则令学生特别注意，令其下课自行研究，次课再问答，讲解务提纲摘要，不必详琐，以愈速愈妙，庶几学生能多读书，五也。（陈柱尊：《大学的国文教育问题》，《大夏周报》，第9卷第28期，1933年6月1日）

6月21日　无锡国专举行第十届毕业典礼，上海交通大学校长黎照寰、教育学院院长高践四到校演讲。

黎照寰指出唐文治是中外所景仰的教育先辈，去年国际教育考察团到沪后，"极言贵校之精神、唐先生之道德为可敬佩"。唐文治"以提倡国学为宗旨，揆之事实，文化实系国家之兴亡。历史上中国每以文化战胜外族，故欲救国家之颓弱，先须发扬固有之文化，恢复固有之道德，故提出为人三要点：一、道德；二、文化；三、效验。而治学之方法亦有三点：一、比较；二、假定；三、试验"。黎氏希望无锡国专学生"能一致本此意志做去"。校董钱孙卿强调"人当做君子而不可做大人，二当知有傍人，而不能只有自己"。（《国学专校第十届毕业》，《新无锡》，1933 年 6 月 22 日，第 3 版；转引自刘桂秋编著：《唐文治年谱长编》，第 871 页）

6 月 27 日　《申报》报道夏令讲学会讲师会议，曹聚仁讲国学概论。（《市教育会夏令讲学会讲师会议，重要讲座时间决定》，《申报》，1933 年 6 月 27 日，第 4 张第 14 版）

6 月　北京文殿阁书庄开始编印"国学文库"，该文库主要收录宋元明清时代的史料文献，诸如《皇明经济文录》《满洲实录》。（宋应离等编：《20 世纪中国著名编辑出版家研究资料汇辑》第 2 辑，河南大学出版社，2005 年，第 442 页）

△　孙德谦（隘堪）发表《论国学分类方法》，指出分类为治学的门径，研究国学当以六经皆史为分类的根本。

孙德谦首先自述为学经历，自称治学以诸子学为根底，研究诸子学"当首辨其家数，而寻绎其书中大指，颇思以求其真，不敢穿凿而附会，其得力即在分类"，由诸子学的分类之法进而求之经：

> 余于中国学术，孜孜者四十余年矣。在吾国则谓为章氏学派，而在日本，则谬称为硕学之一人，且谓其学派近西洋智职

分识学（见大正十三年《大东文化杂志》）。余之学问，不过粗通门径，岂能成为学派？且余不能读西书，亦不知西洋之分类如何；但彼既以余学派与之相近，则所言确有所见，敢将平日所致力者，试言其分类之方法。大凡人之为学，不可无方法。余生平治周秦诸子，用功最久，几四十年。而于其学术异同，每喜细为判析，却即用此分类法，其始见《汉志·诸子略》云。合其要归，皆六经之支与流裔，以为诸子之学，既系六经支裔，则沿流而溯其源，约之于经可矣……

　　余之初治经也，亦好考据之学，即近世所谓合于科学方法者。及得章实斋先生六经皆史之说，私谓能见其大。盖经可作古史读，宋儒之空说性理，或近于禅者既失之；汉学家名物训诂，专务琐屑贩订，不精研义理，亦非是。惟明乎经即是史，则孔子删定六经，本经世之意，为万世政教之所从出。章氏之言洵善矣！乃未几而心致疑焉。何疑乎尔。六经既皆为史，孔子当日，自可自为一书，何以别之为六？其后用分类法，恍然于孔子之圣，且有不可合为一史，而无乎不备者。若从后史体例言：《诗》始文王，为西周之史，《春秋》始平王，为东周之史，犹班氏之前汉书，范氏之后汉书，皆史之断代者也。《尚书》者通史也，上起唐虞，与《史记》之首《五帝本纪》同。《周礼》《仪礼》，乃后世史家之职官表礼乐志也。惟《易》之为书，揆之史体，似无行之者。然《系辞》云：《易》之兴也，其当殷之末世，周之盛德，当文王与纣之事，则《易》者殷周史也。两朝交际，为之史者，如陆贾《楚汉春秋》是，而《易》其先例也。晋干宝《易》注，多述殷周之事，殆早知之矣！此以后史体例，为之分类，而知六经之皆史，有断然者。
再从本经体例言，古者左史记言，右史记事。言为《尚书》，
事为《春秋》，汉儒均以此为说。则《书》者记言之史，《春秋》
者记事之史也。《诗》为十五国风，是记风俗之史。凡后之舆地
志，由此而作。礼者记制度之史，唐杜佑之《通典》，宋徐天麟
之《会要》，当取法于兹矣！《易》者多言吉凶，古之道家者流，
出于史官。《汉志》谓合于《易》之嗛嗛，盖记道之史也。以本
经体例，而分类详审之，经之为史，又彰明较甚矣！自来论文
之书，刘彦和《文心雕龙》，于源流得失，辨之最精。其《宗经
篇》外，又有《征圣》一篇，以此篇之中，有必宗于经语，或
谓仍与宗经无异，此大不然。宗经者，言文体皆出于经；征圣
者，乃言作文之法，当取圣人所言为折衷。故云先王圣化，布
衣方册，夫子风采，溢于格言是也。刘氏既各自为篇，则一篇
必有一篇之义；若宗经征圣，彼此无别，则亦何必分撰两篇，
以苟充卷轴乎？此余亦用分类之法，知其非泛设也。总之学问
之事，繁密精深，不得方法，矻矻一生，既患无从入之途，即
偶有所知，亦难观其会通。（孙㡡堪：《论国学分类方法》，《大夏周
报》，第9卷第28期，1933年6月1日）。

△　钱基博发表《改订中国文学系学程》，商讨光华大学中国
文学系课程。

经中国文学系系务会议讨论提出光华大学中国文学系学程，
"以读专书为原则，以培养国性，陶淑人格为宗旨"，严格训练读书
写作的能力，"蕲于贯澈，庶以矫正现代青年知识浮浅，蔑视祖国

之弊"。钱基博将课程分为三种：曰诵读学程，曰整理学程，曰训练学程。

（甲）诵读学程：（一）基本思想：《四书》《周易》《老子》《庄子》《荀子》《墨子》《韩非子》《公孙龙子》《吕氏春秋》《淮南子》；（二）基本文艺：《说文》《毛诗》《文选》《古文辞类纂》《六朝文絜》《韩昌黎集》；（三）基本掌故：《尚书》《左传》《礼记》《通鉴》《通考》。（乙）整理学程：（一）关于思想方面者——《中国哲学史》；（二）关于文艺方面者——《诗品》《文心雕龙》《中国文学史》；（三）关于掌故方面者——《中国近世史》《中国文化史》《史通》《文史通义》；（四）关于古籍方面者——《经学史》《中国史学史》《古籍鸟瞰》。（丙）训练学程：（一）基本国文；（二）应用文；（三）各项作文，骈文，诗，词。

诵读学程而冠之以基本云云者，以见此乃中国青年对于祖国思想文艺方面最低限度应有之认识。而非于此数书者，熟读深思心知其意；无论学问如何渊博，适征其为非中国之学者而已！然而现代青年之对于欧美思想文艺，果有若何深切之瞭觉乎？则亦非吾所敢知也。以吾所见：不仁不知，无礼无义，其仪貌不中不西，其知识非驴非马，如寿陵馀子之学步邯郸，未得国能，又失故行者，比比是也。力田者犹葆其素朴，挟策者转习为伧荒，诙戏如丑脚，暴慢过草莽；淫声哇曲，歌为雅乐；邪说诐行，以为问学；宕而不返，以若所为，岂徒不国，抑且非人！呜呼！盍亦返其本矣！庶几次改之！予日望之！（钱基博：《改订中国文学系课程》，《光华年刊》，第8期，1933年6月）

7月9日　补庵发表《为什么要整理国故》，提倡国学研究应选择精品，系统编纂，另开新路。

你们的工作辛勤极了，所有作品都是我梦想不到的那样高深，除了赞美以外，惊叹以外，我还说什么？

人类有本能带来的嫉妒性，凡是自己弄不来的东西，而他人先弄成了，他必定另找一个道理，表示自己亦不弱，或者这就是嫉妒性罢。

像关于墨子，关于诗歌诸作品，参考书那样的丰富，断制那样的谨严，证据那样的充足，真是以前没有的，可算得诸公之大成功。因为我自问是一句亦作不来的。第一先不曾看那许多书，并不是自谦。

我可有一点意见，要说说，我固然不配讲学问，走不上你们的路子，然而亦有一种看法。以为在今日而仍肯从事于这种工作，自然都是"不怕无聊"的精神，很勇敢很充实的了。当然不是卖弄老古董。以炫耀过去的荣光，更不是和蠹鱼过不去，替将近腐烂的旧籍扫除灰尘，呕许多清白热烈的心血，一定要觅得代价。若说专为贩卖国故的候补大教授作参考品，似乎是大材小用了。

我的愚见似乎要在一切校勘考据，所谓朴学正统的旧路子以外，另开一条新路。这条路不妨理想些，夸诞些，可要把路基建筑在一定目的地。我听说白色人种们，经过大战之后，对于我们的整个文化，似乎比以前有点意思。我的妄想，以为这就是最好目的地。

　　白人们向来是骄傲的，瞧不起我们的一切。现在他们亦有些生活的不大舒服了。仿佛对于我们的文化，虽然还不认识，然而已有相当的怀疑，抬起些微眼皮来，要看一看到底是怎么会子事。这种动机，不止一日了。尤其是法国留学界，对于这事，很用力的介绍。

　　他们向来看我们是神秘的，知道多一点的，最好看我们比黑人高一筹罢了。这亦不是自馁，因为我们的文化真实不容易了解，而况文言不同，心骄气傲的富强国人，我们的国故，又是破滥零碎，埋没的不像个东西，甚者还生了霉菌，如何能够引人过问，假如有一般人专门整理他。选出精品来，编成系统，教人一看就了解，不怕浅近，只要有伦有序，向这条路上致力，似乎比步趋段玉裁、钱大昕强得多，万一能够大批出口，那是世界上何等大业。匆匆言不尽意，这就是我的供献。（补庵：《为什么要整理国故》，《广智馆星期报》，广字228，1933年7月9日）

7月18日　《申报》报道无锡国学专修学校扩建消息，并拟聘请陈衍讲学和陈天倪为史学教授。

　　无锡国学专修学校"将校舍尽力扩充建造新楼房十二幢，约可多容学生百名，并开辟操场，增加各项设备，俾学生锻炼身体，振作尚武精神，一面重建忠义孝悌祠，保存古迹，挽救颓风，并选刻历年毕业论文，贡献社会，以觇成绩"。无锡国专"定于本月二十二日招考新生，科目为党义、经史、时务论说、国学常识，并加以口试报名颇形踊跃"。（《无锡国专添聘教授》，《申报》，1933年7月18日，第4张第16版）

7月31日，古直以中大中文系主任，代理文学院院长之名，函请校长招考文学研究生，以振文风。

函云："窃以文章为学海之归墟，篇翰实扶舆之秀气。载笔有经，言无文调行不远。大业不朽，闻其语亦见其人。自顷髦士所宜，务隆鄙倍；黄茅白革，人望辈喜；底的她（古文妞字）它，（广韵徒和切牛无角也）仰天笑绝；比葩经于摩登咒，夷宗邦于伧野之列；时风如此，耗矣哀哉！大学造士，文科居首，扶微拯弊，宜有长图。夫博学肇其始基，而守约终其条理，纯一有颛颛之虑，歧趋无赫赫之功。校课杂陈，化日苦短，不有特教，难作雅材。前已一再为公陈之矣。谨承雅意，拟具招考文学研究生节章八则。伏祈，惠予审察，俯允施行。所望拔取高材，磨砻大器。识途之马，导以腾骧，观海之徒，穷其源委。以上下床之别，立雅俗调之分。待鸿烈书之成，振宅南交之化。"邹鲁批示："来函拟具中文系招考研究生简章，请察审施行等由，应予照办。除刊印公布外，相应覆请查照为荷。"（《文学院中文系招考研究生要讯》，《国立中山大学日报》，1933年8月14日，第3—4版）

古直依照朱希祖定例，拟定中大中文系文学研究生招考简章。招考简章规定，研究生期限为三年，以经典文、秦汉文、魏晋文、南北朝文、隋唐宋文为研究范围。第一年，"点读各期文，择优讽诵，心有所得，仿王伯厚《困学纪闻》例，分类记之（点读各期文及笔记，随时由导师稽查）"。第二年，"点读讽诵，笔记如前，惟每月须为文二篇，题目由导师出之"。第三年，"覃思研精，作为崇论闳议，以效于世。或为贾董，或为马扬，随才发舒，不拘一格。倘能专著一书，如后汉三贤者（王充、王符、仲长统，韩昌黎称为后汉三贤），尤副虚期焉"。待遇，"每月津贴毫洋八十元，每年以十二月计，宿舍本校供给，川资及膳费自备"。附则规定："如第一年成绩不佳，导师认为不能继续研究者，得令其退学，停止津贴；第二年成绩不佳者，亦然。""研究生中途无故不得改就他业，尤不得在外兼他种职务。"资格："国内各大学本科中文系毕业或程度相当而有专门著作者"，考试分"无韵之文"和"有韵之文"两种，定于9月16—17日考试。(《本校文学院中文系招考文学研究生简章》,《国立中山大学日报》,1933年8月14日，第16版) 9月16日，古直为主考委员，方孝岳、李沧萍、谢中斐、黄昌祚与黄纯仁为监考委员，上午考试有韵之文"孔孟赞"，下午考试无韵之文"东汉气节论"。(《文学院招考文学研究生第一日考试情形》,《国立中山大学日报》,1933年9月18日，第2版) 17日，均为无韵之文"与友人言志书""自述"。古直于"自述"后加有旁注，"限四百字以内"，"序述平生"，"自述犹自传自序也，古人往往有之，如汉书扬雄传，班固即取雄自序成之，于后加雄自序云尔，以明之是也"，"文成须再三改定乃佳，不能以不起草为才也"。(《文学院招考文学研究生第二日考试情形》,《国立中山大学日报》,1933年9月19日，第3版) 古直详阅考卷后，认为"绝少华实并茂之作"，"时日过促，网罗未尽"，后择优录取朱子范、黎开云。(《文学院中文系招考文学研究生之消息》,《国立中山大学日报》,1933年9月26日，第2—4版) 9月23日，古直在中大学院院务会议上报告中文系课程必须以旧学为主，"本院各系课程，均以新为主，惟中文系课程，则必以旧为主。故本年度本系课程内容，悉依去年之课程大纲编订"。(《文学院廿二年度第一次院务会议》,《国立中山大学日报》,1933年9月26日，第5版) 陈鼎忠函称："广东来函，中山大学专重国学，国学系十三经均须讲读，不学外国文，并设有中文研究生，每月津贴八十元，三年毕业，由政府予以实职，其重之如此！"（陈天倪：《尊闻室剩稿》下，第978页；参见刘小云：《学术风气与现代转型：中山大学人文学科述论（1926—1949）》，第154—157页）

7月　陈寅恪的《与刘文典教授论国文试题书》，发表于《学衡》第79期。本月，以吴宓为总编辑的由上海中华书局印行的《学衡》杂志出最后一期。计划自第80期起，改由南京钟山书局印行，缪凤林任总编辑。此事未果。（张源：《从人文主义到保守主义：学衡派与白璧德（增订版）》，商务印书馆，2022年，第136页）

8月22日　《河南民国日报副刊·国学周刊》刊登《国华月刊》规程。

一、本刊以同人之合意，按月印行研究国学之撰述，定名《国华月刊》。二、本刊为有定期刊物，暂以一年十二册为限，每月初旬出版一册。三、本刊之撰稿，由主办人任之，但发起以后，如有赞成本刊，愿意撰稿者，得随时加入为主办人。四、本刊之内容，以国学为范围，其大要如次，但编辑时不分项目：甲，单篇论述；乙，专著及遗著；丙，杂著及札记；丁，文苑；戊，通讯；己，纪事；庚，影片。五、本刊之形式，用活版线装，每册暂以中国页八十页为率，每页约五六百字。所有作品，除过长专著以外，不得分载数册。六、本刊经费，由主办人酌量担任，并得捐募。七、本刊编辑，校对，发行，庶务，会计，文牍等职，由主办人专任或兼任。八、本刊在上海发行，设通讯处于□□。九、本刊主办人，每月于通讯处聚商一次以上，不能亲到者，随时通讯。十、本规程之修正，须主办人半数之同意。（《*国华月刊规程*》，《*河南民国日报副刊·国学周刊*》，1933年8月22日，第14期）

8月27日　天津市医药研究会召开全体大会，提议创办医药月刊，推举训练委员，弘扬医药国粹。

　　天津市医药研究会鉴于国医历史久远，惟因后代不事改良，以致逐渐退化。长此以往，必受世界演进之淘汰。兹为改良国医，保存国粹，维护公共健康起见。特于昨日下午三时在该会召开全体会员大会，讨论改进事宜，计到有龚麟阁、王心航、郭清瑞、宋赞武、孔麟台、梁宝忱等十二人，公推龚麟阁主席。重要议案为：（一）由主席提议，欲图求中医改革，必须组设训练股，对于会员时常加以相当训练，以资提高会员道德及改进医术案。决议：公推孔麟台、王心航等五人担任训练委员，每星期召集会员指导训练。（二）主席提议组设医药月刊，宣传卫生要义，集思广益以求医药改良方策。决议：由龚麟阁担任办理。（三）孔麟台提议医生对于病者治疗必须认真，不得稍有疏忽及高抬身价故意迟延案。决议：由训练股办理。（四）孔麟台代表训练股讲演。略谓查医药原始一家，人心物味结合为医，医药不可须臾离也。药性各异，当一味一熬，丸药当提其精华配制。中国素以汤剂为主，改良中医治疗，以改建汤剂为入手，以药到病除为目的。凡一切医药亟应采取科学方法，期与西医齐驾并驱等语。至六时半摄影散会云。（《提高中医道德，发扬医药国粹》,《新天津》, 1933 年 8 月 28 日，第 6 版）

8月31日　柯劭忞在北平去世，享年86岁。《大公报·文学副刊》撰文悼念柯劭忞，申明以四部之学以及经、史、子、集的次第囊括中国学术。

文章称柯劭忞为吾国旧学泰斗，博学能文，"先生素不治家人生产，殁时家无余财。临终惟以勤慎立身忠厚处世谆嘱子女，又以石刻十三经未成为恨"。柯劭忞的学行殊足表现儒者精神，进而由此论述中西学术系统的差别：

> 按中西学术各有其一定之系统。自昔硕学名贤，率能博观约取。先之以纵横泛览，书无不读，事无不知。终之以专精独造，探获真理，发为文章。而其所以能致此者，则亦由于学术有一定系统可以遵循，故不至流荡无归或偏奇自喜。譬之河流之有堤岸，既防水患，更增水力，利用厚生，于是乎赖。学者依此系统，置身于文化之中心，陶镕浸润，人一我百，更遵从学术之正路而进行，日积月累，朝发夕至；遂能终底大成，登峰造极，包罗万象，号称博学，克获正智。故学术之系统，为学者不可不明晓，亦不可不遵依也。欲知西洋学术系统，宜细究柏拉图亚里士多德全集，由是而下更参以基督教之规律德义，直底近世之哲学文学，及现今之政论艺术等，流变虽多，其系统要自分明也。吾国之学术系统，可以经史子集四部之名称及其次序赅之。（一）经者，先圣先

贤所传之精理，人类智慧经验之结晶，万事万物之本原，而一切学术政教之准绳规矩也（principles；standard；essentials；wisdom；eternal & fundamental truths）。（二）史者，人类活动之实迹，智愚贤不肖内心外境生活行事之摄影，成败得失之龟鉴，而经中所言之原理之实例与确证也（facts；images；demonstrations；records）。经言理，史述事。理为普遍永久，事乃一时一地偶然特殊之表现。理在真如观念（Ideas）之境界，空虚证明，固定不移，事在幻影浮象之境界，淆杂纷错，变动不居。故经必在史上，而史必次于经。盖理能成事，事仅证理，宾主显分，轻重攸别，故（一）经（二）史之次序必不可乱也。（由此点言，六经皆史之说实误，至少亦有语病）至于（三）子部之内容，为哲理，为学说，为个人思辩之记录，为某一心性对于宇宙人生自然全部之观感印象而组织成一系统　者（philosophzes；theories；individual speculations；personal intellectual constructions；logical systems）。真理为普遍永久，超乎一切个人之外。个人纵敏慧通博至极，所见之真理仍只沧海一粟，且即此几微，犹是模糊影响而不能云无错误。哲学家最大之成就，仅能使彼自己之学说各部分不互相矛盾。如此"持之有故，言之成理"，便谓之"颠扑不破"而可以"立"。然亦只相对的可取耳。其绝对的可信与否，仍不能定。即此一部分可信为真理，其非真理之全部固昭昭明甚。古人"管窥蠡测"之说最妙。故知子必远在经之下。又史所记乃全社会之事迹，子所阐乃个人之思考。社会重于个人，客观易成确据，故史又必在子上。（四）最后之集部，则个人情感意志之发挥，而出之以艺术的形式规律者也。既原出于个人，其必置于经史之下，理由与子部同。然子部之材料乃个人理智（reason；intellect）之产物，而集部之文章则个人情志之表现。理性比之情感，较为固定而合于真理。在人心中，情感宜听命于理性，故在学术系统中，集部亦必在子部之下。况理智所定之法律道德等，乃全社会所必需。而诗词文章，在作者固由创造而得满足，在读者亦只境合情同者始能心领神会得获慰乐。即以功用言，艺术之本于审美观念者，究属末事。况集部常多绮靡骚愁之词旨，贪欲虚荣之表现，其当裁抑贬损更不待言。综上所言（未能尽详），则知中国学术系统之大纲，为（一）经（二）史（三）子（四）集之分类及次序。而此种分类及次序，实含有深远之至理。以普遍之标准（综合中西古今，或超一时一地）评察之，可明其意义及价值。而未可概斥为迂腐陈旧也。（附按四库全书乃应用经史子集之原理或系统而编列书籍者。此经史子集之原理或系统实不产生于四库。今兹之论，乃详究中国学术系统，与四库全书问题无关。）

中国学术之系统，既为（一）经（二）史（三）子（四）集，中国学术史中之典型人物及伟大作者，必由此系统而产生，亦非遵此系统莫能造成。大率古今中国之硕学通儒，其学问之根据及精力之所萃，必在于经。次则治史，为经之辅。凡其所理想之政治，及平生未展之抱负，悉于所著史书中寄托发挥（司马温公为最佳之例），如一己性之所近，长于思辨推考，而欲组织个人思想之全部一已，成一家言，则为子书。集部之诗词文章，则人人能，而硕学通儒仅以余力游涉及此，或竟不为，而为之者亦有高下之分，视其经史根本学识何如焉。更有言者，中国之学术系统，并包含一种理想与精神。其所希望造成之人物，简言之，为：（1）内圣外王，德行兼备；（2）诚意正心修身齐家治国平天下；（3）富贵不能淫，贫贱不能移，威武不能屈；（4）穷则独善其身，达则兼善天下。此种理想人格，乃中国学术系统应有之产物（至于实际所产生者，其去原来之标准，有合有不合，有远有近，各有其例，自难一概而论）。而学术系统与理想人格，二者实组合一体，交相为用。惟由此系统乃能产生如此人格。亦惟产出此种人格，乃能证明此系统之成功及其存在之价值。呜呼，其在西方，学术分合流变之迹，亦既远且长矣。文艺复兴以还魁硕之士，如Casaubon，如Scaliger之流，好古勤读，以博学称，后此莫能及。然此诸人者，其学虽博，行能无足称，甚或流于猥鄙，已失古代学术系统与理想人格合一并用之精意。于是弥儿顿以能兼顾并全，被称为殿后之伟大人物。此后三百年中，革命迭起，学术益分。系统绵延，不绝如缕。理想人格，亦到处可寻。然而晦矣乱矣。若今世美国白璧德先生穆尔先生等，实能上承柏拉图亚里士多德之学术系统，兼具基督教德义，而又博通古今，以至理热诚，发为庄论危言，借图启愚救世。欲求欧西之学术系统与理想人格，其任斯乎，其在斯乎。呜呼，吾中国则何如耶。中国今后百度维新，臻于隆盛，人才千万，德学并昌，固吾侪之所渴望馨祝。然中国古来之学术系统，与该系统所造成之理想人物，恐将从此而斩。今世纵有老师宿儒名贤硕学，可为代表，可作例证，然已寥如晨星，或声光未臻绝顶，至于他日纵承遗绪而昭示典型，实难有望矣。柯凤孙先生纯为中国学术系统所产生之博学通儒。况又耆年硕德，夙受海内外崇仰。今兹辞世，典型失坠，继武无人。上言中国之学术系统，与此系统所滋培之人物，今后何能再见。此吾人于柯先生之殁，深为痛悼者也。

中国近世最伟大之代表人物，实为曾文正公国藩。曾公固中国学术系统所产生之理想人物也。最近之学者中，王静安先生国维最为人所尊崇称道。王先生治西洋哲学，治词曲，治新发见之古史材料，其方法途径甚新。然王先生实亦恪遵中国学术系统而歆慕该系统所孕育之理想人格者。试细读《观堂集林》(《王忠悫公遗书》)中考经证史诸篇，及发明学术流变政教大义之序文等，可知王先生固亦以此自期。若其自沉于昆明湖，尤足证其心志之所在矣。至于柯凤孙先生，以论中国学术系统人格规范，则更纯乎其纯者矣。柯先生生平精力所注，厥在经学，于《穀梁》所得尤深。其治元史，乃由经以及史。亦以清同光间风气，治西北史地，(尤以元史)为新奇时髦之学问。然柯先生勤搜穷讨所得，不为零篇专题之贡献，而必宏大其体裁，精严其义例，醇美其文章，以撰成《新元史》二百五十七卷，与二十四史并列分席，不惮辛劳，舍易就难，亦中国学术系统之根本观念有以促之然也。往年王静安先生谈及《新元史》，颇惜柯先生不用新法，作成零篇，或作为旧元史之校勘增订本，致《新元史》更待校注。或又讥《新元史》无索引（Index），检查不易。凡此固亦甚是。然苟知中国学术系统之重要，及古来中国学者著述之精勤不苟，历数十年如一日（例一，段玉裁之注《说文》。例二，司马温公之修《通鉴》。今不及详述），此种精神，此种愿力，惟宏伟之柯先生有之（李思纯君之《元史学》，定价八角，中华书局出版，读者可参阅）。日本东京帝国大学于十年前赠予先生文学博士，先生固不待此而荣，然亦可见异邦学者之尊仰有其道也（《学衡》杂志第三十期，有王桐龄君《介绍柯凤孙先生新元史》一文，并附译日本东京帝国大学教授会提出赠柯先生博士学位时之新元史论文审查报告书，读者可参阅）。至于柯先生之《蓼园诗钞》乃民国十三年南湖居士廉泉先生（已故）为之编印，中华书局代售，每册二圆。柯先生遵照中国学术系统，视诗为末艺小道。然诗亦表现柯先生之精神思想学术行事，此亦中国文学之正宗观念也。柯先生诗，宗盛唐而专学［杜］工部，光明俊伟，忠正和平，如其为人（集中要作佳篇，容后选录）。王静安先生于民国十四年尝语编者，谓"今世之诗，当推柯凤老为第一，以其为正宗，且所造甚高也"。四川万县徐际恒先生（久成）待刊之《艮斋诗草》中，有《读蓼园诗集》一首（去年所作）极致钦崇，然实为公论，深合吾人之私见，爱录之以当评赞云。（《悼柯凤孙先生》，《大公报·文学副刊》，第297期，1933年9月11日，第11版）

邵元冲、叶楚伧、于右任等呈请褒崇柯劭忞，以扬国学，"缮具该氏履历事实，请鉴核施行案，决议呈请国府明令褒扬"。（《行政院决议褒扬柯劭忞》，《申报》，1933年12月20日，第1张第3版）

9月1日　方孝岳发表《国学流别叙目》，自称依据"循名责实条别家数之旨"，研究我国二千余年之国学，作《官守篇》《私学篇》《史法篇》。

> 遂古灭矣，后王粲然，百官相齿，以事为常，旧法世传，经典斯缮，幽厉伤人，舍鲁何观，信言不美，讵讬神坊，作《官守篇》第一。
>
> 畴人分散，图法异适，征藏博大，抱道既逸，子所雅言，明于四术，《春秋》后作，五十学《易》，殊涂为治，百家罔极，亦有闻风，不为巫贼，作《私学篇》第二。
>
> 史氏失官，私门撰记，《春秋》何为，正文制义，其文则史，传疑传著，义则窃取，异辞三世，树兹二辙，体无达例，望远察貌，形则难谛，稗说可观，谲诳恐泥，后有述焉，良史是契，作《史法篇》第三。（方孝岳：《国学流别叙目》，《国立中山大学文学院专刊》，第 1 期，1933 年 9 月 1 日）

钱基博《现代中国文学史》由上海世界书局正式出版，三年之中曾三次再版。

此书问世之后，誉之者赞其"今日著述界有价值之著作"，毁之者诋其"殊乖文学史体"。陈豪楚赞誉此书："取材宏富，评断精审，史料史识，丰富卓越，盖非率尔操觚者之比。而于述文学之外，间涉思想与政治之各方面，是又不仅为专治文学者所宜一读者"（陈豪楚：《书报提要·现代中国文学史》，《浙江省立图书馆馆刊》，第 2 卷第 5 期，1933 年），"本书不仅可作文学史读，并且兼可作现代中国政治思想史读"（陈豪楚：《新书介绍·现代中国文学史》，《浙江青年（杭州）》，第1卷第4期，1935年2月）。马玉铭在《钱基博著〈现代中国文学史〉的批评》（二）中，批评本书"名不副实"，充其量只可算是一部"近代中国文学作家列传"：

> 如果能把"绪论"，"编首"及下编"新文学"中的"白话文"一段去掉，仅剩中间几大段，而名之曰"近代中国古文作家略传"，或比"近代中国文学作家列传"这个名词，还要妥当一点。

> 论"白话文"一章，真要不得！著者之无能力欣赏白话文章，已如上述，而又压根儿不知道那几位作家才是活动于新文坛上的重要角色。他只知道一位胡适；乃为胡适立传，附以周树人、徐志摩传。殊不知胡在新文学上的地位，远不及周徐二人；二人之作风，亦与胡适不同。如何把他们当作胡氏之徒？况且新文学在草创时间，尚未产生一致公认的标准格式与典型人物，其派别之多，正如著者所甚崇拜的古文学然。所以要讲新文学运动的各个方面，不能不注意到许多集团，例如"新青年社"，"语丝社"，"文学研究会"，"创造社"，"新月社"，"太阳社"，……但是他们的经过怎样？背景如何？思想根据在何处？曾受那几国的影响？作风怎样？他都茫然无知，而又不想求知。于是本书的最后一段，只撷拾了一些道听途说的东西，匆匆交卷！像这样的"衰然巨帙"，何尝"著其异议，穷其流变"，我恐"十年推排，已成老物"，将无幸运"以俟五百年后之论定焉"！

钱基博总结道《现代中国文学史长编》出版之后，自柳诒徵、胡先骕、郑桐荪、陈瀚一、刘麟生、陈彦涛、潘式、王利器、郭斌佳等学人，"或识或不识，莫不致书通殷勤，匡我不逮。而胡先骕、郭斌佳两君，更有批评绍介之文，见于报章，缃缃千百言，奖勖交至。刘麟生君则全书校读，拾遗补阙，以校勘记见遗。文章之契，通于性命。博文质无底，常愧无以答诸君厚我之雅"。（傅宏星：《钱基博年谱》，华中师范大学出版社，2007年，第107—111页）

9月10日 苏州国学会组织读经会。

下午二时，国学会在公园图书馆举行夏季常会，到会员数十人，中央立法委员吕天民由南京赶来开会，会议由李根源主席，王乘六、徐沄秋记录。"会员章炳麟因事未克来苏，以书面提议，组织读经会等案，均经讨论通过"，"闻章太炎已允该会之请，中秋又可到苏州讲学数天"。（《国学会组织读经会》，《苏州明报》，1933年9月11日；汤志钧编：《章太炎年谱长编（增订本）》下册，第846页）

9月21日 清华大学中国文学系召开"国学要籍"及"大一国文"教学办公会议。

刘文典、杨树达、闻一多、许维遹、朱自清等出席。议决事项："一、'国学要籍'的教学由教师讲解，或由教师指定范围，令学生阅读，每月考试一次。二、'大一国文'教学规定选文讲授办法，每学期作文6次，每学期举行小考1—2次。规定了本学期新的成绩计算法及保留《词诠》《字辨》二书供学生参考。"（齐家莹编撰：《清华人文学科年谱》，第136页）

9月29日 闻一多在给饶孟侃信中，谈及学术研究的内外路向。

闻一多自称近来最痛苦的是发现了自己的缺陷，最根本的缺陷是不能适应环境，"因为这样，向外发展的路既走不通，我就不能不转向内走。在这向内走的路上，我却得着一个大安慰，因为我实证了自己在这向内的路上，很有发展的希望。因为不能向外走而逼得我把向内的路走通了，这也可说是塞翁失马，是福而非祸"。所谓向内发展即是指下列学术研究工作：一、毛诗字典；二、楚辞校议；三、全唐诗校勘记；四、全唐诗补编；五、全唐诗人小传订补；六、全唐诗人生卒年考附考证；七、杜诗新注；八、杜甫（传记）。（闻一多：《闻一多全集》，生活·读书·新知三联书店，1982年，第635—636页）

9月　沈庆佲撰《国学常识》由杭州长兴信记印刷公司刊行。

该书包括国学之范围、国学之研究法、国学书籍之体类、古书一斑、时文浅况、小学绀珠一撮、国学问答等10章。书前有著者"本书之正名"（自序）。封面加题：初中参考书。沈庆佲首先辨析了所谓国学范围的问题，认为"国学不必定其范围，亦不能定其范围"，不必定其范围在于各界均认识到，"国学者，中国之学术也"。不过，"吾人为学，当熟思其是非，深考其体用；切不可粗疏浅陋，食而不化"。虽然国学是中国学术的统称，但仍有必要考究"古今人心目中之所谓国学者"。依据《汉书·艺文志》，汉以前之中国学术，有六艺、诸子、诗赋、兵书、术数、方技。《隋书·经籍志》分为经史子集四部，"唐承之而不废，清仍之而编《四库全书》。所谓经、史、子、集者，中国学术之总汇也。以经、史、子、集为国学，此又长孙无忌所定之范围"。韩愈唐代之国学专家，"考其所究穷者，则曰经、传、史记、百家之说；是以此数者，乃昌黎心目中之国学也"。上述三说是古人对于国学所界定的范围，"其为说略同，而无一明白称国学者”，沈庆佲随后辨析了古今“国学”称谓与范畴的差别，评述时下对国学的误解。

一则因古代之人以为世间惟华夏独尊且大，四邻诸邦无非蛮、夷、戎、狄，狉榛芜莽，无学术之可言。故所谓学，当然为中国之学，国学一词自无由而成立。刘略、《隋志》之未尝有国学与非国学之别以此。海通以后，人尚西学，束旧籍于高阁，罗新简于宏橱；于是一般不能研数理、读外国文之徒，大声疾呼，以保存国学相号召，曰：“国学者，国魂也，国命也。非此不足以立国也；保此实所以保国也。”其言之不合论理姑弗问，至国学一词之创，实不得不谓出斯辈之手。由是观之，中国古代人心目中以为惟华夏有学术，故言学无庸画中外之界。此古人无国学一称之因也。一则因学术之传多赖文字。以孔子之圣，从游之广，然称弟子者不过三千，而贤者止七十二人。没后虽可再传至于无穷；然使不删《诗》《书》，不订《礼》《乐》，不修《春秋》，不赞《周易》，以定学者必读之书籍，则斯文难保其不丧，斯道难保其不坠也。《隋书·经籍志》曰：“孔丘以大圣之才，当倾颓之运，叹凤鸟之不至，惜将坠于斯文；乃述《易》道而删《诗》《书》，修《春秋》而正《雅》《颂》；坏礼崩乐，咸得其所。”可谓不刊之论。夫凡百学术，口授则局于一隅，心传则偏于少数；欲求行远而传后，必赖笔札。笔札之事，文字之功也。古代学术众矣，至今或存或没，或显或隐；虽非尽因有无著述，然后之人欲求研求千百年前之思想、制度、风俗、习惯，胥问津于典籍焉。三四千年中，述作如林，至今亦或存或没，或显或隐；虽非尽由文字之工拙，然其传者与夫吾人爱读者，则必不但持之有故，言之成理，亦且舒兰馨于字里，吐碧耀于行间。是则凡百学术多赖文字而得传；能传之文字又必理富辞丰，而此丰辞富理之文章，即所谓文学也。由是观之，凡能传之学术文多成文学。因学术文多成文学，故学术与文学每并为一谈，而少区别。吾人试读《易》之《文言》，《史记》之《项羽本纪》，《庄子》之《逍遥游》，莫不理透情长，声谐调响。低徊之余，能不拍案叫绝曰"此天下之妙文也"乎？夫《易》乃经，《史记》乃史，《庄子》乃子，而今赞之曰天下之妙文，岂非目为文学乎？故韩愈于"性本好文学"之后，接以"遂究穷于经、传、史记、百家之说"。貌似未是，其实并非刺谬也。此古人以文学为国学之因也。既闻古人之馨欬，请复聆今人之论调。

今人对于国学类多谬见，其最大者乃以国文即为国学。此不独科举之遗老为然，即学校中后进亦不免。夫文字不过记载国学之工具，离学不能奏效。譬如老子曰"道可道，非常道"六字，乃国文也。老子哲学中之一点，乃借此六字以记载者也。倘颠倒之为"道常非道可道"，其文字之分子未异也，然意思全无矣。即不颠倒之，增一字为"道不可道，非常道"，则意义全反矣。或减一字为"道可道，非道"，亦不能成义也。即不颠倒，即不增减，其文句仍为"道可道、非常道"；倘经审察深究之余，其说不能成立，则此六字亦复有何意义？又如李白《秋下荆门》诗曰"霜落荆门江树空"，固佳句也。在当日不但文妙，即理亦以为不爽也。惟以今日之眼光观之，其文固仍当认为佳妙，若理则非是矣。何也？霜乃凝成，而非自天落下者也。吾故曰，文字乃记载学问之工具，离学不能奏效也。

今人对于国学之第二谬见，乃以国学为国粹，故有所谓《国粹学报》之刊行，国粹保存社之设立。夫粹者对糟粕而言也。国学中粹与糟杂陈，并非纯金白璧也。夷考一般自命保存国粹者之所为，正如韩愈所谓"牛溲马勃，败鼓之皮，俱收并蓄，待用无遗"者也。吾人能谓之"学者之良"乎？研究中国学术如开矿，不经镕炼，金矿之石不能即铸金磅；如披沙拣金，沙多而金少，用力大而所获未必能偿失。然矿工虽苦，而宝藏终兴；披沙拣金者亦大有人在。故吾人不必痛哭流涕乎国学之运厄势危也。若以国学为尽粹，非自欺，即欺人。自欺为愚，欺人则诬。愚诬之人安能谈国学？安能保存国学？

以国文为即国学，称国学而曰国粹，其为误谬，无待辩矣。至若目之为国故，则为当今国学专家章太炎氏之说。后生小子何敢妄议？与章氏同调者，如浙之曹聚仁氏。其言曰："比年攻治国故，亦欲抉破旧篱，于迷恋国学之空气中，建树一科学式的国故学。"又如王治心氏之言曰："近来提倡国学，整理国故的声音，一天高似一天。"二君之言皆以国故、国学二词互用。其忽言国学、忽言国故者，并无深意存乎其间，不过为避免重复起见。此修辞学上之方法耳。章氏著《国故论衡》，国故之称立；后著《国故概论》，国学遂有系统之通论。以国学为国故，较之以国学为国文、为国粹，当妥贴多矣。惟吾窃有疑者，按《广韵》曰："故，旧也。"既训为旧，新者当然不在内。曹聚仁曰："故之义为旧，以今语释之，则与过去二字相当。"既相当于过去，现在与将来者当然不在内。然所谓新旧，究有何种标准？所谓过去、现在与将来，究画鸿沟于何处？好学之士皆当深辨，不可不烦思索，盲从成说。凡百学术之进步，皆以怀疑为原动力。帝王专制、宗教专制时代，皆以其所施为天经地义，蔑以加矣，不容人之置一否字。今吾辈维新之士，第一当有怀疑之态度，切不可以为章氏片语只辞尽为玉律。以余之见，国故一辞亦有未当之处。何也？国学本体犹之植物，截至今日，尚未至老死之期；发荣滋长，生机正富。夫宇宙间凡成国者，必有学术。有学富而国亡，无国存而学没。中国而不亡，可断其必与学而俱存。彼以国学为国故者，直视中国以后不能有学，亦不必有学，何志气之短也？王治心曰："我们既是中国人，不应当把自己家里祖宗所遗留下来的宝贝丢弃了，一味地欢迎舶来品。"王氏目国学为祖宗所遗留下来的宝贝。宝贝大概矿物居多；即非矿物，亦必不能生长之物。国学而不能生长则必死。吾人忍泣血稽颡而送其终乎？抑一息尚存，此志不懈，发挥光大，使中国学术与泰西文化齐驱并驾乎？是皆在吾人之努力矣。

此外尚有中学、古学等称。中学谓中国之学术，古学谓古代之学术。中学一词虽未始不安，然与小学、大学二称易混。古学一词尤不如国故之当。所以中国学术，简称之似以国学为最适矣。

吾人对于国学既确定其范围如上。即不论其古、今、新、旧，凡属中国之学术，皆可称之曰国学。佛学本非国学，然唐宋以后，逐渐容纳于中国固有之学术中，则佛学亦变为国学矣。准此以观，今日拘墟之士所痛恶之西学，数十百年之后，难保其不容纳于国学之中，而使中国学术成为一种荣光焕发、质实殷固之物，吾不禁馨香祝祷之矣！至若俗儒之保存国学，若幽少女于深闺，绝对不任其与外界接触，以免被诱，以免白璧生瑕。此真一孔之见，保国学适所以害国学。彼辈虽自命为国学之功臣，实则国学之贼子也。何言乎彼辈适所以害国学也？曰：中国之学非纯粹，亦非全糟，前已言之矣。就其粹者观之，亦多凌乱无序，鲜成近世式之科学者；故吾辈后生负整理国学之责者，在在有赖于外来之科学方法。倘故步自封，惟新是拒，则虽有整理之心，必乏董督之术，徒见其终无成就而已。

国学之范围既已确定，更可为之下一定义乎？曰：此实难为也，因从未见人曾有国学定义之立也。惟梁任公曾为学术二字下一定义曰："学也者，观察事物而发明其真理者也；术也者，取所发明真理而致于用者也。例如以石投水则沉，投以木则浮。观察此事物，以证明水之有浮力。此物理学也。应用此真理以驾驶船舶，则航海术也。研究人体之组织，辨别器官之机能，此生理学也。应用此真理以疗治疾病，则医术也。学者术之体，术者学之用。术言之，学乃言事物之原理，术乃陈事物之功能。"如此，一切学问与艺术皆在学术二字范围之内。则所谓国学者，一切中国之学问与艺术皆包括在内也。（沈庆侅：《国学常识》，杭州长兴信记印刷公司，1933 年，第 1—6 页）

△　谭天编辑《现代书报批判集》第 1 辑，由书报合作社出版。该书收录陶姜《"白开水谈座"上的两部国学概论》，批评王

易与钱穆著作。文末"如是谭"发表《谁配谭国学》，揶揄时人的国学研究。

　　国学是什么东西？那个是国学家？谁配谭国学？这些或许老早就有人怀疑过了。

　　但，由高小到大学，还在开课程；专家和教授，还在编讲义勤著述；时髦的书店，还在继续出书，这里不由我"谭"——非"痰"也——性发作起来！

　　我不懂现在谭国学的人，他能够知道国学的仓库中有多少储藏？他在这仓库中抬了几点米粟？

　　说旧有的四部之"国学"罢！为什么阴阳、五行、医、卜、星、相、天文、算术都摒之于"国学"之门以外？

　　说能做几篇诗文和能够由仓颉到段玉裁考得出几个字的是国学家罢！为什么跑山头的看风水先生和马路旁坐冷板凳的测字瘪二——比瘪二高一级——不可成一"家"？

　　这是不肖子孙有些败坏祖德么？房中术载于《汉志》，"肖"的奴才张竞生几本性史，竟被查禁；叶德辉老命，听说"肖"至翻印这一类书，也断送脑袋！

　　国学姑娘！我怕你□，时有些左右做人难罢？旧的先生将你缠小脚，扎耳眼——指缩小国学范围或截取一部分——新的先生，要你穿舞衣，烫头发——指以外名，附会国学某部分——旧的对象是纤纤弱质，籍快私欲；新的想像，是曲线壮健，以状□观，你这样被他们强奸式的任意取夺，你的心中能够忍受不？你的爷娘允许不呢？

姑娘！你是"国花"！你是代表中国四万万同胞的"国花"！你是国魂！是五千年我们列祖列宗所维系的国魂！无耻之徒，攫取你一手一足做招摇的幌子；不肖之辈，戕贼你的心灵，获个人的地位，这是污辱，这是创害，四万万人的污辱，四万万人的创害！

姑娘！漫伤心罢！东北角的房子，已经被外寇折去半间，待我们收拾过来，全堂大大扫除一下，拿整个的精力，爱护你，尊敬你，将这些叛徒，一齐驱逐到茅厕里，罚他闻臭万万年；那末你可甘心，我们也好对你痛浮一大白了。

请了！姑娘！叛徒！再会！

……　……

叫陶姜批评两部国学书，姜味淘去了，嫌他——不是她但，也含了些她——不辣，衔着香烟屁股，狂谭半天！谭是谭呵！天爷！开罪！开罪！（谭天编辑：《现代书报批判集》第1辑，第32页）

△　王敏时编著《国学概论》（上下册），由上海新亚书店出版（1936年8月再版）。

王敏时在该书《例言》中，指出学术原本无所谓国界，"国学"二字，"于义实未尽安"，只是此称谓"通行既久，故本书仍沿是称"。本书是供高中学生教科与阅读之用，"意在与以国学上之常识，故选材以简要为主，不务繁博"。书中的论断以多数学者的共识为原则，"凡近偏激一己之见，时虽新奇可喜，要皆付诸割爱，云利初学，意或庶几"。本书因袭学界通行的四部分类法，"惟子集名称，范围较狭，故改用哲学文学，俾广收容"。本书内容分为总论、经学、史学、哲学、文学概论五大编，供现行国学课程一年之用。在《绪论》中，王敏时界定国学的范围：

> 国学这两字的意义和范围，殊甚广泛，从广义方面说，就是包括我国民族过去的一切的文化历史。惟此所谓历史，绝不是一种帝王家谱，也不是一些英雄传略，而是我们民族的祖先，由情感、意识、理智等的活动所形成的结晶。可说，所有我民族已往的一切，上自制度、典章、思想、学术之大，下逮金石、谱录、小说、歌谣之微，凡足有关人群生活的，都是文化史的范围，也即是国学研究的范围。依此，我们可把国学，约略的括为下列的四类：
>
> （一）先哲创导之学说。
>
> （二）学派之传授。
>
> （三）可代表民族性和时代性之文字，或艺术的作品。
>
> （四）民族生活史。

王敏时进而辨析研究国学应有的态度：

> 吾国挽近几十年来，一般学者们对于国学认识的态度，很有几度的变迁：在前，狭隘而竺旧的学者们，都深深含有自大的心理，以为国学，是高于一切，往往侈谈古谊，弁髦西学，千金敝帚，足已自封，几以"用夷变夏"为大戒，这是国学中竺旧的时期。有清末造，世变日亟，吾国国势日弱，积腐

暴露，于是一般人士，则又以吾国一切，自顾后人，乃至欲尽扫已有，饱饫新知，舍己耘人，旧学寖废，此为国学式微的时期。欧战以还，西方人士，痛定思痛，渐感物质文明之流毒，乃移其目光，转求东方之文化，而同时国内学者，亦复窃窃以国粹沦亡为虑，遂乃穷而自反，知吾旧有学术，尚有一顾之价值，以是整理国故的声浪，日高一日，国学遂复渐为一般人士所注意，这是国学复兴的时期。实则，平情论来，国学本身，自有其固定之真价，他们并不曾澈底的认识，才致生有自大或自弃的心理。这两类人初虽"论各有持"，实皆理终两失，都是不对。所以我觉现在研究国学的人，应戒除前此种种而能：

（一）打破自矜或自馁的心理——上面说过，现在一般学者，对于我国旧有的学术，不是诩然自大，便是自视过卑，这都是凭着一时的客感，不能有真的估价。所以我们今日研究国学的，对于国学态度，应是勿矜勿馁，抱着实事求是的精神，绝去主观的谬见，才可把久事沈埋的国学，重新很公正的发现它的真价。

（二）打破门户的界限——学术本是公开的，不应各立门户，互言所短，像清儒治学虽勤但仍每拘于汉宋的分野，而不能各采所长，收到融通的效果。同时，在汉学方面，复有今古文的分歧；宋学方面，也有朱陆的异说，各立于一种旗帜之下，入主出奴，甚且偏荡偏激，专以树敌为快。这都是门户之见太深，私己非人，使学术进步上，蒙有很重大的影响。现在我们治理国学的人，就应首先打破此种恶习，完全要忘乎人我，"以是为归"，那么，学术的本身，才可有进步的希望。

（三）打破闭关孤立的态度——国学这名词，本有些不妥，因为学术本身，是无所谓国界的，即如我们现在，主旨虽是为着整理国故，但我们切不可抱有狭陋的眼光，孤己自足。可说只要是有关的学术，无论它是源出欧美，或是系本东瀛，他多少总能在方法或材料方面，给我以相当的资助和参考。所以我们都应本着"有学无类"的精神，虚心去容纳，不可误认国学便是国界的表示，而忘却比较研究的功用，不然，那未免是自甘孤陋了。（王敏时编著：《国学概论》上册，上海新亚书店，1933年，第1—23页）

△ 谭正璧编《国学概论讲话》由上海光明书局出版。该书由蔡元培题名，分导言、经学、子学、史学、文学五个部分，供高中及大学教学之用。书中还附有习题和参考书目。

谭正璧在《导言》中指出：

"国学"的值得研究与否，非研究后不能预知。我们越对于"国学"怀疑，我们越非加以研究不可。问题是：一、"国学"是怎样产生的？二、何谓"国学"？三、为什么有人高叫"推翻乌烟瘴气的国学"？他们的见解怎样？有什么差误？四、主张漫谈国学的见解怎样？有什么差误？五、为什么要研究国学？

国学的目的依据曹聚仁所言的四个原因，"便知我们在现在研究'国学'，非但不是不急之务，反为急迫的需要。而且，抱了这样的态度研究'国学'，那便决不是因循的盲从，而也决不会胡乱的提创了"。问题是：一、抱哪种态度去研究国学是差误的？二、研究国学有哪几种目的？三、研究国学是否为不急之务？

（本书）虽采用通行的四分法，而次序则依荀勖所定，以"史"次于"子"后，"集"部则改称"文学"。其中经，子，史三部分的分类仍沿旧目；文学则完全改用新目。这种新旧兼用的方法，本来不甚妥当，但文学如用旧法分目，那么不但毫无意义，而且也无从叙述，为便宜计，也只好贻人口舌。问题：一、中国最通行的分类法是哪一种？二、四分法为什么还没有打破的必要？三、中国书籍的分类起源于何书？四、刘歆《七略》和四部的分类有何不同？五、四部分目始于何人？六、经史子集的次序定于何人？七、王俭《七志》分为哪七类？八、阮孝绪《七录》分为哪七类？九、《隋书·经籍志》的分类怎样？十、《四库全书》分为哪几类？所收书籍有多少？十一、本书的分类法怎样？

研究国学的方法，不外四端：一为辨真伪，二为知重轻，三为明地理，四为通人情。问题是：

一、研究的方法有什么重要？二、研究国学的方法有哪几种？三、为什么要"辨真伪"？四、为什么要"知重轻"？五、为什么要"明地理"？六、为什么要"通人情"？（谭正璧编：《国学概论讲话》，上海光明书局，1933年，导言，第1—17页）

谭正璧晚年自称《国学概论讲话》（1933年光明书局出版）、《文学概论讲话》（1934年光明书局出版）、《国学概论新编》（1936年北新书局出版）、《国学常识》（1942年世界书局出版），这四部书都是介绍中国古代学术源流概况，为便于进一步研究古书原作，采用传统经部、史部、子部、集部四部分法，全部用白话文叙述，"但我把它们改称为经学、史学、子学，而把集部称为文学，这不自我始，前已有之。各书尽可能采用前人的见解，尤以采用当代学者为多，故向被各学校用做语文补充教材，而视为一种学习研究古典文学的入门书"。谭正璧强调："在当时用白话文编写国学概论一类的书，也是从我开始的。"（《谭正璧自述》，高增德、丁东编：《世纪学人自述》第2卷，北京十月文艺出版社，2000年，第80页）

△　禾子发表《谈"提倡国粹"》，评述公文与日常生活中文言与白话问题。

文章指出："国府的命令，全运筹委会的议决案；都有'以资提倡国粹'句，'须用白话文''须用国语'是否就是'提倡国粹'及国府命令是文言体等问题，似属节外生枝，非本文所宜谈。"（禾子：《谈"提倡国粹"》，《十日谈》，第6期，1933年9月30日）

△　为发扬国粹，陕西省立高级中学国文教授与国学有兴趣之学生数十人发起组织国学研究会。（《高中组织国学研究会》，《西京日报》，1933年10月2日，第7版）

10月1日　夏丏尊、叶圣陶发表《读古书的小风波》，提出文字学是"国学"，历代各家的本体论、认识论是"国学"，《尚书》和《左传》是"国学"，诗、词、歌、赋也是"国学"。

夏丏尊、叶圣陶合著语文教育书籍《文心》，通过讲故事的形式，阐述白话文阅读和写作的方法，寓丰富的思想内容于生动的形式之中。《读古书的小风波》以小说的场景，围绕《谁愿意迷恋骸骨》一文揶揄国学会。

"今天有一篇很好的文章，叫做《谁愿意迷恋骸骨》，非看不可。大家在那里抢着看，差不多要把揭示屏推倒了。"

"那篇文章说些什么？是谁作的？"

"是谁作的可不知道，因为题目下面只署了'宗文'两个字的笔名；但可以断定必然是高中的同学作的。说的是高中新请来的那个国文教员主张教学生专看古书、专读古文的事情。"

乐华忽然想起来了，"他是本地国学会的干事呢，也怪不得他要作那样的主张。那个国学会有四五十个会员，都是些地方绅士、旧学老先生以及官私立学校的国文教员。今年上半年，有人来邀我父亲入会，不知我父亲为着什么竟没有答应。又不知我们的王仰之先生有没有加入那个会"。乐华侧目凝想，同时把收据藏进衣袋里。

"哈哈"，胡复初对于他自己所发见的矛盾感到了兴趣。"国学会的干事，却是个穿西装、梳西式发的漂亮人物。旁人不知道，总以为他是个英文教员或者美术教员呢。"

"这原是你的错误。"乐华表白他自己的经验说，"服装与思想见解有什么必然的关系呢？好古守旧的人也常常穿西装。你只须到城隍庙里去看，可以看见许多穿西装的人跪在城隍座前的拜台上呢。"

"可是总觉得不很相称。"

乐华不等胡复初说罢，便穿过甬道，向大礼堂那方面跑去。揭示屏前拥挤着大群的学生，清秋的朝阳斜射着他们的项颈和背部。朗诵声和嘻笑声错落可闻。及到加入他们的群里，看见《谁愿意迷恋骸骨》那一篇编排在壁报的开头，便从头默诵。那篇文章的第二节也就讲到了那个国学会。

国学会抱着怎样的目的组织起来的？依普通的想头，无非为着研究国学而已。实际却并不然。他们要借着国学的牌子，收得"正人心、隆世道"的效果。他们以为中国社会所以弄到这样不可收拾，不是什么经济的关系，也与所谓帝国主义没有关联，而只在于一般青年抛弃了国学、抛弃了礼教的缘故。他们梦想一个古代的封建社会；他们就组织起来，并合力量，追求他们的梦想。国学会是从这样的根源产生的。请看会里的分子是些什么人。地方上的绅士，顽旧的老先生，中等学校的国文教员。古语说，"同声相应，同气相求"；现在，这一批同声同气的人成了群、结了党了！

"父亲不肯加入国学会，大概不与那批人同声同气的缘故吧。"这样的一念闪电似地在乐华心头通过，他继续看壁报的文字。

他们欢喜集会结社，他们梦想古代的封建社会，只要对于我们没有什么关系，我们就不去管他们，好像人家在那里抽鸦片、吞红丸，我们也不去管他们一样。但是，他们要在我们身上发生影响，要使我们作他们的牺牲，我们就不能不放开喉咙，大声地喊着"反抗"！

我们是现代的青年，我们是现代中国的青年，我们需要在现代中国做人的知识和经验。儒家的哲学虽然一直被认为维系世道的工具，但是照我们的眼光看来，至多是哲学史的一部分材料罢了。老庄的玄想也于我们没有用处，徒然累得思想在漫无涯岸的境界中乱跑野马，然而，目前我们的国文功课，《礼记》和《庄子》内篇被选定为精读的书籍了！

我们自忖也并不至于那样脆弱，一读这些书籍，思想、行为上就受到多大的影响。可是，我们的精力和时间是有限的，读了这些书籍，就分去了其他方面的学习和研究的精力和时间，这宗损失是非常重大的。还有，要我们读这些书籍的那一副心肠，在客观上是不可容恕的。它要我们成为时代错误者；它要我们成为封建残余的支持分子；它要我们忘记了现实，把"九·一八"和"一·二八"，反动政治和帝国主义，都忘记得干干净净，好像没有这回事；它要我们什么也不想，什么也不做，甚至什么也不能想，什么也不能做，只知道读书呀，读书呀，作一个埋身在古书堆里的蠹鱼。这样的"盛情"，除了痴呆的人，谁甘心领受呢！我们再喊一声，谁甘心领受呢！

须要知道，现代中国的青年是不愿意迷恋骸骨的了，即使你使着魔法……

"王先生"，乐华亲切地叫着，"你如果担任了高二的国文课，要教学生精读《礼记》和《庄子》内篇吗？"

王先生闭目想了一想，回答道：

"整部地教学生读这些书，我是不主张的。——我想国文科的教材该以文学作品为范围，一本书，一篇东西，是文学作品才选用，不是文学作品就不选用。高中学生应有一点文学史的知识了。文学史的知识不是读那些'空口说白话'的文学史所能得到的，必须直接与历代的文学作品会面。因此，古书里的文学作品就有一读的必要；如《诗经》和《左传》里叙述几回战役的文章，即使不能够全读，也得选几篇重要的来读。换一句说，高中的国文教材应该是'历代文学作品选粹'一类的东西。"

"好像他们还有'学术文'呢！"胡复初接着说。

"'学术文'指一些说明文、议论文而言。像《庄子》的《天下篇》，说明当时各派思想的分野，《荀子》的《性恶篇》，阐发一己对于人性的认识，这些都是'学术文'。可是，提起学术就得分科归属；笼笼统统混合在一起读一阵，实在不很妥当。就像刚才说及的《天下篇》和《性恶篇》，归属到历史科里作为参考材料岂不更好？修习历史本要研究周秦诸子的流派和思想的，参考了这些文篇，知解自然更见真切。所有的'学术文'差不多都可以照样归属到各科里去。那末，国文科里也就无所谓'学术文'了。"

王先生喝了一口茶，咂着嘴唇，意兴颇浓地说："照这个说法类推，也就无所谓'国学'。"

乐华抢着问道："王先生，你不是国学会的会员吧？"

"我怎样会是呢？'国学'是一个异常不妥当的名词。文字学是'国学'，历代各家的本体论、认识论是'国学'，《尚书》和《左传》是'国学'，诗、词、歌、赋也是'国学'。好比不伦不类的许多人物穿着同一的外衣，算什么意思呢？按照本质归类，称为文字学、哲学、史学、文学，岂不准确、明白？"

"你的意思我很能够了解，"胡复初端相着王先生说，"不过，他们那些人总欢喜'国学''国学'地闹个不休，只消看各书馆在报纸上登载的广告，加上'国学'两个字的书籍非常之多，我们 H 市又有一个国学会，这到底是什么缘故？"

"你要查问那缘故吗？"王先生微笑着说，"缘故当然不止一端，而把本国的东西看得特别了不得，对它抱着神秘的崇奉观念，却是重要的一端。如果按照本质归类，称为文字学、哲学、史学、文学等等，不是别国也有这些花样的吗？见不得神奇。统而名之曰'国学'，这含含胡胡的称谓里头就包藏着不少珍贵的意味；差不多说，谁要去亲近它，是只许从它那里拾一点宝贝回去的——我想起那篇文章所用的'骸骨'这一个字眼来了。既然有人把'国学'看作珍贵的宝贝，自然来了反响，另外有人把它看作腐败的'骸骨'。实则双方都是一偏之见。"

"为什么呢？"乐华与胡复初的疑问的眼光同时向王先生的脸上直射。

"我知道你们要问的。你们以为那些古书已成为'骸骨'是无疑的了。不知道对待思想、学术不能凭主观的爱憎的，最重要在能用批判的方法，还它个本来面目。说得明白点，就是要考究出思想、学术和时代、社会的关联；它因何发生，又因何衰落。这样得来的才是真实的知识，对于我们的思想、行为最有用处。在这样的研究态度之下，古书就和现代的论文、专著同样是有用的材料，而并不是什么'骸骨'。单说一部《礼记》，要研究古代民俗和儒家思想就少不了它。不过那是专门家，至少是大学生的工作；中学生是不负那种研究责任的。"

（夏丏尊、叶圣陶：《文心：读写的故事·读古书的小风波》，《中学生》，第38号，1933年10月1日）

10月4日 陈去病在苏州逝世。

次年2月22日，国民政府发布《国民政府对陈去病的褒扬令》："中国国民党党史编纂委员会委员陈去病，志行纯洁，学术淹深。早岁倡应主义，发起南社，鼓吹革命，一时闻风兴起，为辛亥光复之先声。其后历任要职，卓著勤劳，肆志名山，有功学术，宏儒宿望，党国推崇。遽闻溘逝，深堪悼惜，应予明令褒扬，用表遗型昭兹来许。此令。"（政协吴江市委员会文史资料委员会：《吴江文史资料》第14辑，《华夏兴亡在匹夫——纪念陈去病诞辰一百二十周年》，吴江市震泽印刷厂，1994年，第4页）

10月10日 章太炎作《致冯玉祥书》，计划与友人发起光复学会，期望以学术振起人心。

函云：

> 自察事结束后，华北形势，愈走愈歧，主军政者虽一意媚日，而日又不尽受彼之媚。南方则赤军炽盛，当之辄败，料彼固无自存之理，然继之者亦甚棘手矣。窃意国之存亡，只视人材盛衰，当今可与共安危者，盖亦少数而已。不有人才踵起，危局断难支持。顷与友人发起光复学会，意在以学术振起人心，其效虽缓，然亦可以不敝。即如辛亥革命，实由顾亭林、王船山诸先生倡导于前，其义既深入人心，虽逾二三百年，不

患伏火之不爆发，况今之外患，犹未若满清入主之甚，当时收效未必无其希望。以兄热忱爱国，当有同心，特嘱友人陈君翊林趣前候教，有可以补我之短者，望为切实指陈，勿以寻常学社视之也。（马勇编：《章太炎书信集》，第840页）

10月12日《新天津》刊登笔名"龙"所撰《保存国粹论》，主张国粹为立国的根本。

夫夜光之璧，蓝田之玉，和随之宝，明月之珠，太阿之剑，纤离之马，翠凤之旗，灵鼍之鼓，宛珠之簪，傅玑之珥，此数宝者，人皆知保重之爱惜之，而独至国粹者，皆漠然置之而不顾，以所为无足轻重者，何也？夫国粹者，国家之精粹也，即仁义道德三纲五常圣经贤传所流传者是也。一国之精神所寄，寄于是；一国之命脉所托，托于是。犹人有元气，损之则夭亡堪虞。物有生机，伤之则枯萎立见。使仁义道德而不兴，则轨物何以纳；三纲五常而不立，则彝伦何以叙；圣经贤传而不传，则民智何以启。若是，则保存之不力，国之运命，必致于亡然后已也。慨自欧风东渐，异端蜂起，邪说鼓簧。莘莘青年，专肆西文，目之所视，口之所言，舍西而不可。而于吾国国粹，圣经贤传鄙如土苴，倡讨父公妻之说，大溃纲常名教之方。盖彼以为西国之强，由于物质发达。吾国欲致富强，则当研究物质。欲研究物质，非讲求西学不可。于是本国之文字卒唾弃之，曾亦知本国文字，为立国之根本乎？彼不注重国学者，是自忘其根本也。本之不存，末将焉附？进而言之，国粹者，非特我国所有也。即东西各国，亦未有不尊重其本国之文字者，故各国人士咸以保存国粹为念。不然恐印度之灭于英，高丽之亡于日，国粹亦随之而亡，种亦随之而渐灭，遂使万劫而不可复。岂不哀哉？嗟乎！灭印度高丽者，印度高丽也，非英日也。使印度高丽如能保其国粹，则是以拒英日，谁复为英日所灭哉？殷鉴不远，国人急起图之。（龙：《保存国粹论》，《新天津》，1933年10月12日，第10版）

10月13—14日　唐文治应苏州国学讲习会李根源、金松岑之邀，赴苏州讲学，李根源、陈石遗、金松岑及张一麐氏代表徐沄秋到站迎接，演讲《论语大义》《孟子大义》《性理大义》等，住同年陈石遗家。后由本地士绅名流在胭脂桥陈宅设宴，章太炎、苏炳文、费仲深、李印泉、吴子深、金松岑、张一麐、郭竹书、徐沄秋等四十余人出席。（《国学大师唐蔚芝昨晚返锡》，《新无锡》，1933年10月16日，第2版；转引自刘桂秋编著：《唐文治年谱长编》，第877—878页）

唐文治此次在苏州讲学的演讲稿后以《苏州国学会演讲录》为题，载录于《茹经堂文集三编》卷三。分《论语大义》和《孟子大义》两部分，主张通过读经救人心，救人命：

迄乎近世，文化更不及曩时，将何以挽救之？鄙意国有文化，方可救国；苟不用孔子学说以振兴之，虽欲救国，其道无由。故惟尊孔读经，乃能救国。犹忆民国初年，英使朱尔典回国时，尝谓福建严又陵先生曰："中国决不至于亡国，盖国有大宝，如四书五经，诚能发扬而光大之，取之无尽，用之不竭，富强可立而待。"此言与鄙见不谋而合。鄙人之所以主尊孔读经者，在救人心与救人命。（转引自刘桂秋编著：《唐文治年谱长编》，第 877 页）

　　前天唐蔚芝先生到苏州国学会演讲孟子学，说孟子七章，只是义利之辨。并且慨叹于近今的朝野，大有"上下交争利"的局面。说得非常透彻，不是像《十三经注疏》般，以经解经，弄得人头昏脑胀，结果还是莫名其妙。（烟桥：《义与利》，《申报》，1933 年 10 月 19 日，第 19 版）

10 月 15 日　郁达夫发表《秋阴蓠记》，批评国学成为一门生意。

文中称："这一种珍本市价的抬高，中国自胡适之做了几篇小说考证之后，风气也流行开来了。现在弄得连一本木版黄纸的《三字经》《百家姓》《龙文鞭影》之类的启蒙书，都要卖到几块大洋一本。所谓国学，成了有钱的人的专门学问，没有钱的人，也落得习些爱皮西提，去求捷径，于是大腹贾的狡猾旧书商，就得其所哉，个个都发起财来了。"（郁达夫：《秋阴蓠记》，《申报》，1933 年 10 月 15 日，第 6 张第 21 版）

　　△　《归纳》杂志创刊。

《归纳》杂志为张尔田、徐英、谢无量等数十人所发起，旨在阐扬国学，融会新知，解蔽（蔽）救偏，正俗匡谬，抑邪说，正人心，端风化，倡气节，所刊内容"均系极有价值之作"。（《归纳杂志第一期出版》，《申报》，1933 年 11 月 5 日，第 4 张第 14 版）该刊《简约》如下：

　　一、《易·大传》曰：天下同归而殊途，一致而百虑。盖世之治方术者多矣，本志宏纳万流，归于一是，定名归纳，兼取西方因竺克行（induction）之谊，空言无证，所不取也。二、本志以阐扬国学，融会新知，解弊救偏，正俗匡谬，抑邪说，正人心，端风化，倡气节为宗旨。三、本志内容，略区为学术、文章二门，学术一名，包孕至广，上自经史百家之要言妙道，下讫词章训诂之胜谊玄解，近则释氏之学，远或泰西之说。若精思闳眇，自成一家，或辨章流别，疏证故实，苟能持之有故，言之成理，皆所罔罗，无烦简别，唯就著述体制，别为三部，曰单篇，曰专著，曰笔语。文章部居，约为有韵无韵二种，而小说附焉。四、本志无论学术文章，以中正闳通为主，凡偏浅违谬诡异妄诞者，不载。至于行文虽无妨曼衍，而辞气则务远鄙倍。盖精理名言，亦非《尔雅》渊懿之文不能达也。五、本志文字，除由散处各地之同好若干人任撰述外，来稿有不悖本志主旨者，亦尽量容纳，以期造成海内学术文章之公刊，禁绝一切能断偏私之陋习（文稿须缮写清楚，以每面十四行每行四十字为合格式）。六、本志极愿为海内学者介绍新著，提要钩玄，公之天下，凡以新著见惠者，无任欢迎。七、前辈遗著，有未经刊行者，本志极愿代为刊布，表微昌幽，当竭绵薄，海内有以未刊遗著惠赐或借抄者，尤为感盼。八、本志文字，略施句投，以便籀讽，人地标识，符号之类，无关典要，且从阙略。九、本志设总理事一人，副理事一人，规画本志一切进行事宜。总编辑一人，副编辑一人，担任征稿及编撰事宜。十、本志由上海华通书局刊行，月出一册，凡购买杂志，及就登广告者，祈径向华通书局接商，他方杂志，欲与本志交换者，仍投总编辑处。

发起人：张尔田，徐英，谢无量，敖士英，陆宗达，杨庶堪，林损，朱大可，吴宓，陈季皋，向宗鲁，张知本，王葆心，吴梅，伍剑禅，伍非百，景昌极，孙镜，黄侃，张耀翔，张煦，陈家庆，王统照，王蘧常，高步瀛，傅铜，钱萼孙，程憬因，毕无方，孙德谦。同启。

职员：总理事兼副编辑长伍剑禅。总编辑兼副理事徐英。通讯处暂设上海辣斐德路益馀（余）坊四号徐澄宇（英）先生处。（《归纳杂志简约》，《归纳》，第 1 期，1933 年 10 月 15 日）

10 月 19 日　船山学社举行船山先师诞祭典礼。

船山学社名誉董事长何键主祭，与祭者有名誉董事教育厅长朱经农、社员易书竹等百余人。陶思曾副社长首先报告举行船山先师诞祭的意义，然后请何键、朱经农与石一参演说，"于船山先师学说阐发极多"。下午开社员大会，推举临时主席颜昌峣，报告事项：

一、陶副社长报告本社自民国二十一年九月二十三日接收起，至本年九月底止，收支款项四柱清册。二、本社之过去工作情形：（一）学报已发刊至第三期；（二）讲演已到十八次。讨论事项：一、董事会照章每年应改选半数，现上届董事任期已满，应如何改选案，议决：（一）照章改选，签留原任董事周逸、石广权、陈嘉会、颜昌峣、任福黎、杨树谷、黄赞元、毛树骏、杨卓新九人；（二）补推董事胡子清、赵恒、易书竹、谢鸿熙、程子枢、王礼培、李澄宇、刘约真八人；（三）推举候补董事汪孟莱、彭穆如、张通焕、张湘焘、曾铨五人。二、前董事长胡子清报告，交出本社与曾祠及艺芳女校所订条约一件、地图一件、陶副社长移交函一件、筹备处文一件、萧副董事长度所存文书簿册等单一件，应如何保存案。议决，暂由临时主席委托陶副社长保管，俟新董事会成立后，再交董事会保管。三、石一参先生提议，订期召集新董事成立董事会案，议决：订期十月二十九日（星期日），以临时主席名义召集开会。（赵启霖著，施明、刘志盛整理：《赵瀞园集》，第426—427页）

10月21日 章太炎应唐文治之邀请，再次从苏州至无锡。上午携带弟子王謇、王乘六、诸祖耿、徐澄、王颂平等人，畅游惠山；下午在无锡国专大礼堂演讲，讲题为《适宜今日之理学》。（《朴学大师章太炎试泉漪澜堂》，《锡报》，1933年10月23日，第2版；转引自刘桂秋：《无锡国专编年事辑》，第162页）

章太炎指出理学范围广大，今日讲学应当择其切于时世可以补偏救弊的内容，加以提倡，"所谓急先务也"。今天所讲分为二项：一是国人共同所需要之学，二是无锡应当特别注重之学：

> 吾尝谓理学之名，不甚妥当。宋世称道学，明代称理学，姚江则称心学。宋人反对朱晦庵者云无一实者谓之道学，可见当时不以道学为嘉名。姚江以为理在外，心在内，故不称理学而称心学。吾意理云心云，皆有可议。立身之道，发乎情，不能一断以理。一国有其礼法，一乡有其风俗，皆因情而立制，

不尽合于理也。心学之名，较精确矣。然心学末流，昌狂妄行，不顾礼法，正为其专趣高明之故，吾谓当正其名曰儒学。儒家成法，下学而上达，庶无流弊……宋明学者之取于佛法，有其范围，四禅八定，非所讳言，至于不住生死，超出三界云云，则绝口不道。然则所取佛法，仅及其半。佛法所以为殊胜者，乃先儒所不取，盖唯恐入于断灭也。今若讲论性天之学，更将有取于西洋。西洋哲学但究名理，不尚亲证，则其学与躬行无涉。科学者流，乃谓道德礼俗，皆须合于科学。此其流弊，使人玩物而丧志，纵欲以败度。今之中华，国堕边防，人轻礼法，但欲提倡科学，以图自强，是知其一，不知其二也。（章太炎讲，诸祖耿记：《适宜今日之理学》，《制言》，第57期，1939年）

10月24日 陈焕章病逝于香港，香港孔教学院旋推请朱汝珍继任院长，主持院政。（程美宝：《地域文化与国家认同——晚清以来"广东文化"观的形成》，生活·读书·新知三联书店，2006年，第205页）

10月27日 《申报》刊发"立斋"《谈"国×"》，讽刺国学研究的风气。

在咱们这老大民族里，对于"国"字的应用，是最广泛而近乎"百货商场"性的。自从海禁大开，洋人东来，若干前进的士大夫闹着"欧化""维新"的"咸同之际"，就有一批顽固的守旧派扛出"国粹"二字，以为抵抗的武器。这"国粹"云云，一方面对于"国货文明"，是包罗万象，一方面又是一切"国×"的开山之祖。停止科举，开办学堂，自始迄今，高列在各学校必修科的第一项，许多皓首穷经的老生宿儒弄到"耳顺""古稀"之年还只是摸到门槛，谈不上"升堂入室"的，是咱们贵国最艰深而绝无范围的"国文"。作为未经整理之中国学术思想之总和，以"康圣人""章疯子"为最拿手，梁贤人、胡博士也还不差的，是咱们贵国"顶刮刮"的"国学"。

（立斋：《谈"国×"》，《申报》，1933年10月27日，第5张第2版）

10月29日　船山学社成立第二届董事会，推举石广权为董事长，王礼培为副董事长。（赵启霖著，施明、刘志盛整理：《赵瀞园集》，第427页）

10月31日　章太炎致信潘景郑商讨国学会刊事宜，提出审慎刊登经学、小学的稿件。

函称：

季海以仔肩国学自任，其学识又足以副之，真所谓千里驹也。独其用力过勤，囟（胸）会受伤，宜自将护，幸从旁慰谕之。《国学商兑》名不甚合，（方氏《汉学商兑》本为排摈汉学而作，今云《国学商兑》，于意云何？）拟改称商榷为便。前此编次，亦未精密。如姜亮夫之论龟甲文，直以《周易》出孔、墨后，谓为庄周所作。此等凭虚不根之论，虽旧时今文学家亦不肯道，涂污楮墨甚矣！此后关系经学、小学者，编成后，足下可与戴镜澂（戴于《春秋》亦涉二传之见，然是有师法者）及季海加以磨勘，如有此等议论，必与芟薙。篇幅不足，量附辞章、诗词可也。

11月10日，章氏要求潘景郑：

> 至磨勘《国学商兑》中经学、小学文件，愿弟辈切勿辞
> 谢。言有秕稗，非徒损害学会之名，亦且贻误阅者。今日所
> 患，在人人畔经蔑古，苟无以匡救其失，虽一人独醒，阿胶不
> 能解黄河之浊也。望与季海及戴镜澂勉力为之。（马勇编：《章太
> 炎书信集》，第915页）

10月　福建协和大学国学系提倡书法运动。（《书法运动》，《协大
消息》，第2卷第5期，1933年10月28日）

△　汪震、王正己合编《国学大纲》，由北平人文书店出版。

汪震、王正己认为国学"不是二十世纪新产物，不是二十世纪
世界文化媾通以后产生出来的中国文化，乃是东西文化未媾通以前
的中国学问"。国学的分类为经学、史学、哲学、科学、文学、文
字学、考据与校勘七类。该书序言称：

> 国学为中国固有之学问，盖指我国欧学东来以前之学也。
> 近数年来，梁任公，胡适之诸先生提倡于前，大学入学试验又
> 每有国学常识之测验，焉中学学生国学常识之需要三倍于前。
> 坊间已刊书多种，间或失之艰深，间或失之杂乱，间或失之偏
> 畸；而试者又每以其个人之所研究，之所供献，试之中学毕业
> 生，于是而中学生苦矣。是篇之作，内容务求其普通，主张
> 则兼录今人之新获，列以体系，写以国语；教学自修，均求其
> 适。第因力求浅显，若干学者，若干学派，均不敢罗列；若干

国学之支流，如名学，生理学，心理学等，亦均不得不割爱。至于何者应存，何者当废，尚希师友教之为幸！

该书第一章探讨国学的定义及分类，曰：

什么是国学？大家都知道就是中国自己研究许多学问，这些学问不是二十世纪新产物，不是二十世纪世界文化媾通以后产生出来的中国文化，乃是东西文化未媾通以前的中国学问。……要知道国学的意义，先须明了历史的背景。世界（东方）的文化起源于埃及。埃及的文化往北传播到巴比伦。这样地陆续发展，一枝由腓尼基传到欧洲，成了欧洲的文明；一枝往东，传到中亚细亚，帕米尔高原，辗转东移，成了中国的文明。……中国呢，经过三代两汉的文化发展期，以后大致都在紊乱的政治之下。中国的邻邦都是些文化较低的民族，除了印度的文明曾一度到中国，中国如同一个死水的塘，永远保持着静止的文化。这文化的大部分是三代两汉的产物，自己产生，自己创造出来的。

……欧洲的文化成了世界的文化，其他别枝的文化束之高阁，或者变成古玩了。这里面自然包括了中国的文化。……国学就是那些学问，在中国已经走上世界舞台之前，自己研究发明出来的学问。所以，国学的范围就包含已往的一切的学问。

国学的范围既是这样广，国学应有的分类如下：

（一）经学。这一种学问包含群经的思想，性质，真伪，训诂上的一切问题，及后世研究的总成绩。章学诚曾说"六经皆史"，今人如胡适之先生等都说"六经皆史料"。六经皆史料这话本不错，但是经学的内容这样的复杂而自成系统，六经的研究自是一种独立的学问。中国几千年的学术史大部分是经学史。

（二）史学。中国几千年的历史，自己经验出作法与前进的方向。这就是中国的史学。

（三）哲学。哲学家菩萨发心，慈悲为怀，都是想发明出一种道理来，济度众生。中国自汉武帝定儒学为一尊后，再起的哲学家都以发挥孔子的哲学为宗旨。他们的方法都是把自己的经验同圣人的教训找出一致之点。他们有他们的缺点，他们有他们的贡献。这些贡献就是中国的哲学。汉学家说他们把经讲错，只有经学，没有哲学。立在考古的立脚点，诚如汉学家所言，但贡献人生的意义，就不是经学所能包含的了。

（四）科学。中国的科学本不发达。中国的医学是玄学，其他自然科学也几乎等于零。中国的科学比较有价值的就是数学，或者再多一点，天文学。这一部分的精确当然不如欧洲，但是中国有中国的成就，这就是国学。

（五）文学。中国的文学，远自三千年前的《诗经》，近到现代人的白话诗，短篇小说，与话剧，自己有自己演进的历史，自己有自己的成就。尤其是中国的单音字，使得中国诗有特殊的音节与表现。中国的文学是中国国学的一枝；不了解它便对于中国的文化的了解有些缺欠。并且中国文学的演进也自有一种学理。

（六）文字学。文字学旧称"小学"，是初学识字的课程。后来字形的变迁与本字愈远，新字制造愈多，已经不能成为学者必修的课程了。到了东汉许慎作《说文解字》的时候，有许多的字说已经失传，而且小学已不为学子所共学。后来音韵的演化，清代考察费了二百多年的工夫。连合音韵与形义，已经不能不独立成一种学问了。文字学就是中国文字变迁演化的研究。

（七）考据与校勘。考据是历史的一部分：不过中国的文化太长，记载的错误太多；有人一生只做了考据的工夫，而没有干到正史。许多考据事业都是经学家干出来的，而不是史学家干出来的。校勘只是一种工作，本算不得学问。不过中国古书错误之多，而且难于校勘，所以校勘中国的古书一定要有许多前人已有的经验。这就是所谓校勘学了。

以上把国学的范围说完，国学就是这庞杂多枝的学问的总名。以上七类全通，或者近似全通，然后方能担得起说"通"国学。七类全通，而于七类中之一类以上有专门的研究，方得称为"国学者"。七类无不精通，或者五六类以上都有专门的研究，方得称为"国学家"。我于是慨叹中国言国学之人甚多，而国学家甚少。（汪震、王正己合编：《国学大纲》，北平人文书店，1933年，初版序，第1—9页）

翘北发表《书报提要·国学大纲（汪震、王正己合编）》，认为该书的特点是以最普通的体系叙述中国古来各家学问，分析各派各家异同的所在，以图表清晰表述，可作为中等学校教学自修之用。（翘北：《书报提要》，《江西省立图书馆馆刊》，创刊号，1934年11月）

11月1日　姚明晖发表《论国学之基础》，认为司马迁的《史记》为国史之首，是研究国学的基础。

姚明晖认为：

> 国学之名，起于近年，因输入欧洲各国之学而起此名也。评者纷纷，或谓其名不当，兹姑不论当否，而假定有此名。国必有史，有文字所记之史。有文字不记之史，文字不记之史，皆事也，而未成为史，兹亦不论。《说文解字》云："史，记事者也。"盖凡事之记者为史。今中国，西有藏，北有蒙，南有苗，凡藏文所记，蒙文所记，苗文所记，及其他回文、满文或契丹、女真、西夏等文所记，兹亦不论。论今国文所记，今国文即汉文也。汉文所记之史为国史，国史之所导，与国史之所孳，皆今之所谓国学者也。汉文出于秦文，秦文《史记》今无有，今汉文之《史记》，昉于司马迁，故司马迁《史记》，居国史之首，而治国学者当以为基础。（姚明晖：《论国学之基础》，《持志半月刊》，第3期，1933年11月1日）

11月6日　职业界青年组织星期国学讲习班，敦请国学专家何叔沦为导师。

上海市职业界青年及大中学学生等十余人，为救济失学青年，"利用星期余暇特发起组织星期国学讲习班，已敦请国学专家何叔沦为导师，何君历任各著名大学教授多年，学识经验均极丰富，暂假太华小学为校址，即日开讲。每人月纳学杂费一元，如人数多，尚可酌减。凡有志补习者，请于每日上午十时前、下午四时后至该校与赵远志君接洽"。（《星期日补习国学之机会》，《申报》，1933年11月2

日，第4张第14版）6日起，国学讲习班正式开始上课，"学员达百余人。嗣后授课时间，定为每星期日上午八时半起，至十一时半止。课本选用活叶文选之精要者，并讲述国学概论及应用文等。现该班公有余额，凡有志求学之青年，不分性别，均可前往加入，学费不取"。（《星期国学讲习班开课》，《申报》，1933年11月7日，第3张第12版）

11月12日 北大国文学会举行全年大会。

上午九时，北京大学国文系教员马裕藻、郑奠、罗庸、魏建功、赵荫棠及该系同学数十人在该校第一院举行全年大会，主席王心平，记录李耀宗。首先由教员马裕藻致辞，随后决议三案如下："（一）教授遗著，请学校印行；（二）催图书馆添购新书；（三）即日起向教员募捐会费。"该会职员已经选定，总务股：文书，田春霖、李耀宗；财务，吴启燕、杨佩铭。研究股：郑奠、罗庸、王心平、石蕴华。出版股：郑奠、罗庸、徐锡九、申锴。（"通讯"，《北平晨报》，1933年11月13日，第7版）

11月15日 何思明发表《民族复兴与保存国粹及复古》，提出民族复兴运动要破除中国现在随波浮沉、趋时竞异的猴子式的模仿现象，也要反对顽固的"食古不化"的反时代复古思想。

何思明认为"民族复兴"口号在各种报章杂志上出现，除了一小部分人能把握住这口号的正确性而加以发挥与鼓吹之外，存在不少盲目的反对者与错误的拥护者。反对者攻击的目标恰恰是向着错误的拥护者而发，没有触及"民族复兴"这口号本身的毫毛，"这种现象算是幸中之不幸，也是不幸中之幸"。"民族复兴"问题能成为"目前颓废不振的中华民族的一个兴奋剂"，热烈的讨论与辩难，无论拥护与反对，"都是为了给这古老衰微的民族找出路"。无论错误与正确，"都可以帮助这问题得到明了的解答"。不过，许多热心民族复兴运动将该运动的立论"错误的放在不坚固的基础上"，违背进化论，错解中国的历史与社会，脱离逻辑的定律，将"民族复兴运动硬想拉到民族复古运动中去，这那能不遭人反对而至于推动不前呢？"反对者之所以反对民族复兴运动恰恰是反对此种错误的立论，而非反对民族复兴运动的本身。"民族复兴"运动需要有正确的根据，光明的理论，合乎实际的方法。"民族复兴"口号从表面上看好像就有"复古"的嫌疑，"有留恋过去的光荣，追忆已逝的美景的态度"，并且希望将这种消极的留恋与追忆变成积极的恢复与重现。这种想法固然可以同情，但将这种理想视为真理，"以为这种企图便是民族的出路，则有失之毫厘，谬以千里之叹了"：

　　我们看最近在这种理想下，以"保存国粹"相号召，以"恢复旧有道德"相勉励，差不多凡可冠以"国"之一字者，没不受人崇拜；凡是"旧"的东西，无不大事提倡。我们先不谈凡是古的东西是否都是"粹"，"旧"的东西都是"好"，事实告诉我们，提倡者虽竭尽心力，而民众起而景从的人究竟有多少？对于社会，对于国家，对于民族，究竟发生了些甚么好的影响？在提倡国医声中，要人们的病依然得找医院，而且顶好是外国医生。在国货年的今岁，入超反而增加得惊人。在旧有道德恢复声中，贪官污吏依然是充斥于各省各地。挟电影明星以遨游的大员时现于首都。不错，我们把这种现象可以归罪于人心不古，世风日下，这是他们个人的罪恶，并不能说是"保存国粹"的不对，"复古"复得不正当。相反的正是我们要急起直追的努力保存国粹，复兴先王之道来感化他们，制裁他们——这些民族复兴的障碍，民族中的败类。因此中国今日正是一方面有崇欧"拜洋"的要人，也有保存国粹的贤士。一方面呼喊得声嘶力竭，一方面报之以"落伍"，"顽固"的嘲笑的声音。这样"复兴民族"，一方面要拉回去复古，一方面要赶前去欧化，正负相抵，恐怕要等世界末日才能复兴吧。

目前"民族复兴"的口号以"国粹救国"论为招牌，"于是国医，国术，国这样，国那样，都高据在上"。就目前而言，"夸大，轻浮，浅薄的欧化，畸形的摩登，固足以亡国而有余，灭种无不足"。我们必须有觉悟的决心与复兴的运动，不过，这种觉悟决非开倒车，"复兴决非复古"——"否定中国固有文化，以为凡是中国的东西都是坏的，外国的东西都是好的固不可，然盲目的保存国粹，促进复古，'抱残守缺'，'固步自封'，也是死有余辜的昏聩行为"：

> 故保存甚至于发扬中国固有文化我是绝对的拥护的，犹如我们信任我们的以黑发为美的审美观念一样。国"粹"是可以保存的，国医国术我不一定根本反对。然而在这却有应当申明的：我是赞成保存国"粹"，而不是拥护保存国"渣"。在中国的旧东西里有不少的"粹"，也有不少的"渣"。甚至于可以说渣多于粹几万倍。我们吃鸡不能连鸡毛吞，保存国粹也得有鉴别。用术语说来定是"扬弃"的作用。是社会进化的通则。这和前边的"复古"式的"复兴民族"论者便大有量的与质的差别。并且我们不能认国粹而外的东西都是毒药，应当保存其相

对性的。质可以变量，量也可以变质，完全的国粹式的复兴民族，结果还是民族灭亡而已。再者我们不能认为凡是国粹都是千载不移的真理，而保存也不是放在保险箱中有时拿出来称赞一番或眩耀别人的本意。我们有应当随时使之进步，合乎时代的责任。

因此，何思明呼吁实践"民族复兴"运动，应当改除中国现在的随波浮沉，"趋时竞异的'猴子式的模仿'的现象，也要反对顽固的'食古不化'的反时代的复古思想"，社会各界"应当沉着的，虚心的认识自己及周围的真实，勇迈直前为民族打开一条出路"。（何思明：《民族复兴与保存国粹及复古》，《线路》，第35期，1933年11月15日）

△　慎言发表《关于研究国故学》，评述文学与国故学的关系，及其研究国故学的方法与旨趣。

文中指出应当以"五四"来区分新文学与国故学：

文学为一种民族意志之表现，凡天地间占有时间空间之民族，恒有其结晶思想，以为民族生活之原动力，此项原动力藏蓄于内，则为民族之精神，发表于外，则为民族之文学。但此项民族之文学，在一民族间，因时势之转移，思想之变迁，恒不能保持其不新陈代谢……五四运动以后，旧有的文学，不但在文体上，尤其在思想上，均被新进所轻视。举凡昔日之奉为天经地义者，皆不再信任，而重估其价值，诸凡研究之方法，治学之态度，遂皆一反旧规，与昔日迥乎不同。在五四运动以后，所产生之文学，世人称之谓新文学，凡在五四运动以前之文学，则称谓国故学。国故学虽因时代之变迁，而丧失其现代之重要性，但国故学为我国过去四千年间，文学之结晶。在文化史上，在学术史上，皆有卓然之地位，吾人纵不能强人人研究国故学，但研究文化，文学，及我国历史者，对国故学，皆不能不加以注意也。

关于"国故学与文学之定义"，在综合胡适、章太炎、曹聚仁的观点后，"吾人可得一论断，即国故学为过去期间一部分之文学，或称之谓旧文学，而文学则为一与民族共始终之达意表情之工具也"。那么，民国建立之后，民众思想发生变迁，维持以往社会的基础，人民思想的原则，研究的方法，治学的态度皆摈弃不用，"文学上发生一全部之变迁，数千年间，用文字发表之结晶思想，遂不能再跻于现代文学之列，而别成所谓国故学"。国故学虽然不合现代之思潮，"但自有其学术上之地位，而仍为吾人之当视为一种学科，而加以研究，惟是国故学，上溯数千年，包罗几万象，其内容庞大可知，故在研究之先，必须根据各种方面，以分析其内容"。

从思想方面而言，国故学包括：

（一）哲学创导之学术：孔孟之仁义，老庄之"反乎自然"，墨子之"兼爱"，杨朱之"为我"……

（二）各家传授之学术：如儒家，道家，佛家，法家，理学家，政学家，阴阳家及其他杂家……

（三）含有时代性之艺术作品：如《离骚》，骈文，古文，章回小说，词曲，歌剧，雕刻，图画……

（四）关于纪载典章制度及民族生活之文字：如《礼记》，列代典籍考，列代制度杂记，《二十四史》，列代诏令奏议录……

从学术本身分别而言，国故学包括：（一）经学：四书，五经，《周易》，《毛诗》，《仪礼正义》，《周礼正义》，《尔雅正义》，《尔雅义疏》……（二）史学：《左传》，《史记》，二十四史，赵翼之二十二史札记，王鸣盛之《十七史商榷》，《通鉴》……（三）子学：老子，庄子，淮南子，荀子，杨子，管子，墨子，吕览，抱朴子，孔丛子，文仲子……（四）集学：楚辞，文选，唐文粹，别集，宋文选……（五）杂学：关于诗，词，歌，赋，书，画，星，卜，农，医，法……

研究国故学当以辨伪为先，辨伪的证据有史事、文字、文体与思想；其次当采用科学的方法，科学方法不外下列原则，“（甲）须以理智解决困难。（乙）凡事皆须用事实证明，不可自圆其说。（丙）须作持久性及有系统之研究”。国故学的分类则以曹聚仁的分类最佳。总而言之，“吾人对旧有国故，取其糟粕，留其精华，再加以整理，使成为专门学科，以供学者作一种学术上之研究，此与研究科学，哲学原无二异。但大部分人士，对于国故学苟不极端崇拜砚为神明，则即加以诽谤，认为腐化。其实吾人研究国故学之主要目标，专在了解国故，既不可有古人‘通经而致平’及‘半部论语治天下’之思想，亦不可认为世界所有学术比国故有益者甚多，而鄙视国故学”。（慎言：《关于研究国故学》，《北辰杂志》，第 5 卷第 49 期，1933 年 11 月 15 日）

11月20日 吴康在中山大学文学院第三次"总理纪念周"上作文学院工作报告，高度评价古直所编订的课程。

"依廿一年度本系课程原案订定（廿一年度课程，由本系主任古直教授手编，经系教授会议审议通过），分必修选修二类。必修以群经、史传、小学、《文选》为主，选修则泛滥于经传、四史、诸子、专家骈文诗词。采金于山，探珠于渊，举其要略，亦可以见其大凡矣。"（《本校昨晨举行总理纪念周详志》,《国立中山大学日报》, 1933年11月22日，第4版）

11月25日 光华大学国文系发布蒋维乔、吕思勉、钱基博拟定本年度毕业论文题公告。

（甲）蒋竹庄先生拟：

（一）近代方玉润著《诗经原始》，破除古来说经家法，多独到之处，试就《小雅·鹿鸣之什》，以《毛传》及齐，鲁，韩三家之说，与方注比较研究，以批评其得失。参考书：《诗经原始》,《毛诗注疏》（十三经本）,《三家诗异文疏证》（皇清经解本，冯登府著）,《齐诗翼氏学》（续皇清经解本，迮鹤寿著）,《三家诗遗说考》（续皇清经解本，陈乔枞著）,《齐诗翼氏学疏证》[同上（续皇清经解本，陈乔枞著）],《诗三家义集疏》（王先谦著）。（二）《老子》及《庄子》二书中，多有与《周易》相通之处，试将全书中关于易理者，一一举出，逐条疏释证明之。参考书：《周易经传解》（黄元炳著，医学书局出版）,《庄子内篇新疏》[同上（黄元炳著，医学书局出版）]。

（乙）吕诚之先生拟：

（一）山海经疏证。此书昔多视为荒唐之言，近经欧西学者之研究，乃大显其价值（读商务冯译《中国史乘中未详诸国考证》便知）。予谓此书当分两部分。其一部分，为汉时方士之书（说见拙撰《先秦学术概论》下编第九章）。此须专门研究古代宗教史者，乃能整理之。又其一部分，则为自战国至两汉时所得外国地理知识，海陆两道皆有，彻底研究，亦属不易。惟其中有与正史及其注相符者若干条，看《史记》《两汉书》之国志之《外国传》。（须连注看）便可将与此有关之小经本文，作一疏证，检他日精密研究之基。（二）貉族古俗考。貉族古代，大约居今河北，辽宁，热河三省之间，因燕开五郡（上谷，渔阳，右北平，辽西，辽东）而东北走。其立国于今吉林省者为夫馀，南下者为句骊，百济。汉开四郡，多以貉为民，其文化在四夷中为最高，而尤与殷近。近人撰《东北史纲》，因拟殷民族来自东方，予谓似与不如以貉族东北直释之为确。而东北古代，曾被殷化，则其事彰彰也。予谓夫馀之亡，实为东北一大事，盖东北民族有之：一肃慎，满洲之祖也；一室韦，蒙古之祖也；一秽貉，夫馀、句骊、百济之祖也。夫馀已尝立国于吉林矣，使其寖昌寖炽，则朝鲜半岛之文化，早见于吉黑，而元清之祸，可以不作，更无论今日东北之变矣。试读两汉，三国，晋，宋，齐，梁，陈，魏，周，齐，隋，南，北各史，将诸国文化，条分缕析，以类考之，确可证其出于我国者，下加考案。（三）桑弘羊传。晚周生计学说，侧重平均地权者，儒家也；侧重节制资本者，法家也。后者之论，《管子》书最详，而实行之者为桑弘羊。桑弘羊行事，殊不免剥下媚上，然其理论，则不可谓无根据。《盐铁论》一书，载弘羊与文学旗鼓相当，即儒法二家对垒，尤足以阐明其意义，而发扬其光焰。试据此二书（《管子》《盐铁论》），并在《史》《汉》中考弘羊行事，为古代之生计学家作一传。王莽行六管及司市等，亦涉法家之学。其命田为王田，则儒家之说也。凡汉世行管榷之政者，多属弘羊一派。（四）曹爽传。此君与司马宣王为政敌。此君为学者，为文治派，其同党于政治问题，极因改良。司马氏则武人，但因争夺权位而已。此君失败，司马氏成功，实为政治升降一大机键。盖武人无识，惟知争夺政权，政权既得，志得意满，一味骄奢淫逸，一切问题，皆不在意。然后有晋初诸臣之淫侈，武帝之趣适目前，而五胡之祸以作。使政权不在司马氏之手，必能豫为之虑。政治界之情形，亦不至如晋初之腐败，五胡乱华之祸，可以不作矣。故曰：曹爽与司马氏之成败，乃政治升降之一大机键也。此事真相，历史暗昧不明，试细读《国志》而钩求之，下迄晋初，以穷其果。

（丙）钱子泉先生拟：

（一）元诗流别论。世人多论宋诗，而元诗无注意者，各家文学史亦多模糊影响之谈。可读顾嗣立《元诗选》，沈德潜《元诗别裁》，陈衍《元诗纪事》，详其流派，明其转变。（二）清代常州派经学考论。世人以常州派经学为今文，又谓康梁学说之前导，其然岂其然？可先读《清代朴学大师列传》中之庄氏父子及刘逢禄，宋翔凤诸人传，稽其授受之渊源。而后检《清经解》中所著诸家经说，阐其学说之真相。（三）清代扬州派文学考论。扬州文学之成派，最近乃有人注意，而未见有系统之叙述。然汪中，阮元，凌曙，焦循，刘师培，李详诸家集具在，而《碑传集》《续碑传集》亦有诸人传志。可参互考稽，发其与桐城阳湖之所以异。

右本年度国文系毕业论文题，任作一题，限春假假后第一星期交卷。如自拟题，非提经系主任承认不得有效。（《本年度国文系毕业论文题公告》，《光华大学半月刊》，第 2 卷第 4 期，1933 年 11 月 25 日）

11月26日 船山学社开第二届董事第一次常会。

石广权、周逸、谢鸿熙、杨卓新、王礼培、程子枢、陈嘉会、颜昌峣、胡子清、黄赞元、刘约真等董事出席，杨树谷、李澄宇请假。"石董事长报告接收新旧文册，当推定胡少潜、周木崖两先生照册点交石董事长接收。"（赵启霖著，施明、刘志盛整理：《赵瀞园集》，第427—428页）

11月 中国国学会制定会员姓名一览表（见表14）。

表14 国学会会员姓名一览表

姓名	字	籍贯	通讯处
王牛	颂平	浙江余姚	上海同孚路同福里十六号
王兆熊	仲尊	江苏吴县	苏州金狮巷四四号

姓名	字	籍贯	通讯处
王桢	晓秋	云南昆明	云南昆明市柿花巷十五号
王广庆	宏先	河南新安	南京大杨村四号
王蘧常	瑗仲	浙江寿兴	上海赫德路二百六十四弄一号
方树梅	臞仙	云南晋宁	云南昆明市昆华图书馆
由云龙	夔举	云南姚安	云南省城小吉坡三号
古直	公愚	广东梅县	广州东山启明二路六号
朱良		江苏吴县	洞庭西山区保卫团
何秉智	筱泉	云南昆明	云南昆明市景星街十六号
汪定执	允中	安徽歙县	苏州阊门外市福桥十六号
汪承让	谦父	安徽歙县	苏州阊门外上塘街仁昌裕号
吴元涤	子修	江苏江阴	苏州醋库巷六四号
吴琨	石僧	云南昆明	昆明市华国寺巷十一号
吴诵尧	雨耕	江苏吴县	吴县木渎镇东街
李升培	子栽	浙江吴兴	上海辣斐德路辣斐坊廿二号
李森	进之	江苏金坛	苏州阊门外萃英中学校
沈昌直	颖若	江苏吴江	吴江芦墟镇
吕志伊	天民	云南思茅	上海法租界马浪路明德里一号
金在镕	仲陶	云南昆明	云南省城华兴巷廿六号
金祖谦	式如	江苏吴江	苏州护龙街世界书局编辑所
金同翰		江苏吴江	苏州濂溪坊一〇四号
周之耆	硕诚	江苏吴县	吴县木渎镇山塘街
周儒修	如修	江西安福	徐州省立民教馆
周钟岳	生甫	云南剑川	云南通志馆
武同举	霞峰	江苏灌云	镇江王通事巷九号

续表

姓名	字	籍贯	通讯处
徐之琛	葆泉	云南蒙化	云南通志馆
徐世春	寄安	浙江鄞县	上海河南路二五七号中国化学工业社
徐绪通	一达	天津	北平府右街达子营卅七号
陈秉仁	一得	云南盐津	云南通志馆
陈啸湖		云南宣威	南京大石桥宁兴里三号
唐文治	蔚芝	江苏太仓	无锡西溪十一号
马振权	楚久	江苏吴县	苏州善人桥阙营村
郭竹书	冷厂	江苏丹阳	苏州萧家巷一七〇号
陆翔	云伯	江苏吴江	苏州平门内河沿街四一号
孙雄	师郑	江苏常熟	北平西砖胡同三八号
秦光玉	璞安	云南呈贡	云南省立昆华图书馆
曹恒钧	子肩	云南剑川	云南省城陆地测量局
曹熙宇	靖陶	安徽歙县	南京中央大学曹元宇转
曹德樾	伯荫	江苏吴县	苏州沧浪亭县立中学校
张伯桢	篁溪	广东东莞	北平烂缦胡同东莞馆
张江裁	次溪	广东东莞	北平烂缦胡同东莞馆
张郁文	壬士	江苏吴县	吴县木渎镇南街
张凤	天放	浙江嘉善	真茹暨南大学
寇遐	玄玼	陕西蒲城	陕西西安东县门西半截巷一号
黄元炳	星若	江苏无锡	上海白克路修德里六十号
黄思九	思九	上海市	苏州十梓街一八一号
黄镠	咸夷	湖南湘潭	浦口津浦路局文书课

续表

姓名	字	籍贯	通讯处
程德宝	秉之	江苏吴县	苏州善人桥双堰村
惠而溶	幽士	江苏吴县	浦口津浦路警察署
温晋城		江西宁都	苏州五卅路同德里二号
叶钟英	山民	江苏吴江	苏州花驳岸三九号
单镇	束笙	江苏吴县	苏州史家巷廿六号
杨圻	云史	江苏常熟	北平北船板胡同十八号
路朝銮	金坡	贵州毕节	青岛龙山路十七号
蔡守	哲夫	广东顺德	广州东华西路艺瞉
赵宗瀚	澄甫	云南剑川	昆明市楚姚镇巷二五号
赵式铭	星澥	云南剑川	云南通志馆
潘天慧	素盦	江苏常熟	常熟城内塔弄十七号
蒋庭曜	石渠	江苏武进	上海交通大学
刘富杰	小觉	浙江桐乡	苏州卫道观前四十四号半
谈溶	月色	广东顺德	广州东华西路艺瞉
钱玄	小云	江苏吴江	南京中央大学文学院
钱复	太初	江苏吴江	吴江同里东棋干
钱萼孙	仲联	江苏常熟	上海梵王渡大夏大学或盆汤弄丝业会馆
龙志泽	伯纯	广西桂林	苏州金狮巷十九号
薛寿衡	颐平	江苏吴县	首都外交部国际司
魏湛元	深之	江苏常熟	苏州护龙街八七七号
严一士	如谔	江苏吴江	南京中央大学
严家晋	康伯	江苏吴县	吴县木渎镇西街
顾视高	仰山	云南昆明	云南省城内西华街西园巷四号

（《国学会会员姓名一览表》，《国学论衡》，1933年第2期）

△　王揖唐在河南国学专修馆讲演国学问题。

国学专修馆介绍王揖唐，"故以旧学而论，则先生为名进士；以新学而论，则先生为东西洋留学生前辈。其人长髯道貌，仪表伟然，实为现代之壮士"。王揖唐自称仓促演讲，没有预备材料，因为讲演的地点是国学专修馆，所以"便将国学二字来说一下"。王揖唐认为"国之有学，犹人之有血"，甚至"人不能无血，国不能无学"，"国家形势，好比人之躯壳，学问便是精神脑髓"。近年来，我国国学只有退化，恰如孟子言"国必自伐，而后人伐之"。王氏追忆二十余年前，在美国旧金山出席华侨欢迎会，曾演讲"欧化与国粹"，现在无论如何欧化，总要以"补助国粹"或"保存国粹"为宗旨，"要是只学些跳舞，时髦，吃大餐，吸雪茄，看电影，那能算得了新的益处吗？"保存国粹，"并不是保存不好的习惯"，真正的国粹"范围甚广，理论甚正，简直可以包括欧化的精神！"王揖唐指出近来谈到国学，便有人怀疑：（一）国学顽固，（二）国学空疏，（三）国学迂腐，（四）治国学者文弱。这都是错误的观念：

一、古代国学大师，无过于孔子，孔子为圣之时者，周游七十二国，获睹百二十国宝书，何尝顽固呢？二、中国科学，发达最早，凡所发明创造，多出于文人，如周公造指南车，张衡作浑天仪，其他历算天文之学，草木鸟虫之名，惟通儒乃能知之。近人颇知治墨子书，实为言点线面体力学光学之始祖（墨子之学与儒稍异，实是中国国学）。照此看来，何尝空疏呢？三、人多谓理学迂腐，其实要像朱子学问，实在渊博而切实。河南地方，古称中州，实为洛学传布之根据地。清初北方更有颜李之学，尤与孔门之身通六艺为近。我们试看孔子夹谷之会，何尝迂腐呢？又何尝文弱呢？

王揖唐认为共产主义策源地苏俄，中国数千年国情与苏俄不同。"我们生在中国，地处温带，人涵教泽，可谓大众。现在我们治国学的人，只要实行'勤俭立身，切实求学'八个字！自身如此，便一身受用不尽，人人如此，便可使国家转弱为强！"（王揖唐讲，孙景坎记：《从国学说起》，《越华》，第5期，1933年12月15日）

12月1日　因章太炎先生提议于国学会第二十四次干事会议决议，《国学商兑》自第二期起更名为《国学论衡》。编审委员会正主任陈衍，副主任金天翮；编审员吴承仕、屈曦、戴增元、徐震、张任政、王謇、王乘六、潘承弼、金元宪、朱学浩、金祖谦。

陈旭旦在《国学论衡》刊发《国蠹》：

道未始有封，学未始有界，论学而冠以国，奚谓也？日海通以还，学术丕变，昧者不求本末，剽窃域外文化之肤革，轩轩然视诸人，人亦从而和之。究之知有彼国之学术思想，不问其演进与环境奚若，骤睹其一时之腥强，强欲取彼以代我，更不问我之风土史实与彼又奚若。若是者，谓之无方之民，其于致用宜民之道，去之远矣。道无封，学无界，论学而冠之以国，心有余痛，亦有余悸矣。

国学之名，美国学之任亦重。学非襞绩补苴之谓也，践形尽性其体也，致用宜民其用也，修齐治平其目也。知其来，藏其往，通变化于神明，匹夫有责，责在兴亡。乃今之为国学者，则有可伤矣。可伤曷以言？曰闻诸故都归客之言。

某大学，故都之负盛名者也。前岁取士命题，忽以对偶倡。尤新异者曰"孙行者"，于是有以"胡适之"对者，有以"陈果夫"对者，最隽者则为"祖冲之"，斯亦旷代才矣。试事终，下第者大噪。主试者则揭解嘲文于报端曰：对偶者，独体文字之所特具，亦即国学精神所寓也。旁征博引，累数千言，辞甚辩。人以其名震一时，夙为故都人士尊信，故难者无以难而难自解。我聆客语，忽忆及前年江苏某大学文学系录士，命题有天吴为何物，唐诗人三十六为何人，《文选》五臣注为何名，若髦士为百科全书，无所不记者。此岂国家所以养士之旨哉？我为之蠢焉以伤。

客曰：某大图书馆，夙称文艺之府，客岁三数知名士，斥资三千圆，购初印本《金瓶梅》一部，书有图，图甚精，按图可以索骥焉。取供众览，以为艺府光。余又因念迩来文学艺术界诲淫之风，盛极一时。已故长沙老名士某，亦曾投时好，校勘《素女经》《房中书》等籍。彼所以风靡一世，盖非无故而然也。又为之蠢焉以伤。

国于天地，兴必有亡。虽然，有亡国，有亡国性。亡国者，黄炎子孙，臣于异族之谓也。亡国性者，谓取先圣先贤之学术，泯之绝之之谓也。国必亡于人，国性必亡于己。今时何时，言乎国则朝不保夕，言乎国性则先哲之信仰既失，过激颓废之说，方昌于时。不有豪杰，孰开治平？乃今所谓学士大夫，拥皋比，称师保，方且矜奇斗巧，沾沾于薄物细故之中，践形尽性无当也，宜民致用无期也，修齐治平无术也，非所谓明察秋毫，而不见舆薪者耶？大学者，学术之府也。学术者，民治之舆也。登高一呼，声匪加宏，而所及者远，穷其影响所及，究将奚若？呜呼！国之未亡，国性先亡，我伤之，我无以名之，名之曰国学之蠹。

百川朝宗于海而海不为盈者，尾闾泄之也。芸芸人海，尾闾已多，耗于饮，耗于烟，耗于蒲博，而色为尤甚。荡涤其有为之气，消镕其进取之心，日即于萎，而终邻于死。子曰："戒之在色。"《记》曰："欲不可纵。"坊其耗也，以此坊民，民犹有徇欲而忘身。坊之不足，乃从而诱导之。市侩倡于先，士大夫相竞于后。耗之耗之，旦夕耗之。青年之体力，立国之基本。举以供若辈一时之快，弗恤也，曰好古也，艺术也。哀哉国学，罹彼奇辱，我伤之，我无以名之，名之曰国学之蠹。（陈旭旦：《国蠹》，《国学论衡》，1933年第2期）

12月11日　《申报》预告孔教青年会将于12月31日举行第四届文会，阐扬国学，鼓励青年。（《孔教青年会举行第四届文会》，《申报》，1933年12月11日，第3张第10版）

12月22—24日　《新闻报》刊登章太炎在正风文学院讲《研究国学之门径》。

章太炎指出有志为学切不可自恃聪明。天资聪明者的为学之道，必须学愚笨之人。从刻苦用功入手，方可有成：

国学浩如烟海，非若科学之分门别类。纵欲博览，又从何入手。经史诸籍，断非一人之精力，所能遍观而尽通。则先就吾心之所喜，性之所近，择要而研究之。逐渐以次浏览，然后融会贯通。遇有疑义，则参稽互订，熟读深思，必得左右逢源，涣然冰释，怡然理顺之乐。然此境非熟习不能至，故既博而又须习，习则方得知也。苟如此，智者固有成就，即愚者亦必有所得，虽参之鲁，亦成大儒。……今之学者，有一通病，即所谓好出风头是也。彼出风头者，如有真实学问，借以自炫，则亦已矣。竟有方涉猎一种学问，所得无几，即自著一书，欲使人钦其学问，无异自登广告，黄茅白苇，遍地丛生。然广告骗人，尚可过去，学问非可骗人者也。试问其所著之书，果有心得否乎。大抵东钞西袭，杂凑成篇。其程度高者，尚不致钞错。其拙劣者，竟可矛盾百出，甚而至于句读都未明白者，滋可叹也。

又有一事，须力为之防，则歧路是也。彼遵歧路者，自谓终南捷径，而其实断港绝潢也。今之赫赫有名者，自以为通哲学，遂作哲学史。既做上卷之上古，而中古终不能成书，盖中古有佛学佛经，包蕴宏深，科学心理，无所不赅，非极深研，几不能著一字。彼不看佛经，即避难就易，亦自无从着手。况经书非哲理可该，哲学亦非中国固有名词。其间尽多事实，证经考史，焉能称为哲学。原则已错，余可不论。又有好谈《山海经》《穆天子传》等神奇鬼怪之书，《山海经》《汉志》归形法类，近于今之风鉴。唐时有《撼龙经》《疑龙经》等书，是其流派。《山海经》所说四山远至无垠，所言某水某山，大都错误，无多稽考。《穆天子传》，有十日并出等荒谬记载，所以其学一无可取。又某君在中国时好谈佛经，至日本则专造赝鼎，谓为某代古物，谓为某人真迹，以欺日本人。既又回国骗中国人……龟甲之为物，其来源真否未可知，即使果真，其上文字，又岂能尽识。所谓识者，欺人之谈，未可据为典要也。

章太炎认为今人欲通国学，应当从旧时线装书择要研究，若盲从"近出之西装书，则大都歧路为多，一入其中，歧之又歧，将终其身不得其门而入，滋可惧也"。（*章太炎讲，卓方记：《研究国学之门径》，《新闻报》，1933 年 12 月 22—24 日，第 16 版*）

12月24日 《西北日报》刊发"国粹"短评，批评日常生活中的"国粹"现象。

假若你是到过国货陈列馆的城隍庙，总会眼见许多：什么喝茶的，谈天的，晒太阳的人们。他们都是老大爷，世上再没有像他们这样自在的人了。他们天天是这样的陈列着，他们穿着一双登云鞋，一套油腻的老羊皮袄，有的手中拿着一个鼻烟壶，有的手里拿着两颗圆铜蛋，有的喝着浓黑的茶，有的口里衔着烟杆，其神情真是不一而足。一面乱谈着一些琐碎不堪的话，阿三说：某街某巷里，有一个很可人的姑娘，我想给我娶个儿媳妇，只是无人做媒。阿四又说着左宗棠、马安良的故事。阿八说着某处出了真龙天子，宣统王将要北京登位。阿十又说，他昨天买来了一本阴阳合历。此外还有那些算卦的，说书的，卖油炒粉的，都麇集在那里，各自做着各自的工作，各自表演着各自的情态，好像旁若无人的样子，不过有时他们也会谈着一件事，你一句，我一句，把一件极平常的事情，说得非常玄妙。他们都有丰富的谈话材料，他们能从一件材料中想出无数的材料来，他们永远是这样地有说有笑，永远是这样地安闲自在。这是我们的国粹，越是在历史上有名的地方，这样的国粹越多，此文明古国之所以为文明古国也。（倍二：《国粹》，《西北日报》，1933年12月24日，第4版）

△　徐懋庸发表《读颜氏家训》，评述国学书目与青年修养。文中称：

梁启超、胡适之先生们大开研究国学者必读的书目的时候，我还只有十四五岁，不知怎的，那时本来很有研究国学之志，但一看到那些书目，反而被吓倒，从此就对国学这东西断了念。只在那些书目中选了几部诗文集杂乱无章地读了一下，想在文章上得点益，至于宋明理学以及别的关于道德的修养的书，可一本也没有读。现在看来，不独我是这样。一般青年在修养方面，几乎全是侧重于文章而忽略了道德。故而人心不古，青年们日趋于浮薄，尤其是做做文章的青年，大部分常欠厚道。最近有人对青年提出了道德的修养，还推荐了作为修养的基础的好书，我以为是很有意思的事情。这比同时提出的怎样作文学的修养的问题，实在重要得多。至少是我自己，很觉得有读这些好书的必要。不过《论语》《孟子》是曾经不当做道德书而翻过的，只有《颜氏家训》，则因"家训"两字一向使我望而却步，故不曾拜读，现在要读，反要从这一部入手。（徐懋庸：《读颜氏家训》，《申报》，1933年12月24日，第4张第15版）

12月31日　之江大学校刊登载中国文学会征集国学出版物与编纂国学引得。

之江大学中国文学会目前的工作一是征集国学出版物与书目。二是编纂引得，现已完成"二十二年度各刊物国学论文引得暨'国学重要论文引得'"，"二十二年度各刊物文学论文引得"，此外拟仿燕大图书馆国学书籍编制引得。三是剪贴文化消息，"俾该系同学明了国内外文化界之重要消息"。四是征集该系同学在校书录，"以便汇订该系同学'在校书籍要目'，俾于可能范围内流通借阅"。同时计划首先举行专题研究。（《中国文学会讯》，《之江校刊》，第60期，1933年12月31日）

是年　李崇元著《国学指归》（甲乙集），由上海益助社出版，胡朴安、金天翮作序。

胡朴安认为"中国学术，分析言之，为各类学术史料；归纳言之，为文史二科"，李崇元《国学指归》非泛述之作，"确能得国学之指归"。今日读书在于方法，治中国学术方法尤为重要，"汗牛充栋之中国书籍，笼统而不分析，揉（糅）杂而无体例，穷年孜孜，用力多而获益少，以之教授青年，何能发其兴趣乎？"坊间所出"国学概论"书籍颇多，"而能明其要者盖寡"。《国学指归》"洵为研究中国学术最佳之导师也"。金天翮在《国学指归序》中，比较

该书与钱穆《国学概论》的异同：

　　续川著《国学指归》成，揭其大意，走吴门相告，且曰："序吾书莫如子宜。"余识续川焉由钱子宾四，宾四先尝编《国学概论》，子泉以叔父行序其简端，备至非难。宾四躯干不修，读书有精识，往往觇幽刺隙，绳凿深阻，川移岳动，别得新隧，天容庨豁，视听回惑，群籍奔凑，指扨若铸，课厥成业，非云完粹，要其勇决，自谓贲育无以过。续川体干埒于宾四，顾言必称师，笃志信古，黜陟百家，衷之儒术，修涂坦荡，矩步矱趋，以为学统相传，无异一王之正朔，谨守遗教，庶无蹉跌。二子者其趣不同，其为交深焉无间。余既赏宾四之才，又乐观续川之正襟危论，以为庶几先正之遗风，用是二子者皆昵就余。余尝论清代汉学诸儒，考订训诂之盛，足以凌唐铄宋，摩两汉之垒。然苟以为制度文物，能举唐宋元明学者所笺解，杌陧而不安，赖多士之泛稽博引，一一冰释而无滞，则通识者未之敢承，抑更因而授疑古者以管钥，摇撼经本，且泛博不已而无所归。商榷降及于谶纬、诸子，诸子虽以荀卿、董生之贤，犹不免乎偏霸，还以其术正六经，经旨荒矣。东人治经，灭裂不中理道，流转中土，俭者剿其书以文吾辩，又浸淫于西人功利倾诐之说，阳儒阴墨，变易其轻重以说经，经术诬矣。凡此举非汉学者先见所及烛，而喷薄决骤，一至于今日，所谓"贤者过之"，背本而忘其归也。故二百六十年清儒之治学，惟史部为最醇。彼沉浸于末流违失之中，秉佻巧之志，以述二千数百年之国学，是犹置土圭于悬鼓之上，摇竿而求其影之直也，亦不可几矣。是故非有宾四之才勇，不能综核群籍，而为惊人之论；非有续川之禀受，亦不能贯串六艺，而为述古之书。锡名曰"指归"，归于六艺之统者也，群言淆乱折诸圣，曰吾师法如是，不以举世之狂醒而夺其操者哉？（金天羽：《天放楼诗文集》，上海古籍出版社，2007年，第840—841页）

△ 杨卓新在船山学社演讲《国学与西学》，主张融汇新旧，发扬国故，启牖新知，开启世界文化之新局面。

杨卓新认为学术乃"立国之具，治世之经"，学之用，"应乎历史与社会情状而不能无变易"；学之体，"大经大义亘万古而常新"。中国学术，"贯澈天人，推崇德性"，功效侧重"独善兼善，己立立人"。近代先见之士，因格致之术退居泰西各国之后，于是变革学制，"思以欧美科学，弥缝吾国之短"，其本意并非尽弃国学而追慕西学。晚近功利之说深入人心，欧战而后西方智士反思物质竞争，寻求改进之道，"足以补偏救弊者，实推东方之人道哲学，诚以西学明其用而略其体，中学存其体而忽其用。二者兼而有之，庶乎其可矣"。中国学术，掌故、词章、义理、经济"莫不渊源于六经"，"义理为国学之精华，经济乃道学之致用，举凡正德，利用，厚生诸端均基于此"。六经之道历变动而弥光明，"采长补短之功，为不可没"：

迩者西学之事问途日多，而其为学之道可分为名学、象学、群学、哲学之四步。名学者，悬拟之学也。谓其不落边际，理该众事者也，论理、数学之科属焉。人不事名学，则无由审必然之理，而拟于无所可拟，然其事过于精微，故专事此学则心德偏而智不完。于是继之以象学，有所附丽矣。象者，形象之谓也，即质力之学也，凡物理、化学、天文、地质、生物之学属焉。质力之学明，然后知宇宙之大，因果之繁，而人心之卑狭鄙陋可以祛矣。至于群学，其蕃变尤多，而于人事至近，其学以心理为基础，而历史、政治、理财、刑名诸科皆所当治之事。至此而人生日用之学庶几备矣。他如农、工、兵、医诸科乃专门之极轨，尤社会之所需要者也。抑格物致知之术，穷究会通之端，胥于哲学一科，观其大成焉。哲学者，研究最高原理之学也，其主旨在讨论宇宙之本体与认识诸问题，而其关切于人生者则在价值论之部。于彼亦体用兼赅之学也，若稽在古，吾国学术之盛，远迈他邦，其研求之所得，亦往往先之，此非傅会扬己之言，实有不可自诬者存也。今夫认识论者，良知之发凡也；本体论者，天道之大原也；价值论者，人性之趋向也。在彼为认识、本体、价值之诸论，而统哲学之大纲。在此为良知、天道、人性之数端，而成理学之宗要。虽所言有精粗广狭之不同，而其为物则大致相仿。顾吾古人启其端，而后人莫能振其绪；古人拟其大，而后人莫能识其微。陵夷至于今日，转于西学得闻其详焉。今而后以其所得于彼者，反而证诸吾古圣先贤之所传，于以知新温故，融会贯通，其成就之大，效用之宏，必不止发扬国故，启牖新知已也。世界全部文化之枢纽，行将视此为转移，国难云乎哉，世变云乎哉！

（杨卓新：《国学与西学》，《船山学报》，1934年第4期）

△　金天翮（松岑）著《中国学术之升降及今后之趋向（一名天人损益说）》，由国学会编印。

金天翮批评考证学业已盛极而衰，中国学术今后的趋向有研究历史与复兴理学两条路径。研究历史的方法分为知人与论世两层，从"修养和建立的方法"与"改革和救济的方案"着手。中国历史之外，西洋历史也是要读的，中西历史也是要比较的。复兴理学要破除门户之见，贯彻涵养用敬与进学致知。简言之，今后为学的途径，"一方要求智识，一方要能涵养"。（金松岑讲，王謇等记：《中国学术之升降及今后之趋向（一名天人损益说）》，国学会，1933年，第12页）

△　北平私立中国学院国学系毕业学生名单。

王育琥，湖南慈利；康保安，河北满城；田增林，山东冠县；钱秋安，江苏武进。（《北平私立中国学院1933年度毕业证书》，北京市档案馆藏，档案号J135-001-00007）

图书在版编目（CIP）数据

近代中国国学编年史. 第八卷，1931—1933/桑兵，
关晓红主编；张凯，陈静著. --北京：北京师范大学
出版社，2025.4. -- ISBN 978-7-303-30560-5

Ⅰ. Z126.275

中国国家版本馆 CIP 数据核字第 20257U4R63 号

JINDAI ZHONGGUO GUOXUE BIANNIANSHI. DIBAJUAN

出版发行：北京师范大学出版社 https：//www.bnupg.com
　　　　　北京市西城区新街口外大街 12-3 号
　　　　　邮政编码：100088
印　　刷：北京盛通印刷股份有限公司
经　　销：全国新华书店
开　　本：145 mm×210 mm　1/32
印　　张：11.25
字　　数：249 千字
版　　次：2025 年 4 月第 1 版
印　　次：2025 年 4 月第 1 次印刷
定　　价：168.00 元

策划编辑：宋旭景　　　　　责任编辑：张　爽
美术编辑：华辰天地　　　　　装帧设计：王齐云
责任校对：段立超　　　　　责任印制：赵　龙